나는 조선의 지방 관장이었습니다

– 민생 현장에서 뛰었던 지방 관장들의 이야기 –

나는 조선의 지방 관장이었습니다

초판 1쇄 인쇄일   2025년 3월 4일
초판 1쇄 발행일   2025년 3월 14일

지 은 이   김미란
만 든 이   이정옥
만 든 곳   평민사
          서울시 은평구 수색로 340 〈202호〉
          전화 : 02) 375-8571   팩스 : 02) 375-8573
          http://blog.naver.com/pyung1976
          이메일   pyung1976@naver.com
등록번호   25100-2015-000102호
 ISBN   978-89-7115-871-5   03900
정   가   17,600원

나는 조선의 지방 관장이었습니다

– 민생 현장에서 뛰었던 지방 관장들의 이야기 –

김미란 지음

평민사

머리말

조정(朝廷)과 백성,
그 사이에 관장(官長)이 있었다

조선시대에 정책이 수립되어 시행되는 과정을 살펴본다면 간단하게나마 다음과 같이 정리하여 설명할 수 있을 것이다.

조정에서 국왕을 위시한 주요 관료들이 여러 정책을 수립하면 관장들은 각자 관할하는 지방 곳곳에서 그 정책을 일반 백성들에게 직접 시행하였다. 그리고 시행하는 과정에서 관장들은 그 정책의 긍정적인 효과와 폐단 등을 면밀하게 파악하였고 수시로 그 내용을 조정에 보고하였다. 그러면 조정에서는 그 보고받은 내용을 검토하고 숙의하여 현장에 맞는 조정안을 도출해 내어 다시 지방으로 내려보냈다. 이렇게 조정과 백성, 백성과 조정 사이에서 정책과 현장 상황을 전달하고 보고하는 통로 역할 또는 가교 역할을 하는 존재가 바로 '관장'이었다. 그래서 그들의 역할은 대단히 중요했다.

'시민여상 視民如傷'

이들 관장들은 백성들과 함께 밀착하여 생활하면서 그들의 삶을 직접 목도하였기에 그들의 처지에 깊이 공감하였고 그래서 '시민여상 – 다친 사람을 돌보듯이 백성을 돌본다.'는 마음으로 행정에 임했다. 그들은 백성을 지극히 아끼고 보살펴야 한다는 이 구절을 늘 마음에 되새기면서 백성들이 힘겨워하는 부분이 무엇이고 고충이 무엇인지 인애仁愛의 마음으로 살폈고 그리고 백성들의 더 나은 삶을 위하여 최선을 다하고자 했다.

그러나 이처럼 백성들을 위한 행정을 펼치고자 하였어도 그것이 말처럼 쉬운 것은 아니었으니 관장들이 현장에서 부딪칠 수밖에 없는 고충과 고뇌 또한 만만치 않았던 것이 당시의 현실이었다.

우선 관장은 조정, 즉 중앙 정부에서 파견된 관료이었기에 중앙 정부의 방침을 도외시할 수 없는 입장이었고 그리하여 조정의 정책 지향점과 현장에서의 백성들의 상황이 상충될 때에는 그 사이에서 조정을 이루어 내는 것이 대단히 어려운 일이었다. '관장은 아래로는 백성을 해치지 않고 위로는 국가에 손해를 끼치지 않아야 한다. 그렇기 때문에 오직 공평하게 해야 할 뿐이다'라고 정약용이 『목민심서』에서 한 발언 역시 조정과 백성 사이에 균형을 이루어야 하는 관장들의 고뇌와 고충을 지적한 말이라 할 수 있다.

또 하나는 관장은 조정에서 파견되어 짧게는 1년 길어야 3년 정도 재임하다가 돌아오게 되어 있었기 때문에 해당 지역 백성들, 특히 그 지역에서 오랫동안 터를 잡고 살아온 흔히 '토호土豪'라고 불리는 유지有志들과의 관계 설정도 결코 쉽지 않은 문제였다.

그러나 이러한 현실적인 어려움에도 불구하고 많은 관장들이 뛰어난 행정 능력과 수완을 발휘하면서 관장으로서의 맡은 바 임무를 수행하였다.

'이재吏才'와 '간국幹局'

관장들이 뛰어난 행정 능력을 발휘하는 것을 '이재吏才와 간국幹局이 있다'고 한다. 즉 관료로서의 행정적인 역량이 뛰어나다는 뜻인데 조선시대의 관장들 중에는 이재와 간국을 갖추었다고 평가받는 관장들이 많이 있었다. 그들은 제도나 관행 중에서 백성들에게 폐해가 되는 것은 과감하게 없애거나 변경하였으며 또 반대로 백성들의 생활에 조금이라도 도움이 되는 방안이 있다면 직속상관에게 그리고 조정에 수많은 상소를 올려가며 끈질기게 설득하여 백성들을 위한 시책을 관철시키고자 하였다.

그런데 당시 관장들에 대한 기록을 보면 아쉽게도 그들이 어떤 상황에서 어떻게 실무 행정을 펼쳤는지에 대한 구체적인 내용이 적은 편이다. 아마도 당시의 인문 숭상 분위기 때문에 해당 관장의 학문적인 업적이나 시문詩文에 대해서는 소개를 많이 하면서도 관료로서의 행적에 대해서는 상대적으로 소략하게 기록하였기 때문인 것으로 보인다. 그러나 비록 자료는 많지 않더라도 조각 자료들을 잘 모아서 재구성해 보면 그들이 민생현장에서 어떤 행정을 펼쳐서 어떤 성과를 이루었으며 또 어떤 부분에서 한계에 부딪치며 고충을 겪었는지 어느 정도는 그 정황을 파악할 수 있을 것이라 생각한다.

그래서 '행장行狀'이나 '가장家狀', '묘비명墓碑銘' 등의 개인적인 기록과 『조선왕조실록』이나 『승정원일기』 등의 사서史書, 그리고 다른 학자나 관료들의 기사 등을 종합하여 30인의 관장을 선정하였고 '자료' 중심으로 그리고 가능한 한 '객관적인 시각'으로 그들의 관장으로서의 행적을 기술하고자 하였다.

민생현장에서 백성들의 더 나은 삶을 위하여 최선을 다하고자 했던 관장들을 소개하고 기억하는 것은 우리 후손들에게 주어진 책무라고 생각한다. 그리고 이들 외에도 우리가 기억해야 할 관장들이 많지만 제한된 지면상 더 많이 소개하지 못하는 것을 아쉽게 생각하며 후일을 기약하고자 한다.

일러두기

1. 순서는 생년 순으로 하였다.(생년이 같은 경우에는 생월 순)
2. '관찰사'와 '감사'는 병용하였다. 정식 제수되는 경우에는 '관찰사'로 표기하였고 본문에서는 '감사' 명칭도 사용하였다.
3. 나이는 혼란을 줄이기 위해 당시 통용되던 '세는 나이'로 하였다.
4. 부인은 배(配), 계배(繼配)로 표기하였다.

※ 본서에서 거론한 '관장' 직책은 다음과 같다.

유수(留守, 정2품 正二品)
   – 삼경(三京: 평양·서울·경주)과 개성·강화·광주(廣州)·수원

관찰사(觀察使, 종2품從二品)
부윤(府尹, 종2품從二品)
   – 경주·전주·영흥·평양

대도호부사(大都護府使, 정3품正三品)
   – 안동·강릉·안변·영변·창원

목사(牧使, 정3품正三品)
도호부사(都護府使, 종3품從三品) '부사'라 약칭
서윤(庶尹, 종4품從四品)
   – 한성부(漢城府)·평양부(平壤府)

군수(郡守, 종4품從四品)
경력(經歷, 종4품從四品)
현령(縣令, 종5품從伍品)
판관(判官, 종5품從伍品)
현감(縣監, 종6품從六品)
찰방(察訪, 종6품從六品)

• 유수, 부윤, 대도호부 등의 지역은 시대에 따라 달라진 경우도 있었음

차례

김종직 金宗直
공물供物을 조달하기 위해
직접 차茶를 재배하다

· 생존연대 : 1431년(세종 13)~1492년(성종 23) 향년 62세
· 자 : 계온(季昷)
· 호 : 점필재(佔畢齋)
· 시호 : 문간(文簡)
· 본관 : 선산(善山)

· 부 : 김숙자(金叔滋)
· 모 : 밀양(密陽) 박홍신(朴弘信)의 딸
· 배 : 창녕(昌寧) 조계문(曺繼門)의 딸
· 계배 : 남평(南平, 전남 나주) 문극정(文克正)의 딸

■ 1. 관직 진출 과정
　김종직은 경상도 밀양密陽 대동리大洞里에서 태어났다. 어릴 때부터 재능이 뛰어나 날마다 많은 시 구절을 기억하였고 또 시문을 잘 지어서 약관弱冠 이전부터 문명文名을 크게 떨쳤다. 김종직은 체구가 작았다. 그래서 김종직보다 한 살 아래로서 친하게 지내던 어세공(魚世恭, 1432~1486)은 늘 그를 놀리면서 말하기를 '만약 누가 그대에게서 재주를 빼 간다면 어린아이만 하나 남을 걸세.'라고 하여 주변 친구들이 모두 깔깔 웃어대곤 했다.[1]

――――――――――――――――
1)『해동잡록(海東雜錄)』2, 본조(本朝) 김종직(金宗直).

김종직의 나이 16세 때인 1446년(세종 28)에 한양으로 올라와서 과거에 응시하였으나 낙방하였다. 그때 답안으로 써 냈던 글이 '백룡부白龍賦'라는 제목의 글이었는데 당시 대제학大提學으로 있던 김수온(金守溫, 1409~1481)이 낙방한 시험지들을 응시자들에게 나누어 주다가 그 글을 보게 되었다.

그는 이것을 읽어 보고는 '이 사람 글을 보니 후일에 문형文衡(대제학)을 맡을 솜씨인데…'라 생각하였다. 그리고 실력 있는 인재가 낙방한 것을 애석하게 여겨 그 답안지를 가지고 세종께 들어가 아뢰었다. 세종 역시 김종직의 문장을 보고는 그 재주를 높이 평가하여 영산훈도靈山訓導를 제수하였다. 영산은 경상남도 창녕군昌寧郡 영산면靈山面 지역이며 훈도는 한양의 사학四學과 지방의 향교에서 교육을 담당한 정·종9품의 교관이다.

21세 때에 창녕 조계문의 딸과 결혼하였는데 부인은 가사歌辭 만분가萬憤歌의 작가인 매계 조위(梅溪 曺偉, 1454~1503)의 누나이다. 이후 김종직은 23세(1453년, 단종 1)때에 진사시에 합격하여 성균관에 유학하였고 29세(1459년, 세조 5)때에 정식으로 관직에 진출할 수 있는 문과에 합격하였다. 처음에는 승문원承文院 정자正字를 발령 받았다. 승문원은 괴원槐院이라고도 하였는데 조선시대에 외교문서를 담당하던 기관으로 김종직은 정9품 관직인 정자로 관직생활을 시작하였다. 이 당시 승문원에는 어세겸(魚世謙, 1430~1500)이 선배로서 근무하고 있었다. 김종직의 친구인 어세공의 형이기도 했던 어세겸은 그 자신도 주변에서 시를 잘 한다는 평을 듣고 있었지만 김종직의 시를 보고는 감탄하여 말하기를, '나에게 김종직의 말고삐를 잡고 하인 노릇을 하게 하더라도 의당 달게 받겠다.'고 하였다. 2년 후인 31세(세조 7) 때에는 승문원의 박사博士(정7품)로 승진하였다.

---

2) 『해동잡록(海東雜錄)』 2, 본조(本朝) 김종직(金宗直).

김종직의 문재文才는 당대 문인들로부터 높은 평가를 받았는데 특히 그의 문장은 아름답기로 유명하여 왕실 인물에 관련된 글들을 많이 지어 올렸다. 그래서 세조의 맏며느리인 인수왕후仁粹王后에 대한 「인수왕후봉숭옥책문(仁粹王后封崇玉冊文)」을 지었고 또 1469년 예종睿宗이 승하했을 때는 「시책문(諡冊文)」[3]과 「만사(挽詞)」를 지어 바쳤다.

2. 함양군수(咸陽郡守)

35세 때인 1465년(세조 11)에 영남병마평사嶺南兵馬評事(정6품)를 제수 받았다. 병마평사兵馬評事는 병마절도사兵馬節度使를 보좌하며 병영의 사무와 그에 속한 군사를 감독하던 직책이었다. 김종직은 이 직책을 수행하면서 영남지방의 여러 읍을 순찰하였고 이때 업무를 담당하면서 기록한 여러 자료들을 바탕으로 하여 「경상도지도지(慶尙道地圖誌)」를 편찬하였다.

1470년 성종成宗이 즉위한 후 경연經筵을 시작하였다. 김종직도 그 중에 선발되었으나 그는 성종께 어머니의 연세가 71세이므로 사직하고 돌아가 봉양하기를 청하였다. 김종직의 부친은 김종직의 나이 26세 때에 돌아가셨고 어머니만 당시 산음山陰(경남 산청)에 거처하고 계셨다. 성종은 허락하고 대신 어머니를 모실 수 있도록 산청에서 가까운 함양군수를 제수하였다.

41세 되던 1471년(성종 2) 정월 상순에 김종직은 조령鳥嶺의 길을 경유하여 함양의 임소에 당도하여 군수의 업무를 시작하였다. 그런데 부임해서 보니 백성들이 공물供物 문제로 큰 고통을 겪고 있었는

---

3) 임금이나 후비(后妃)의 시호를 정할 때 그 살아 있을 때의 업적과 덕행을 칭송한 글.

데 그 이유는 조정에 공물로 바쳐야 하는 물품 중에 함양에서는 생산되지 않는 차茶가 있었기 때문이었다. 그래서 해마다 상공上供하는 때가 되면 함양 백성들은 자신들에게 부과賦課되는 차를 마련하기 위하여 차가 많이 생산되는 전라도에 가서 대략 차 한 홉[合:1/10 되]에 쌀 한 말[斗] 정도의 값을 치르고 사 와야 하는 실정이었다.

함양지방에서 왜 차를 공물로 바치게 되었는지 그 연원을 확인하기는 어렵다. 다만 『세종실록지리지』의 경상도 진주목晉州牧 함양군咸陽郡 항목에 '토산土産은 은어·작설차雀舌茶·죽순·감이다'라는 대목이 있는데, 여기서 '작설차'라는 것 때문에 공물로 지정된 것이 아닌가 하고 추정해 볼 수 있을 뿐이다. 그리고 그것이 관행이 되어 계속 시행되어 내려온 것이다. 김종직은 백성들에게 더 이상 부담을 지게 할 수도 없었지만 그렇다고 당장 다른 방안을 찾기도 어려웠기 때문에 우선은 관아의 비용으로 차를 구해다가 공물로 바쳤다.

그러던 중 어느 날 김종직은 김부식金富軾이 편찬한 『삼국사기(三國史記)』를 읽다가 '신라 때에 차 종자[茶種]를 당나라에서 얻어다가 지리산에 심도록 했다'는 구절을 보게 되었다.

> 42대 흥덕왕興德王 3년(서기 828) 겨울 12월, 사신을 당나라에 보내 조공하였다. (중략) 당나라에 들어갔다가 돌아온 사신 대렴大廉이 차나무 종자를 가지고 왔기에 임금이 지리산智異山에 심게 하였다. 차는 선덕왕(善德王, 신라 37대 왕) 때부터 있었으나 이때에 와서 크게 유행하였다. -『삼국사기』 제10권 「신라본기」 제10 흥덕왕(興德王)조

이 구절을 읽은 김종직은 '아, 함양군이 바로 이 지리산 아래에 있는데, 어찌 신라 때의 남은 종자가 없겠는가.' 하고 매번 그 지

역의 부로父老들을 찾아가 만날 때마다 그것을 찾아보게 하였는데 드디어 엄천사嚴川寺의 북쪽 죽림竹林 속에서 차나무 두어 그루를 얻을 수 있었다. 엄천사는 함양군 휴천면 남호리에 있던 큰절이었다고 하는데 조선 후기에 폐사되었다고 한다. 김종직은 매우 기뻐하였다. 그리고 그 근처가 모두 민전民田이었으므로 관전官田으로 보상해주고 사들였고 그 땅을 다원茶園으로 만들어 차나무를 기르기 시작하였다. 몇 년이 지나자 차가 자못 번성하여 원내園內에 두루 퍼졌고 공물로 바칠 만큼의 분량이 되었다. 1474년(성종 5) 김종직은 드디어 함양에서 생산한 차로 공물을 바칠 수 있었다. 그는 '다원시茶園詩' 2수를 지어 당시의 감격스러움을 표현하였다.

신령한 싹 올려 성군께 축수코자 하는데
신라 때에 남긴 종자 오랫동안 못 찾다가
지금에야 두류산 밑에서 채취하고 보니
우리 백성 일분의 힘 펴일 것이 기쁘네

죽림 밖 황량한 동산 두어 이랑 언덕에
붉은 꽃 검은 부리가 어느 때나 무성할고
다만 백성의 심두육(심장)을 치유하게 할 뿐이요
속립아(차의 싹) 농에 담아 진상하기는 바라지 않네[4]

---

4) 다원시(茶園詩).
   欲奉靈苗壽聖君 (욕봉령묘수성군)
   新羅遺種久無聞 (신라유종구무문)
   如今擷得頭流下 (여금힐득두류하)
   且喜吾民寬一分 (차희오민관일분)

   竹外荒園數畝坡 (죽외황원수무파)
   紫英烏觜幾時誇 (자영오자기시과)

차 재배에 성공하여 공물로 바친 것은 기쁜 일이었지만 가정적으로 그는 큰 불행을 겪었다. 목아木兒라는 이름의 아들을 반진斑疹(마마, 천연두 또는 홍역)으로 잃은 것이다. 목아는 그의 생년월일이 모두 목성木星을 만났으므로 목아라 이름 지었었는데 태어나서 5년을 채 못살고 죽었다. 그는 이전에도 아들을 잃었었기 때문에 연달아 아이들을 잃으니 그 정신적인 고통을 견디기가 힘들었다. 그래서 상관인 경상감사慶尙監司에게 사직서辭職書를 올리고 역시 손자를 연달아 잃고 상심에 젖어 계실 어머니를 뵈러 산음에 다녀왔다. 다시 함양으로 돌아와 보니 사직서는 아직 받아들여지지 않은 상태였고 그래서 그는 재차 사직서를 올리고 금산金山(경북 김천)의 농사農舍로 돌아왔다. 그 사이 선배격인 진산군晉山君 강희맹姜希孟은 김종직에게 유임留任했으면 좋겠다는 편지를 보내왔고 감사 역시 사직서를 수리하지 않고 속히 직무에 복귀할 것을 명하였다. 그래서 김종직은 이듬해 45세에 함양에서 다시 업무를 지속하였다.

함양에는 함양성咸陽城이 있었다. 그런데 함양성의 나각羅閣(장막을 쳐서 지은 집)이 모두 243칸間이었는데 그동안 백성들이 세 집이 한 칸씩 맡아서 볏짚으로 지붕을 이어왔다. 그런데 해마다 비바람에 지붕이 걷힐 때면 비록 한창 농사철이라 할지라도 백성들은 농사일은 제쳐두고 우마차에 볏짚과 재목을 싣고 와서 수리를 할 수 밖에 없었다. 계속 이렇게 해오다 보니 백성들이 매우 괴로워 할 수밖에 없었다.

김종직은 이러한 사정을 알고는 볏짚 대신에 기와로 지붕을 올려야겠다고 생각했다. 그래서 함양의 부로父老들과 이 문제를 상의하

但令民療心頭肉 (단령민료심두육)
不要籠加粟粒芽 (불요롱가속립아)
- 한국고전번역원. 임정기(역)

였다. 백성들은 처음에는 관장이 졸속으로 일을 벌이는 것이 아닌가, 또 부담이 더 크게 되지나 않을까 하고 걱정하였다. 그런데 김종직은 잘 계산하여 열 가호씩을 배정해서 그 썩은 재목을 바꾸고 또 기와를 이게 하였더니 한 가호에 기와 10여 장씩만 내놓아도 충분하였으며 작업도 5일이 채 못 가서 마치게 되었다. 백성들은 일이 완성된 뒤에 모두 기뻐하며 좋다고 했다.

3. 선산부사(善山府使)

이후 한양으로 와서 여러 관직을 제수 받았고 더욱 승진할 기회도 있었지만 그는 고향에 돌아가 모친 봉양하기를 요청하였다. 성종은 김종직의 그러한 효심을 받아들여 1476년 7월 2일에 특명으로 선산 부사를 제수하였고 그리고 전후로 김종직을 외직에 보임시킬 적마다 모두 부임한 곳으로 어머니를 모시고 봉양할 수 있도록 허락하였다.

그런데 선산은 바로 김종직의 향관鄕貫인데다 선조와 그 부친이 살았던 곳이 성 서쪽에 가까이 있었다. 그리고 강씨康氏 집으로 출가한 김종직의 누나가 30년 넘게 살고 있던 곳이기도 했다. 오랜만에 가보니 30년이 되었는데도 원림園林과 당실堂室이 예전 그대로 있었다. 김종직의 어머니는 3년 후인 1479년에 80세를 일기로 돌아가셨고 삼년상을 마친 1482년에 김종직의 부인 조씨 또한 세상을 떠났다. 3년 후인 55세 때에 김종직은 남평 문극정의 딸과 재혼하였다.

57세 때인 1487년(성종 18)에 전라도관찰사全羅道觀察使로 나갔다가 59세 때인 1489년(성종 20) 3월에는 형조판서가 되었다. 그런데 같은 해 8월에 마비 증세가 왔다. 중풍中風이었다.

김종직은 휴가를 얻어 요양했으나 낫지 않았다. 그래서 동래온천에 목욕하기를 청하여 내려갔고 그리고 이어 밀양密陽의 옛집으로 돌아가 몸조리를 하였다. 그러나 건강은 좋아지지 않았고 그는 더 이상 공무를 수행하기 어렵다고 판단하여 사직서를 제출하였다.

성종은 김종직의 재능을 아깝게 여겨 사직을 허락하지 않았을 뿐만 아니라 그의 청빈淸貧함을 듣고는 쌀 70석과 노비와 전답도 하사하면서 빨리 건강을 회복하기를 바랐다. 그러나 그러한 배려에도 불구하고 김종직은 1492년 7월에 62세의 나이로 세상을 떠났다.

김종직은 첫 부인인 조씨와의 사이에서 3남 2녀를, 계배인 문씨와의 사이에서는 1남 1녀를 두었다.

김종직은 문장이 뛰어났던 만큼 저술에도 관심이 많아서 「경상도지도지」와 「선산지도지(善山地圖誌)」를 찬撰하였다. 또한 신라 말부터 조선 초기까지 전해져 내려오던 우리나라의 전통 시 503수를 모아 비평 풀이한 시선집詩選集인 『청구풍아(靑丘風雅)』와 신라시대부터 조선 초기까지의 70여 명의 시문을 모아 엮은 문장선집인 『동문수(東文粹)』 등을 편찬하였다.

김정국 金正國

백성들이 쉽게 볼 수 있는 의서醫書를 편찬하다

· 생존연대 : 1485년(성종 16)~1541년(중종 36) 향년 57세
· 자 : 국필(國弼)
· 호 : 사재(思齋), 은휴(恩休), 팔여거사(八餘居士)
· 시호 : 문목(文穆)
· 본관 : 의성(義城)

· 부 : 김연(金璉)
· 모 : 양천(陽川, 서울 양천구) 허지(許芝)의 딸
· 배 : 평양 조중문(趙仲文)의 딸
· 계배 : 경주 이승조(李承祖)의 딸

■ 1. 관직 진출 과정

김정국은 10세 되던 해에 아버지를 여의었다. 당시 그의 형 김안국(金安國, 1478~1543)은 당시 17세였는데 이들 형제의 아버지인 김연은 세상을 떠나기 전에 자신에게는 동서同婿이고 그의 두 아들에게는 이모부가 되는 조유형趙有亨에게 두 형제를 돌보아 줄 것을 부탁하였다. 이후 조유형은 이들 형제를 극진히 보살펴 주었다. 그리고 2년 후에는 어머니마저 돌아가셨다. 그래서 김안국과 정국 두 형제는 평생 우애가 깊었다.

이들 형제들은 어릴 때부터 재능이 매우 뛰어났다. 이들은 김굉

필(金宏弼, 1454~1504)에게 수학하였는데 형 김안국은 26세인 1503년에 문과에 급제하였고 동생 김정국은 25세인 1509년(중종 4)에 문과에 장원으로 합격하였다. 장원으로 합격하였기 때문에 6품직인 승문원의 검교校檢로 관직생활을 시작하여[1] 홍문관 수찬修撰(정6품)과 사간원司諫院 정언正言(정6품)을 거쳐서 26세 때인 1510년(중종 5)에는 이조좌랑吏曹佐郎(정6품)이 되었으며 33세에는 사간원 사간司諫(종3품), 34세에는 승정원承政院의 좌승지左承旨(정3품)를 역임하였다.

2. 황해도관찰사(黃海道觀察使)

34세인 1518년(중종 13) 겨울에 김정국은 황해도관찰사(종2품)를 제수 받았다. 하직인사를 하는 자리에서 중종으로부터 '오랫동안 시종으로 있으면서 나의 뜻을 알 터이니, 그곳에 가면 농상農桑에 힘쓰고 백성의 괴로움을 불쌍히 여기며 출척黜陟을 엄명하게 하고 수령을 권고하여 백성으로 하여금 안심하고 생업에 종사하도록 하라.'[2]는 당부를 받고 감영이 있는 해주에 부임하였다.

그가 관찰사로 있을 때의 일이다.

연안延安 고을에 사는 이동李同이란 백성이 밥을 먹다가 그 아버지와 서로 다투게 되자 밥그릇을 들어 던져서 아버지를 때리는 사건이 발생하였다. 유향소留鄉所[3]에서 조사하여 연안부延安府에 보고하

---

1) 과거 최종 시험인 전시(殿試)의 성적은 갑과(甲科)·을과(乙科)·병과(丙科)로 나누고, 갑과에는 3인을 뽑아 첫째는 장원랑(壯元郎)이라 하고, 둘째는 방안(榜眼) 또는 아원(亞元)이라 하고, 셋째는 탐화랑(探花郎)이라 하였으며, 장원랑에게는 종6품의 품계를 주고, 나머지 2인에게는 정7품의 품계를 주었다. 그리고 을과에는 7인을 뽑아 이들에게는 정8품의 품계를 주고, 병과에는 23인을 뽑아 이들에게는 정9품의 품계를 주었다. 『대전회통(大典會通)』「이전제과(吏典諸科)」「예전제과(禮典諸科)」

2) 『중종실록』중종 13년(1518년) 12월 19일.

였고 연안부에서는 또 다시 내용을 갖추어 황해도 감영에 보고하였다. 당시 불효에 대한 죄에 대해서는 중벌을 내렸는데 이 사건 역시 강상綱常에 관계되는 중한 죄이므로 김정국은 직접 신문을 하려고 연안부로 갔다. 그런데 그는 그 죄수가 신문도 하기 전에 사실 그대로 자복하였다는 보고를 받고 이상하게 여겨 아전으로 하여금 죄수를 동헌 계단 위로 데리고 올라오게 하여 물었다.

"네가 중한 죄를 범하여 죽어야 할 터인데 그것을 아느냐."

"저는 그냥 사실만을 말씀드렸을 뿐 그 밖의 다른 것은 모릅니다."

김정국이 말하기를,

"아버지와 아들은 하늘과 땅, 임금과 신하 같은 사이로서 아버지가 없었으면 어찌 네 몸이 있을 수 있었겠는가. 네가 밥그릇으로 아버지를 때렸다 하니 이것은 땅이 하늘을 범한 것이고, 신하로서 임금을 범한 것과 마찬가지이다. 국법에 의해서 나는 너를 사형에 처할 수밖에 없다."

하였다. 그 죄수가 깜짝 놀라서 안색이 변하면서 말하기를,

"저는 저의 죄가 그렇게 중한 줄 몰랐습니다. 그런 것을 미리 알았다면 애당초에 어찌 감히 아버지에게 대들었겠습니까. 또 신문받을 때에 차라리 매를 맞더라도 숨길 것이지 어찌 쉽게 바른 대로 말하였겠습니까. 저는 사실 아버지가 이렇게 중한 줄도 몰랐고 그래서 평소에도 말다툼이 나면 욕하기도 하고 물건을 던지기도 하였고 심한 경우에는 때리기도 하였습니다. 감사님께서 부모가 이렇게 중한 것임을 이렇게 가르쳐 주시니 이제 잘 알겠습니다. 바라건대 감사님께서 이번 한 번만 용서해 주시어 벌을 주지 않으신다면 앞으로는 제가 부지런히 저의 아버지를 섬기겠습니다."

하였다. 정국이 그 말을 들으니 불쌍하였다. 그리고 생각하였다.

---

3) 조선 시대 지방 군현의 관장을 보좌하던 자문기관으로 지방의 풍속을 교정하던 곳.

'백성들을 가르쳐 주지 않고서 잘못했다고 벌만 주는 것은 백성을 속이는 것이다. 어버이를 사랑하고, 윗사람을 공경하는 것이 비록 천성天性의 양능良能이지마는, 어리석은 백성이 어찌 스스로 할 수 있단 말인가. 옛날에 덕으로 인도하고 형벌로써 정제整齊한다는 것이 참으로 이유가 있어 한 말이다.' 하면서, 신문하는 관원에게 명하여, 약간 매를 때려 경계시키고 놓아주게 하였다. 이후 그 아들은 효자가 되었다고 한다.[4]

그는 이처럼 형벌보다는 덕으로써 백성들을 다스렸는데 실제로 그는 백성들을 경계警戒 교화하기 위하여 1519년(중종 14)에 백성들도 읽을 수 있도록 한자와 구결을 섞어 「경민편(警民編)」을 간행 배포하였다.

김정국이 35세 되던 1519년(중종 14)에 기묘사화己卯士禍가 일어났다. 기묘사화는 조광조(趙光祖, 1482~1519)를 필두로 하는 신진사류가 훈구 재상들에 의해 화를 입은 사건이다. 조광조는 김굉필의 제자였는데 형 김안국과 함께 역시 김굉필 문하에서 수학하였던 김정국은 이들 신진사류들을 두둔하였고 그리하여 12월에 관직이 삭탈되었다.

3. 『촌가구급방(村家救急方)』을 저술하다

이후 그는 고양高陽 망동芒洞에 '은휴정恩休亭'이란 소재小齋를 짓고 '팔여거사八餘居士'로 자호自號하며 후학을 가르치며 지냈다.

이 당시 은거하면서 여러 책을 저술하였는데 특히 그는 벽촌의 시골 백성들이 병이 났을 때 손쉽게 이용할 수 있는 의서를 편집하고자 하였다. 그는 관찰사로 재직하던 시절 시골의 백성들이 갑자

---

4) 이긍익(李肯翊, 1736~1806)이 『연려실기술(燃藜室記述)』에서 소개한 글이다.

기 아플 때 방법을 몰라 적절한 치료를 하지 못하는 것을 많이 목격하였기 때문에 백성들이 응급조치할 수 있는 방법을 알려주는 책이 필요하다는 것을 절실히 느꼈었다. 그래서 고양에 은거하는 동안 책을 저술하기로 마음먹고 자료를 수집하였다. 그래서 그동안 전해오던 여러 의서를 찾아 연구하고 또 민간에서 쉽게 구할 수 있는 약초藥草와 약방藥方, 그리고 시골 부로父老들의 문견聞見에서 효력을 보았다고 전하는 여러 방문方文들을 수집하여 원고를 작성하였다. 그리고 후일 여건이 될 때 출간하고자 마음먹고 있었다.

그리고 이후 1538년에 전라도관찰사를 제수 받아 부임하였을 때 백성들이 손쉽게 이용할 수 있도록 이 당시 편집한 원고를 보완, 정리하여 『촌가구급방』이라는 제목으로 남원南原에서 목판으로 1권 1책으로 간행하였다. 이 책의 체제는 맨 처음 본초부本草部에서는 약재 120여 종에 우리말이름을 붙여 알기 쉽게 기록하였으며, 그 다음에는 흔히 볼 수 있는 여러 병증과 그에 대한 치료법 등을 알기 쉽게 설명하였다. 그리고 권말에는 물에 빠졌던 사람이나 자액自縊 즉 목을 매었던 사람들을 구호하는 방법이라든가 파상풍破傷風 · 괴질怪疾 · 육독肉毒 등의 증상을 치료하는 방법 등을 설명하였다.

그가 고양 망동에 있을 때 전라도관찰사로 재직하고 있던 모재慕齋 김안국 역시 파직되어 이천利川의 주촌注村에 은거하고 있었다. 그리고 그 역시 소재를 지어 '은일恩逸'이라 하고 여러 문하생들과 함께 경의經義를 강론하며 지냈다.

어려서부터 우애가 돈독하였던 형제였다. 김정국은 틈이 날 때면 나룻배를 저어 가서 형을 찾아뵙고 학문을 강론하다가 돌아왔는데 해마다 반드시 한두 번씩은 만났다. 이처럼 우애가 깊은데다가 이들 형제들은 마음이 너그럽고 학문이 깊어 당시 사람들이 이들 두 형제를 세상에 흔하지 않은 사람 '이난二難'이라 하였다. 후인의 모범이 되니 사대부들이 흠모하였고 그래서 문하에 선비들이 많이 모여 수학하였다. 그리고 이렇게 지낸 세월이 19년이었다.

4. 전라도관찰사(全羅道觀察使)

고양에 은거한지 19년, 1538년(중종 33) 2월에 관작이 회복되었고 김정국은 4월에 전라도관찰사를 제수 받았다. 김정국의 나이 54세 때였다.

전라도에 부임한 그는 그 해 9월에 '편민거폐便民去弊' 즉 '백성들을 위해 없애야 하는 여러 폐단 수십조와 그 시정책'을 건의하였다. 여기에서 그는 전라도 백성들의 생활과 관련된 광범위한 문제들을 다루었는데 때로는 지역의 특수한 문제도 지적하고 개선방안을 제시하기도 하였다. 진도珍島의 경우를 들어보면 다음과 같다.

진도는 유배지로 많이 알려져 있다 보니 한양을 비롯한 경기 충청 지역의 범법자들이 유배를 많이 왔다. 김정국이 당시 진도를 순행하며 명부를 살펴보니 유배 온 이가 3백여 명이나 되었다. 이들은 모두가 빈손으로 들어와서 결국 원주민들에게 얻어먹을 수밖에 없게 되니 백성들도 피해를 보고 유배 온 이들도 굶주릴 수밖에 없는 상황이었다.

이에 김정국은 개선 방안을 제시하였다. 즉 진도 부지산富之山에는 이전에 있던 목장을 옮기고 만든 밭이 있는데 땅이 척박하여 매년 소출되는 콩이나 조가 별로 많지는 않았다. 그렇지만 그런 땅이라도 유배 온 이들에게 한 자리씩 균일하게 나누어 주어 경작하게 하면 굶주리지 않고 연명해 나갈 수 있지 않겠는가 하는 방안이었다. 상당히 현실적이고 실현 가능한 방안이었다.

김정국이 올린 여러 가지 방안에 대하여 중종은 의정부議政府와

그리고 사안과 관련된 해당 관청에 명을 내려 상의하게 하였고 상당 부분이 국정에 반영되었다.[5]

김정국은 전라도 각 지역의 관장들의 근무성적에 대한 고과考課 점수를 매기는 데 있어서 개인적인 친분에 관계됨이 없이 공정하게 평가하여 조정에 보고하여 인사에 반영케 하였다. 이러한 김정국의 공평한 인사에 대해서는 당시 사관史官도 다음과 같이 긍정적으로 평가하였다.

> 사신史臣은 논한다. 지난번 간신배들이 조정에 있어서 탐욕의 풍조가 크게 성행하여 조금도 기탄없이 팔도에서 수탈을 자행하였다. 수령된 자는 제 뱃속만 채울 줄 알고 백성들의 고통을 구휼하지 않으며 날로 착취만을 일삼고 권력자에게 아부하였다. 무사와 남행(南行: 음사蔭仕)만 그러할 뿐 아니라 유식한 문관도 휩쓸려 세속을 따라가고, 방백이 된 자는 출척하는 권한을 잡고 있으면서도 자유롭게 처리하지 못하여 그 폐단이 고질이 되었다. 김정국이 탁월하게 장계를 올리니 위에서만 가상하다 칭찬할 뿐 아니라 조야朝野의 식견 있는 사람들은 모두 이를 아름답게 여겼다. 참으로 정직한 사람이다. 그가 유속流俗에 물들지 않는 것이 이와 같았다. —『중종실록』중종 33년(1538) 10월 7일

또 그는 전라도 각 지역에 있는 역驛을 순행하면서 손수 수십 조條의 그림으로 그리어 조정에 보고하기도 하였다.

그 후 병조참의兵曹參議와 공조참의工曹參議를 거쳐 1539년 7월에 그는 경상도 관찰사를 제수 받았는데 이때 이미 김안국의 건강은

---

5)『중종실록』중종 33년(1538년) 9월 30일, 10월 13일 기사.

매우 좋지 않았다. 그는 이때 노증^{勞症}이 있었다[6]고 하였는데 그래도 애써 부임하였고 영남 지방이 땅이 넓고 백성들이 많아 처리해야 할 업무가 다른 도에 비해 매우 많았지만 김정국은 조금도 쉬지 않고 온 힘을 다해 일을 처리하였다. 그러다 보니 병은 더 심해졌다. 그는 체직을 청하였고 1540년 봄에 김정국은 내직으로 들어와 예조참판과 병조참판에 제수되었는데 그러나 병은 나아지지 않았다. 같은 해 6월 김정국은 임금에게 사직을 청하면서 '정신이 흐릿하고 명한 상태여서 일을 제대로 살피지 못하고 있다.[7]라고 하였다. 1541년(중종 36) 5월 성균관^{成均館}에서 여러 생도들의 시험^{課試}을 살피던 중 갑자기 병이 도져 일어나지 못하였다. 향년 57세였다.

김정국은 첫 부인과의 사이에서는 자녀가 없었고 경주 이씨^{慶州李氏} 사이에서 두 아들을 두었다.

김정국은 참으로 담백한 삶을 살았던 사람이다.

그는 평소에 오두막집 몇 간과 박토^{薄土} 몇 마지기 그리고 베옷 몇 가지뿐이어도, 거처하는 데 여지^{餘地}가 있고 몸에 걸치는 것에 여의^{餘衣}가 있으며 밥그릇 바닥에 여반^{餘飯}이 있으니 이 '삼여^{三餘}'가 있으니 세상에 구애받지 않고 소신대로 살아갈 수 있다고 하였다. 반면에 없어서는 안 되는 것은 서책 한 상자, 거문고 한 장, 필연^{筆硯} 한 갑, 신 한 켤레, 잠잘 때 베개 하나, 시원한 마루 한 간, 따뜻한 방 한 칸, 지팡이[扶老] 한 개, 나귀 한 필, 이것만 있으면 족히 늙은 여년을 지낼 수 있다고 하였다. -「사재미담(思齋美談)」

---

6) 『중종실록』 중종 35년(1540년) 6월 22일 기사 참조. 노증은 몸이 점점 쇠약해지는 증상으로 폐결핵 등의 증상이라고 함.
7) 앞의 기록.

이러한 그의 삶은 그의 '졸기卒記'에서도 그대로 드러난다.

> 그는 마음을 쓰는 것이 순정純正하고 일을 처리하는 것이 공평하
> 였으며 곤궁하여도 의리를 잃지 않고 현달하여도 도리를 벗어나
> 지 않았다.[8]

이 때문에 그의 죽음을 들었을 때에 원근遠近이나 대소를 막론하
고 모두가 애석해 하며 슬퍼하였다고 한다.

---

8) 『중종실록』 중종 36년(1541년) 5월 20일.

이지함 李之菡
'걸인청乞人廳'을 설치하여 굶주린 백성들을 구제하다

· 생존연대 : 1517년(중종 12)~1578년(선조 11) 향년 62세
· 자 : 형백(馨伯), 형중(馨仲)
· 호 : 수산(水山), 토정(土亭)
· 시호 : 문강(文康)
· 본관 : 한산(韓山, 충남 서천)

· 부 : 이치(李穉)
· 모 : 광산(光山) 김극성(金克成)의 딸
· 배 : 전주 이정랑(李呈琅)의 딸

■ 1. 자유로운 영혼의 소유자

토정土亭 이지함에게는 늘 '기인奇人'이라는 표현이 수반된다. 그만큼 그는 당대의 다른 선비들과는 다른 삶의 모습을 보여주었기 때문일 것이다. 그런데 그의 삶의 궤적을 따라가 보면 '기인'이라기보다는 자유를 추구했던 '자유인'이라는 표현이 더 맞을 것 같다.

토정은 행적이 탁월하고 기이하며 구속을 받지 않았으며, 천성은 순수하고 어질었다. 그가 강해江海에 떠돌아다니며 방랑 행각을 한 것은 세상을 싫어해서가 아니라 구속받는 것을 피하려는 생각

에서 나온 것이라고 한다.

정철(鄭澈, 1536~1593)의 아들 정홍명(鄭弘溟, 1582~1650)의 『기옹만필(畸翁漫筆)』에 나오는 기록인데 정철이 이지함과 많은 교류를 하였음을 생각할 때 이지함에 대한 이러한 평가는 신빙성이 있다고 할 수 있다.

이지함은 1517년에 충청도 보령에서 태어났다. 그러나 14세와 16세 때 아버지와 어머니를 모두 여의게 되자 한양으로 올라왔고 9살 위 맏형인 이지번(李之蕃, 1508~1575)에게서 글을 배웠다. 그리하여 경전經典·사기史記·자집子集·제자백가諸子百家의 글을 섭렵涉獵하여 관통하지 않는 것이 없었다. 그는 글을 매우 좋아하여 책을 폈다 하면 주변 사람들이 몸이 상할까 염려할 정도로 해가 지고 밤이 새도록 읽었다. 또한 문사文詞도 뛰어나 마치 물이 솟아오르고 산이 우뚝 솟은 것 같았다는 평을 들었다. 그가 이처럼 글을 열심히 읽은 것은 지식 그 자체에 대한 열망 때문이었다.

그가 학문에 몰두하는 것을 보고 주변사람들은 당연히 과거 준비를 한다고 생각하였지만 그는 과거에 뜻을 두지 않았다. 그는 과거에 응시하는 경우도 적었거니와 혹 과장科場에 들어갔어도 답안 작성을 위해 제술製述을 하지 않았고 혹 제술을 하였더라도 제출하지 않았다. 혹자가 그러한 행동에 대해 힐책詰責하면 그는 "사람마다 각자 좋아하는 바가 있는 것 아닌가? 나는 이러한 시험이 무슨 의미가 있는지 모르겠다."고 하였다.

이러한 이유에 대해 언젠가 과거에 급제한 이웃사람이 연희宴戲를 베푸는 것을 보고는 그는 마음으로 이를 저속하게 여겼고 그래서 과거에 대한 생각을 접었다고 하였다는 기록이 있다. 그러나 이러한 사례만 가지고 그가 과거에 대한 기대를 접었다고 보기는 어렵고 이후에 겪은 일련의 사건들이 영향을 주었다고 보는 것이 더 타당할 것이다.

그는 성장하여 모산수毛山守 이정랑李呈琅[1]의 사위가 되었다. '모산수毛山守'의 '수守'는 조선시대 왕자군王子君의 증손曾孫들에게 주었던 정4품 벼슬인데 황진이黃眞伊와 교유했던 벽계수碧溪守란 인물이 유명하다. 이지함은 혼인한 후 처가 일족이 살고 있는 충주에 살고 있었는데 32세 되던 1548년(명종 3)에 그는 형 이지번에게 '처가에 화禍가 일어날 것 같다'고 하면서 처자를 데리고 본가 고향인 보령保寧으로 이거移居하였다.[2]

그리고 다음 해인 1549년 4월에 정미사화丁未士禍에 포함되는 '이홍윤李洪胤 옥사 사건'이 터졌다. 즉 1545년(명종 즉위년)에 왕실의 외척인 대윤大尹과 소윤小尹의 반목으로 정치적인 격랑이 휘몰아쳤는데 이때 많은 왕족들이 연루되어 희생되었다. 그리고 이지함의 장인인 모산수 이정랑 역시 이 사건에 연루되어 문초를 받다가 매를 맞고 죽었다. 이 과정에서 이지함의 장인인 모산수 뿐만 아니라 충주 지역의 인사들이 대거 희생되었는데, 당시 충주 지역이 '한 고을이 텅 비게 되었다.'라고 할 정도로 혹독하였다. 그리고 이 때문에 충주는 유신현維新縣으로 강등되었다.[3] 그런데 이지함 가족은 사건이 벌어지기 이전에 보령으로 옮겨 왔기 때문에 이러한 참혹한 격랑을 피할 수 있었다. 그래서 많은 사람들이 이지함이 신통력을 지니고 있어서 앞날을 미리 내다보았다고 말하기도 하였다. 그러나

---

1) 이지함의 조카인 이산해(李山海)가 기록한 이지함의 묘갈명(墓碣銘)과 『선조실록』에는 장인의 이름이 이정랑(李呈琅)이라 되어 있는데 『연려실기술』 권18 선조조 고사본말(宣祖朝故事本末)에는 '성랑(星琅)'이라 되어있다.
2) 『선조실록』에는 아버지에게 말한 것이라 기록되어 있으나 그의 아버지 이치는 (1477~1530)이 당시 이미 별세한 후이므로 조카 이산해의 기록에 의거한다.
3) 18년 후인 1567년(선조 즉위년) 10월에 다시 충주목(忠州牧)으로 회복되었다.

이것은 신통력이라기보다 그가 당시 조정의 정치적 상황이 급변하는 것을 간파하고 있었다고 보는 것이 합리적인 추론일 것이다.

또 하나의 사건이 있었다. 이지함에게는 안명세(安名世, 1518~1548)라는 1살 아래인 절친한 친구가 있었다. 사관史官이었던 그는 1545년에 일어난 을사사화乙巳士禍의 전말을 상세하게 기록한 「시정기(時政記)」를 작성하였다가 정치적인 문제에 휘말려서 사형을 당하였다.

그는 이러한 일련의 정치적인 상황을 목도하면서 출사出仕하지 않고 초야에 묻혀서 살 것을 결심했고 그래서 과거에 대한 생각은 아예 버렸다. 그리고는 자유롭게 전국 방방곡곡을 다녔다. 아무리 멀고 험한 곳이라도 조선 땅 방방곡곡 안 간 데가 없었다.

육지뿐만 아니라 바다도 많이 다녔다. 그는 배舟를 잘 몰았는데 돛과 키를 자유자재로 다루었고 바람의 방향을 잘 파악하여 흡사 평지에 있는 것처럼 배를 운항하였다. 이렇게 곳곳을 돌아다닐 때면 여러 해 동안 돌아오지 않았고 어디에 있는지 가족들도 알지 못하였다.

그는 고향인 보령과 한양 마포麻浦를 오가며 생활하였다. 특히 마포에 거처할 때는 흙으로 집을 쌓고 그 위를 평평하게 하여 정자亭子를 만들었다. 그리고 스스로 호를 토정土亭이라 하였는데 그래서 세간에는 '토정'이라는 호로 많이 알려져 있다.

이지함은 기골이 장대했다고 한다. 신장도 보통 사람들보다 컸다고 하고 키가 크니 발도 1척尺이 넘었다고 한다.(물론 정확한 크기인지는 알 수 없지만) 얼굴은 둥글고 검은 편이었으며 눈빛은 형형하였다. 목소리 또한 크고 웅장하였지만 말은 별로 하지 않았다. 전체적으로 위풍이 당당하였다.[4]

그는 출사할 생각은 접었지만 그러나 당대 명망 있는 많은 문

---

4) 『토정유고(土亭遺稿)』, 「토정선생유사(土亭先生遺事)」 권下, 기(記), 「유사(遺事)」

인, 학자들과 교유하였다. 그는 은둔 생활을 한 남명 조식(南冥 曺植, 1501~1572)을 매우 존경하였고 성혼(成渾, 1535~1598)과 율곡 이이(栗谷 李珥, 1536-1584), 정철 등과도 돈독한 교유관계를 유지하고 있었다. 그 중에서도 이이는 이지함보다 19살 아래였지만 가장 친하게 지냈다.

어느 날 이이가 이지함에게 말했다.
"이제 공도 성리학을 공부하는 것이 어떻겠습니까?"
이지함이 답하였다.
"나는 욕심이 많아서 할 수가 없소."
이이가 의아해 하며 말하기를,
"공은 대체 무슨 욕심이 그렇게 많다고 그러시오?"
하자, 지함이 말하기를,
"사람 마음의 향하는 바가 천리天理 아니면 모두 인욕人慾인데, 나는 스스로 방심放心하기를 좋아하고 승묵繩墨으로 단속하지 못하니 어찌 욕심이 아니겠소." - 『선조실록』 선조 11년(1578) 7월 1일 이지함의 '졸기'

'방심'이란 선한 마음이 밖으로 나가 잃어버렸다는 것이고 '승묵繩墨'은 먹줄통과 먹줄이라는 뜻으로 법도와 준칙을 의미한다. 『맹자』에 나오는 내용으로 이 대화 내용을 보면 이지함이 끊임없이 마음을 비우기를 노력하면서도 깊은 성찰을 통해 자신이 욕심을 비우지 못하고 있음을 고백하는 것이다. 그러면서 어쩌면 당시 관직에 있는 사람들이 성리학을 공부한다고 하면서 욕심을 버리지 못하는 것을 역설적으로 비판하고 있는 것인지도 모른다. 그의 넓은 교유관계와 더불어 그의 성품을 짐작하게 하는 기사 내용이다.

2. 포천현감(抱川縣監)

그가 전국 방방곡곡을 돌아다닌 것은 결코 유람하기 위한 것만은 아니었다. 그는 곳곳을 다니면서 민생의 현실을 목도하였고 백성을 위해 무엇을 할 것인가에 대해서도 깊이 생각하였다.

그는 특히 고향인 보령 근처인 서천(舒川) 바다에 자주 나갔는데 거기에서 그는 풍부한 어족자원과 드넓게 펼쳐진 염전을 보았다. 그리고 생각했다. 만약 자신에게 사방 백리가 되는 고을을 다스릴 기회가 주어진다면 바다 속의 무궁무진한 물고기를 잡아 올리고, 끝없는 바닷물을 구워서 소금을 생산할 수 있을 것이고 그러면 그것으로 수천 섬의 곡식을 얻어서 백성들의 생활을 좀 더 윤택하게 할 수 있을 것이라고.

'낭중지추(囊中之錐)'라 했던가. 그러던 그에게 기회가 왔다. 당시 1573년(선조 6)에 선조는 뛰어난 행실이 있는 선비를 천거하라 명하였는데 그의 뛰어난 학식과 깊은 식견을 알아 본 당대 많은 명사들이 그를 추천하였고 선조가 그 건의를 받아들임으로써 그는 6품직인 포천현감에 제수되었다. 그의 나이 57세 때였다.

> 포천(옛 이름은 청하(淸河))에 갔을 때는 여름이었다. 그는 임진강을 보면서 범람할 위험이 있다는 것을 알았다. 그는 고향 보령에 있을 때 아버지 산소에 바닷물이 들어오는 것을 막고자 제방을 쌓았던 경험이 있었다. 그리하여 임진강에도 제방을 쌓았고 강의 범람을 막아서 백성들의 피해를 막았다. - 정홍명(鄭弘溟), 『기옹만필(畸翁漫筆)』

포천에 부임하여 고을 재정을 살펴보니 곡식이 매우 부족하여 민생을 해결하기가 어려웠다. 그는 이전에 바다를 종횡무진 다니면서 생각한 것을 실행하고자 했다. 즉 바다의 어족자원과 소금을 구할 수 있다면 포천 백성들의 삶을 좀 더 풍족하게 할 수 있을 것이라고 생각하였던 것이다.

'포천抱川의 활민책活民策'이라는 제목으로 상소를 올렸다. 그는 재화를 생산하여 백성을 구제하는 일에 대해 설명하면서 '지금 만약 바다 속의 무궁무진한 물고기를 잡아 올리고, 끝없는 소금물을 굽는다면 몇 년 안에 수천 섬의 곡식을 얻을 수 있을 것이니, 이 어찌 널리 은혜를 베풀어 백성을 구제하는 데 일조가 되지 않겠습니까.' 라 하면서 해읍海邑의 어량漁梁을 절수折受[5] 받아 곡식을 사서 빈약한 재정을 보충하게 해 줄 것을 청하였다. 그러나 그의 청은 받아들여지지 않았다. 어량이란 어전漁箭이라고도 하여 나무 울을 설치하여 물고기를 잡는 어장을 말하는데 당시에는 왕실 가족들이나 지역 부호들의 소유였기 때문에 현실적으로 어려웠을 수도 있었을 것이다. 결국 그는 이듬해인 1574년 8월에 병을 핑계로 현감을 사직하고 고향으로 돌아갔다. 1년 2,3개월 정도 현감으로 재직한 것이다.

이에 대해『선조수정실록』선조 7년 8월 1일 기사에는 '조정에서 따라주지 않았다.'라 하였고, 이이도『석담일기(石潭日記)』상권 선조 7년(1574) 8월 기록에서 '조정에서 듣지 않았다.'라 기술하고 있어 당시 뜻 있는 식자들이 이러한 상황에 대해 매우 안타깝게 생각하였음을 보여주고 있다.

3. 아산현감(牙山縣監)

1578년에 이지함은 아산현감으로 다시 등용되었다. 62세 때였다. 아산에 가서 보니 흉년으로 인해 해진 옷을 입고 걸식하는 유민流

---

5) 국가로부터 빌리는 것.

^民들이 많았다. 그는 부임한 즉시 '걸인청^{乞人廳}'을 만들었다. 그리하여 일정한 정착지가 없는 걸인들이나 노약자와 굶주린 사람들을 구호하였는데 그러나 구호는 하되 무료로 하지는 않았다.

그는 우선 큰 집을 지어서 그들을 거처하게 하였다. 그리고 의식을 제공하되 한편으로 백성들에게 수공업^{手工業}을 가르쳐 여러 가지 생활도구를 만들어 팔게 하였다. 그리고 그 중 가장 손재주가 없는 사람들에게는 볏짚을 주어 짚신을 삼도록 하였는데 못해도 하루에 10켤레는 만들어 팔수가 있었다. 그래서 하루 일한 것으로 최소한 쌀 한 말은 살 수 있었고 그리고 좀 남는 것으로는 옷을 지어 입도록 하였다. 그렇게 하였더니 수개월 사이에 의식이 어느 정도 충족되었다.

당시 주위에서는 이지함이 백성들을 보살피고 효과를 거두는 방법이 참으로 묘하다고들 하였다.

정약용^{丁若鏞}도 『목민심서』, 진황^{賑荒} 6조, 제3조 규모^{規模}에서 이지함의 이러한 진휼내용을 소개하고 있다.

그리고 그는 아산현감으로 재임하면서 느낀 시폐를 상소하였다. 군액^{軍額}[6]을 줄여줄 것과 세금을 납부하지 못했을 때 친척들에게 부과시키는 일종의 연좌성 벌칙을 없애달라는 내용이었다.[7]

조정에서는 '그 뜻이 옳다'고는 답하였지만 시행되지는 못하였다. 이지함은 아산에서 그동안 자신이 구상했던 정책을 시행하고자 하였고 그래서 향교의 유생들을 교도하면서 문무의 재주를 강습하여 국가의 쓰임에 대비하려고 하였다. 그런데 뜻하지 않게 부임한 해 여름 이질^{痢疾}에 걸렸고 1578년 그는 아산 관아에서 세상을 떠났다. 향년 62세였고 그에게는 4남이 있었다.

---

6) 군용(軍用)에 쓸 곡물(穀物)의 양.
7) 이지함, 『토정유고』, 권上, 「리아산시진폐상소(莅牙山時陳弊上疏)」

『토정선생유고(土亭先生遺稿)』 충청남도 아산현감을 지낸 이지함의 문집으로, 시문과 상소, 묘갈명(墓碣銘) 등이 실려 있다. [ⓒ서울대학교 규장각 한국학연구원]

이지함의 죽음에 대해 유몽인柳夢寅은 『어우야담(於于野談)』에서 이지함이 부정을 저지른 한 아전에게 벌을 주었는데 모욕을 당했다고 생각한 아전이 원한을 품고 지네 즙을 몰래 술에 탔고 그 때문에 죽음을 당하였다고 기록하고 있다. 진위 여부를 확인하기는 어렵다.

이지함이 세상을 떠난 후 조정에서는 그가 '맑은 마음에 욕심이 적고 높은 재예에 뛰어난 식견을 가진 사람으로서 그 언론言論과 풍지風旨는 사람들의 이목을 감동시켰다' 하면서 포상 문제가 논의되었다. 그러나 당시에는 치부致賻와 치제致祭를 하는 것으로만 논의를 끝냈고(『선조실록』 선조 11년 7월 24일 기사) 그 후 숙종 39년(1713) 5월 20일 학덕이 인정되어 이조판서에 추증되었고 문강文康이라는 시호가 내려졌다.

당시 이지함에 대해 기인으로 생각하는 경향이 많았는데 그러나 이지함의 조카인 이산해(李山海, 1539~1609)는 작은 아버지인 이지함을 기인으로만 간주하는 것에 대해 동의하지 않으면서 다음과 같이 쓰고 있다.

　'재주는 시대를 바로 잡기에 충분하였으나 세상에서 시험하지
아니하였고, 행실은 세속에 규범이 되기에 충분하였으나 세상에
서 본보기로 삼지 아니하였으며, 지혜는 혼미함을 밝히기에 충분
하였으나 세상에서 알지 못하였고, 역량은 대중을 용납하기에 충
분하였으나 세상에서 헤아리지 못하였으며, 덕성은 만물을 진압시
키기에 충분하였으나 세상에서 존중하지 아니하였다. 사람들이 한
갓 그 외면만을 보고서 혹은 고인일사高人逸士라 하고 혹은 탁월하
여 매여 지내지 아니한다 하였으니, 이 어찌 나의 숙부叔父를 안다
고 할 수 있겠는가' - 이산해, 『아계유고(鵝溪遺稿)』, 권6, 「숙부묘
갈명(叔父墓碣銘)」

　그럼에도 토정 이지함의 기이한 행적이 많이 전해지는 까닭에 많
은 사람들이 대체로 그를 기인으로 평한다.
　조선 후기 문인인 매산 홍직필(梅山 洪直弼, 1776~1852)은 조선의
3대 기인으로 매월당 김시습(梅月堂 金時習, 1435~1493)과 북창 정렴
(北窓 鄭磏, 1506-1549), 그리고 토정 이지함을 꼽았을 정도로 기이한
행적이 많이 전해진다.[8]

---

8) 홍직필 『매산집(梅山集)』 제13권, 서(書) '심영수에게 답함 무자년 동짓달 〔答沈
英叟 戊子至月〕' 참조.

이준민 李俊民
성도 이름도 묻지 않고
삼년 치 양식을 내어주다

· 생존연대 : 1524년(중종 19)~1590년(선조 23) 향년 67세
· 자 : 자수(子修)
· 호 : 신암(新菴)
· 시호 : 효익(孝翼)
· 본관 : 전의(全義)

· 부 : 이공량(李公亮)
· 모 : 창녕(昌寧) 조언형(曺彦亨)의 딸
· 배 : 팔계(八溪, 합천 초계면) 정백거(鄭伯渠)의 딸
· 계배 : 파평(坡平, 파주) 윤기(尹機)의 딸

1. 관직 진출 과정

이준민은 26세 때인 1549년(명종 4)에 과거 정기시험인 식년시 式年試 문과에 급제하여 경서 등의 서적을 관리하는 홍문관의 정자 (정9품)로 관직생활을 시작하였다. 이후 몇몇 관직을 거쳐 32세 때 인 1555년(명종 10)에 사간원의 정언(정6품)에 임명 되었다. 사간원 은 조선시대 간쟁諫諍과 논박論駁을 관장하던 기관으로 언론담당 부 서라 할 수 있는 기관이었다.

그런데 당시 이량(李樑, 1519~1571)이란 사람이 부제학副提學으 로 있었는데 그는 명종비明宗妃인 인순왕후仁順王后의 외삼촌으로서

승진을 거듭하면서 마음대로 권세를 부리고 있었다. 사간원의 정언이었던 이준민은 이량의 전횡을 지적하며 탄핵하고자 하였는데 이량은 자기 수하의 관리들을 사주하여 상소 올리는 것을 막았을 뿐만 아니라 오히려 이준민을 외직으로 나가게 하였다.

2. 영변판관(寧邊判官)

그렇게 하여 그는 평안도 영변의 판관으로 나갔다. 판관은 소속관아의 행정실무를 담당하는 종5품 관직이었다.

이준민은 매우 겸손한 사람이었다. 그는 영변판관으로 부임한 후 날마다 병영兵營을 찾아 병마절도사兵馬節度使에게 안부 인사를 하였다. 병사는 매우 고마워 하면서 말하기를, "공의 기국器局과 도량度量을 보니 남의 밑에 오래 있을 사람이 아니오. 언젠가는 내가 공의 지휘 하에 있게 될 것 같소."라 하였다. 실제로 후일 이준민이 평안도관찰사가 되었을 때 그 사람은 관찰사 관할인 숙천부사肅川府使로 재직하고 있었다.[1]

3. 영월군수(寧越郡守)

이후 이준민은 1558년(명종 13)에 영월군수(종4품)를 제수 받고 부임하였다. 그의 나이 35세 때였다.

어느 날이었다. 평소에 모르던 서생書生이 군수 뵙기를 청한다고 해서 그 서생을 들어오게 하였더니 그 서생은 대뜸 말하기를 "군수님, 소생은 지금 치악산雉岳山에서 글을 읽고 있습니다. 원하건대 삼년간 먹을 양식을 얻고 싶습니다."라 하였다. 이준민은 이 서생의 당

1) 조복양(趙復陽), 『송곡집(松谷集)』「의정부좌참찬이공행장(議政府左參贊李公行狀)」

돌한 청에 한편으로 놀라면서도 언뜻 머리를 스치고 지나가는 그무엇이 있었다. 삼년 후라면 신유년辛酉年(1561)으로 정기 과거시험인 식년시式年試가 시행되는 해이다. 즉 조선시대에는 정기 과거科擧시험을 삼년에 한 번 자子·묘卯·오午·유酉가 드는 해에 시행하였다. 이준민 자신도 1549년 기유己酉년에 과거에 급제하지 않았던가. 그 서생이 삼년이라 한 것은 그 시험을 말하는 것이리라.

그는 그 서생의 얼굴에서 자신감을 읽었다. 이준민은 그 서생의 성도 이름도 묻지 않고 관아에 일러 삼년간 먹을 양식을 내어 주도록 일렀다. 또 혼자서 그 양식을 운반하기 어렵다는 말을 듣고 사람을 시켜 실어다 주도록 하였다.[2] 그 서생이 치악산에서 공부하고 있었다면 원주原州가 더 가까웠을 터인데 영월까지 먼 길을 온 것을 보면 그가 영월군수 이준민이 성품이 인자하고 너그럽다는 소문을 들었을 가능성이 크다고 생각해 볼 수 있다. 이후 이준민은 2년 반 정도 영월에 있다가 1561년 1월에 강릉대도호부사江陵大都護府使가 되었다. 강릉은 영월보다 고을이 커서 대도호부였고 대도호부사는 정3품 관직이었다. 그런데 강릉에 부임하여 관아 행정을 본격적으로 펼치고자 할 즈음에 생각지 못한 사건이 일어났다. 부임한 해 4월에 강릉부 동쪽에 위치한 대창역大昌驛에 소속된 홍봉량洪奉良이란 역자驛子[3]가 어머니인 일종一終을 살해한 사건이 발생하였던 것이다. 조사해 보니 일종이란 여인이 자기 친아들이 아닌 홍봉량을 홀대하였다가 이 같은 비극이 일어난 것이었다.

그러나 당시에는 강상綱常의 윤리를 거스른 죄를 매우 중하게 처벌하였고 뿐만 아니라 그러한 사건이 발생하면 조정에서는 관할 지

---

2) 남구만(南九萬), 『약천집(藥泉集)』, 「좌참찬효익이공신도비명(左參贊孝翼李公神道碑銘)」

3) 역참(驛站)에 소속되어 그에 관련된 각종 일을 하던 사람.

역의 관장도 백성들의 교화를 잘하지 못했다는 책임을 물어 파직시켰다. 그래서 부사인 이준민을 비롯하여 판관判官 김부인金富仁, 찰방察訪 이문량李文樑 등이 모두 파출罷黜되었다. 이들 세 사람은 모두 다 자기의 직책을 충실하게 수행했던 이들이었기에 백성들은 그들이 떠나는 것을 애석하게 여겨 가는 길을 막아서기도 하였으나 당시 국법이 그러하였기 때문에 어쩔 수 없는 일이었다.

그 후 이준민은 나주목사 등을 거치며 10여년을 외직으로 다녔다. 그가 이처럼 계속 외직으로 다닌 것은 당시 권력자였던 이량의 배척과 무관치 않았다.

4. 강계부사(江界府使)

그리고 41세 되던 1564년(명종 19)에 그는 강계부사를 제수 받고 부임하였다. 그런데 당시 강계에는 이량이 귀양 와 있었다. 한 때 권력을 휘두르던 그가 정치적으로 몰락하여 처음에는 충청도 보령으로 귀양 갔다가 이준민이 부임하기 5개월 쯤 전에 강계로 귀양 와 있던 것이다. 이준민은 강계로 부임하면서 그 사실을 알고 있었다.

이량이 누구인가? 바로 자신을 배척하여 10여년을 외직으로 다니게 하였던 인물이 아닌가? 그러나 이준민은 겸손하면서도 도량이 넓은 사람이었다. 그는 강계에 부임하는 날 저녁에 술 한 병을 들고 이량을 찾아갔다. 당시 유배 온 사람들은 역적인 경우가 아니면 민가民家를 빌려 세貰를 내며 머물러 살았다. 이준민은 그에게 귀양생활을 하느라 고초가 많을 것이라 위로해 주었다.

이량은 이준민의 위로의 말을 듣고 한편으로는 매우 고마웠지만 또 한편으로는 많이 부끄럽고 민망하였다. 그래서 그는 병풍에 시 한 수 써주기를 청하였다. 이준민은 7언 절구 한 수를 써 주었는데 마지막 구절인 결구結句는 '歲寒相對各無言(세한상대각무언)[날은 찬데 서로 마주 앉으니 서로 할 말이 없네][4]라는 내용이었다. 사실 서로 할 말이 없었다. 그 후 이량은 7년 후인 1571년 유배지에서 53세의 나이로 사망하였다. 이후 이준민은 20여 년간 좌승지左承旨, 경기도관찰사京畿道觀察使, 공조참판工曹參判 등을 거쳤다.

5. 평안도에서 현실의 한계에 부딪치다

선조 10년(1577)에 평안도 지방에 전염병이 퍼져 많은 백성들이 피해를 입었고 소와 말들 까지도 병에 걸려 많이 죽어서 농부들이 소 대신 인력으로 밭을 갈 수 밖에 없는 처지가 되었다. 게다가 국경을 맞대고 있는 여진족들까지도 조선 땅을 넘보고 있던 실정이어서 민심이 매우 흉흉하였다. 위기의식을 느낀 조정에서 적임자를 선발하고자 하였는데 모두들 이준민을 추천하였다. 이준민이 활쏘기 등 무술에 능한데다가 직전에 평안도관찰사를 역임했었다는 점이 큰 영향을 주었던 것으로 보인다. 그는 선조 8년(1575) 1월부터 선조 9년(1576) 2월까지 1년 여간 평안도관찰사를 역임하였다.

이때 조정 대신들이 이준민에게 평안도를 다스릴 방도가 무엇인지 물었다. 그러나 2년 전에 관찰사로 재임했었던 이준민은 뾰족한 방도가 없다는 것을 누구보다도 잘 알고 있었다. 우선 백성들의 숫자가 절대적으로 부족했다. 이준민은 말하기를 "조정에서 대규모로 이민移民을 하게 하여 변방을 채운다면 농사도 많이 지을 수 있고 군병도 확충하여 국가 방비를 좀 더 튼튼하게 할 수 있겠지만 지금 조정에서 아무 것도 하지 않고 있으니 무슨 좋은 방책이 있겠소?" 대신들은 "평안도 병사兵使가 군보軍保[5]를 모두 정군正軍으로 올리겠다

---

4) 앞의 「신도비명」

고 한 말을 들었는데 그건 어떻소?" 하고 물었다. 이 당시는 군보 2
사람이 정군 1사람을 도와 전투에 임하게 되는 형태인데 군보를 정
군으로 편입시키면 겉으로는 숫자가 늘어난 것처럼 보이지만 전투
력은 전혀 강해지는 것이 아니었다. 이준민은 그것은 '겹옷 하나를
뜯어 홑옷 둘을 만들고는 옷이 많다고 자랑하는 것과 다름이 없는
것'이라 비판하였다. 또 조정 대신들이 이배移配된 백성이 모두 70
호라 운운하는 것을 듣고는 "없는 것 보다는 낫겠지요."라 하고는
물러나와 주변 친지들에게 "내가 무슨 계책으로 변경을 지킬 수 있
겠는가. 할 수 있는 일이 없다."라 하며 고충을 토로하였다.[6] 이이도
『석담일기』에서 이때의 상황을 소개하면서 다음과 같이 평하였다.

> 대신들은 그것을 구제할 계책 하나 없이 다만 군보軍保를 없애서
> 병정을 더하는 것이 좋은 계책이라 하고 또 유배 보내는 70호의
> 백성으로 변방을 채워 도움을 삼으려 하니, 아! 엉성하기도 하다.
> 평안도의 백성으로 전염병에 죽은 자가 수만이 넘는데 백성 70호
> 의 증감이 무슨 경중輕重이 될 것인가. 이준민의 말이 진실로 옳다.
> – 『석담일기』 하권

현지는 매우 위급한 상황인데 조정 대신들은 그 심각성을 인식하
지 못하고 또 대안도 제시하지 못하고 있으니 현장에 가서 직접 백
성들을 위해서 무엇인가 정책을 시행해야 하는 지방 관장으로서는
대단히 고충이 컸을 것이다.

이후 이준민은 대사헌大司憲 등을 두루 역임하고 61세 되던 1584

---

5) 조선시대 군역 의무자로서 현역에 나가는 대신 정군(正軍)을 지원하기 위해 편
성된 신역(身役)의 단위.
6) 『선조수정실록』 선조 10년(1577) 7월 1일.

년(선조 17) 1월 4일에 현재의 국방부 장관 성격인 병조판서兵曹判書에 제수되었다. 그리고 며칠 후인 1월 22일에 인사발령이 한 차례 더 있어서 차관격인 병조참판으로 김명원(金命元, 1534-1602)이란 사람이 제수되었다. 이준민이 병조판서로서 병조참판과 수인사를 나눈 후였다. 참판인 김명원이 이준민에게 다가왔다.

"판서 대감, 이십여 년 전 영월군수로 계실 때 한 서생이 삼년 치 양식을 청했던 것을 기억하시는지요?"
"그럼요, 기억하지요."
"제가 바로 그때 바로 양식을 청했던 그 서생입니다."
이준민은 매우 놀라 참판을 바라보았다. 그때 모습이 연상되는 듯도 하였다.
"아, 그래요? 이렇게 만나니 참 기이한 인연이구려."[7]

김명원, 그때 그 서생이 바로 김명원이었던 것이다. 김명원은 본관은 경주慶州로 조부인 김천령金千齡과 부친인 김만균金萬勻, 형인 김경원金慶元 등 3대가 모두 장원으로 급제하였고 김명원 역시 후에 갑과 3인으로 급제하여 당시 주변에서 김명원 가문을 '장원가壯元家'라 부를 정도로 명문가 집안 출신이었다. 그런데 김명원이 한창 과거준비를 하던 16세 때에 그의 아버지인 김만균이 강원도관찰사를 거쳐 동지중추부사同知中樞府事로 재임 중 1549년에 별세하였고 그래서 당시 경제적으로 어려움이 있었던 것으로 보인다.

이준민이 영월군수로 부임한 때가 1558년 7월이었는데 이때 김명원은 1차 시험이라 할 수 있는 소과小科 생원生員시험에 합격하고 3년 후인 신유년辛酉年에 시행 될 문과 시험을 준비하고자 치악산에

7) 앞의 「신도비명」

들어가 공부하고 있었다. 그래서 그는 이준민에게 삼년 치 양식을 청하였던 것이고 과연 1561년 과거시험 문과에 급제하였다. 김명원은 이후 여러 관직을 거치며 중책을 수행하였다.

1568년에는 함경도의 각 지역을 순안巡按하며 산천의 형편을 두루 살펴보면서 요해지要害地의 방비 등을 자세하게 보고 하였다.

김명원이 문과에 급제한 지 23년 후인 1584년에 자기가 어려울 때 아무 것도 묻지 않고 도와주었던 이준민을 병조판서와 병조참판으로 만난 것이다. 이때 이준민의 나이 61세, 김명원의 나이 51세였다.

김명원은 궁마弓馬에 능하였을 뿐만 아니라 무엇보다도 병서兵書에 밝았고 왜구가 녹도鹿島(충청남도 보령시 오천면 녹도리)를 함락하였을 때 도순찰사都巡察使가 되어 이를 퇴치하였다. 또 여러 요직을 거치며 내치內治에도 공로가 많아 국방과 외교 면에서 많은 활약을 하였다. 결국 이준민은 좋은 인재를 알아보고 기른 셈이었다.

이준민은 활쏘기에 매우 능하여 일찍이 서총대瑞蔥臺[8]의 열무閱武[9]에서 수석을 차지하여 특별히 장마仗馬를 하사받았고 이 말을 어머니께 드리기도 하였다. 이준민의 어머니는 당대 영남의 대학자인 조식의 누이동생이었는데 성품이 자못 엄하였다. 이준민의 어머니는 90세가 가까웠는데 이준민은 자신도 60세가 넘은 나이였지만 늘 효성을 다 하였다. 이준민은 어머니가 돌아가시고 탈상을 한 후 두서너 달 만에 자신도 세상을 떠났다. 향년 67세였다.

그는 첫 부인인 팔계 정씨 사이에 3남 4녀를 두었고 계배 파평 윤씨 사이에는 1녀가 있다.

---

8) 창덕궁 후원에 있었던 궁궐 건물로 주로왕실의 연회장소로 사용되었으며 무술시험장이 있어 무과의 과장이 되기도 하였다.
9) 임금이 친히 군대를 사열(査閱)하는 열병의식 및 군사훈련.

홍성민 洪聖民
영남지방의 미결수未決囚 팔백여 명을
판결해 주다

· 생존연대 : 1536년(중종 31)~1594년(선조 27) 향년 59세
· 자 : 시가(時可)
· 호 : 졸옹(拙翁)
· 시호 : 문정(文貞), 익성군(益城君)
· 본관 : 남양(南陽)

· 부 : 홍춘경(洪春卿)
· 모 : 고성(固城) 이맹우(李孟友)의 딸
· 배 : 파평(坡平, 파주) 윤희(尹曦)의 딸

1. 관직 진출 과정

홍성민은 5살 때 어머니를 여의고 13살 때 아버지를 여의었다. 그리하여 10살 위인 큰 형 홍천민(洪天民, 1526~1574)에게 글을 배웠다. 어느 날 공부를 하던 홍성민이 매우 슬프게 울었다. 형이 왜 우느냐고 이유를 물으니 홍성민이 대답하였다.

"제가 형님한테 수학한 지 몇 달이 지났는데도 회초리 한 번 맞은 적이 없습니다. 이것은 필시 형님이 아버지를 여읜 저를 불쌍히 여겨서 그러신 것이라 생각하니 그것이 슬퍼서 우는 것입니다."

그 말을 들은 형 홍천민도 같이 눈물을 흘렸고 두 형제는 그 후

더욱 더 함께 학업에 매진하였다. 그리하여 홍천민은 28세 되던 1553년(명종 8)에, 홍성민은 29세 되던 1564년(명종19)에 과거에 급제하였다.

그런데 홍성민의 경우에는 과거를 보는 과정에서 약간의 곡절이 있었다. 그는 25세 되던 해인 1560년(명종 15)에 명종이 금원禁苑(창덕궁 후원)에 행차하여 선비들에게 시험을 보였는데 홍성민이 지은 글이 장원을 차지하였다. 그런데 합격자를 호명하는 날에 마침 벼락이 치는 변고가 있자 조정 대신들이 의논하고서는 합격자 명단을 모두 취소하였다. 그러나 홍성민은 실력이 있는지라 다음 해인 26세 때 다시 진사시에 응시하여 장원으로 합격하였고 29세 때에 문과에 급제하여 관직생활을 시작하였다. 30세에 승문원 정자(정9품)를 시작으로 33세에 정6품인 정언(정6품), 35세에 이조좌랑(정6품)에 보임補任되었고 이후 여러 관직을 맡아서 활동하였다.

홍성민은 문재文才도 뛰어났을 뿐만 아니라 옛날 중국에서 관청을 중심으로 사용되던 독특한 문체인 '이문吏文'에도 능해서 조정 관료들의 이문 시험에서 일등을 하기도 하였다.[1]

40세 때인 1575년(선조 8)에 홍성민은 종계변무宗系辨誣[2]의 명을 받고 사은사謝恩使로 중국 연경에 다녀왔는데 그가 중국의 수정 약속을 받고[3] 돌아옴으로써 조선 왕실에 큰 공로를 세웠다. 그 공로로 9년 후인 1584년(선조 17)에는 특별히 자헌대부에 가자加資되었고 숭정대부崇政大夫 익성군益城君에 봉해졌다.

---

1) 이이, 『석담일기(石潭日記)』하권.
2) 중국 명나라의 『태조실록』과 『대명회전(大明會典)』에 조선 태조 이성계(李成桂)가 고려의 권신 이인임(李仁任)의 아들이라고 기록되어 있어서 조선 초기부터 누차 사신을 보내 시정해 달라고 요구하던 문제.
3) 이 문제는 1575년에 홍성민이 수정 약속을 받고 그 후(1588년 선조 21)에 유홍(兪泓)이 개정된 『대명회전』을 가지고 돌아옴으로써 완결되었다.

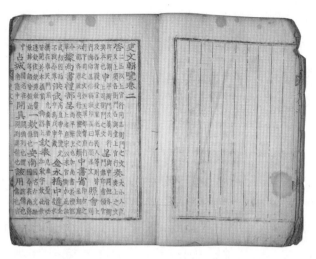

『이문집람』(목판본, 17세기). 명나라와 주고받은 외교문서에 쓰던 특수한 문체를 모은 책인 『이문(吏文)』에서 어려운 어구를 뽑아서 한글과 한자로 풀이한 책. 최세진(崔世珍) 봉교찬집. 4권1책. [ⓒ국립한글박물관]

그가 연경에 다녀온 후 선조가 홍성민에게 중국의 조정에서 보고 느낀 것이 있는지를 물었다.

황제가 조회에 나온 날이었습니다. 옆에서 간언諫言하는 자에게 곤장을 치고 있었는데도 간언하는 자가 계속 나왔습니다. 우리 조선은 비록 간언하는 사람을 우대한다고는 하나 아직까지 직언하는 사람을 보지 못했습니다. 주상께서 간언하는 자를 겉으로는 용납하시는 척하면서 마음속으로 책망하신다면 그것은 곤장 치는 것보다 더 해로운 것이라 생각됩니다. –「익성군홍공행장(益城君洪公行狀)」

홍성민이 이렇게 대답하자 당시 조정에 있던 신하들은 모두들 목이 움츠러들었다고 하였다. 이처럼 홍성민은 성품이 강직하였으며 권세나 지위가 높은 사람들이라 해서 결코 아부하지 않았다. 그래서 평소에 탐탁하지 않게 여기던 사람들을 만나면 읍揖만 한 번 할 뿐이었다. 그리고 이런 그의 성품 때문에 조정 안팎과 민간의 선비들이 모두 그를 길인吉人이라 일컬었는데 이러한 그의 성품을 짐작하게 하는 일화가 있다.

하릉군河陵君은 선조宣祖의 형이었는데 세간의 평이 그리 좋지 않았다. 하릉군은 홍성민과 먼 인척姻戚이 되었는데 그는 홍성민을 무척이나 만나보고 싶어 하였지만 홍성민은 한 번도 그를 만나주지 않았다. 어느 날 홍성민이 외출했다가 길가에서 비를 만났다. 어느 집 처마 밑에서 비를 피하였는데 그 집 문이 매우 높고 커서 같이 가던 사람들에게 누구 집이냐고 물으니 바로 그 집이 하릉군의 집이라 하였다. 그 말을 들은 홍성민은 빗속을 무릅쓰고 달려가 버렸다고 한다.[4]

2. 경상도관찰사(慶尙道觀察使)

그는 45세 때인 1580년(선조 13)에 경상도관찰사에 임명되었다. 부임하고 보니 경상도 각 지역에 팔백 여명이나 되는 미결수未決囚들이 옥에 갇혀 있었다. 사건 내용을 살펴보니 지체된 옥사, 의심스러운 송사訟事, 억울한 형벌을 받은 경우 등 가지가지의 경우들이 많았다. 그리고 그 미결수 중에는 오랫동안 사건이 의문으로 남은 채 해결되지 않아 십 년 가까이 옥에 갇혀있는 백성들도 있었다. 그래서 경상도 여러 고을의 감옥이 갇혀있는 사람들로 가득 찼으며 송사와 관련된 문서들도 산더미처럼 쌓여있었다.

홍성민은 미결수들에게 빨리 판결을 내려 주어야겠다고 생각하

---

4) 신익성(申翊聖)『낙전당집(樂全堂集)』권14,「익성군홍공행장(益城君洪公行狀)」

여 각 고을을 순시하면서 재판을 하였다. 우선 송사를 벌인 양편의 사람들, 즉 갑甲과 을乙 양쪽의 사람들을 관청에 나오게 하여 소장訴狀에 적혀있는 관련자들의 진술 내용들을 검토하면서 미진한 부분이 있으면 당사자들에게 추가 질문을 하며 보완하였다. 그러면서 해당 사건의 상황을 파악하였다.

그는 사건을 파악하는 능력이 뛰어나 빠르고 또 정확하였다. 그래서 판결을 내릴 때면 그 이유를 논리적으로 설명을 잘 해 주었고 그러면 갑과 을이 모두 이의 없이 승복하였다. 그렇게 홍성민이 판결을 내려주고 석방해 준 백성들이 수백 명에 이르렀다. 감옥은 비었고 백성들은 관장을 신뢰하였으며 각 고을도 안정되었다.

이후 홍성민은 예조참의禮曹參議와 예조판서禮曹判書를 거쳐 1585년에는 이조판서吏曹判書로 재직하였다.

그런데 이 당시 조정은 동인東人과 서인西人으로 나뉘어 정치적인 상황이 매우 복잡했다. 홍성민은 그러한 상황을 안타깝게 여겼고 동갑으로서 평소에 교분이 두터웠던 율곡 이이와 그런 소회를 서로 나누곤 하였다. 그런데 이이가 1584년에 세상을 떠났고 다음해인 1585년에 역시 같이 친하게 지내던 신응시(辛應時, 1532~1585)가 세상을 떠났다. 홍성민은 신응시를 위한 만장挽章을 지으면서 '여보시오, 지하에 가서 율곡을 만나거든 오늘날의 여기 사정을 말해 주시오'라고 하였다. 그런데 그 말이 선조의 심기를 건드렸다.

그런데 그 후에 또 하나의 사건이 있었다. 그것은 중봉 조헌(重峰 趙憲, 1544~1592)과 관련된 문제였다.

조헌은 당시의 여러 가지 정치적인 문제에 대한 시폐時弊를 극력 상소하였는데 특히 1589년(선조 22)에는 지부상소持斧上疏[5]를 하였다. 결국 그는 함경도 길주吉州 영동역嶺東驛으로 유배되었다.

---

5) 받아들이지 않으려면 머리를 쳐 달라는 뜻으로 도끼를 지니고 올리는 상소.

그런데 이에 앞서 정여립(鄭汝立, 1546~1589)의 모반 사건이 있었다. 정여립은 1589년 10월 17일에 전라도 진안鎭安 죽도竹島[6]에 숨어 있다가 자결하였고 사건은 일단락되는 듯 했다. 하지만 거기에 연루된 사람들에 대한 처벌문제가 계속 제기되었으며 정치적인 상황 또한 복잡하였다.

그런데 정여립의 모반 사건이 평정된 후 호남湖南의 유생들이 조헌의 방환放還을 지속적으로 요청하였다. 이에 선조는 '당초에 귀양 보낸 것도 실은 내 뜻이 아니었다.'고 한 발 물러서면서 즉시 방환하도록 명하였다. 그런데 조헌은 돌아오면서 정여립의 모반 사건이 하루아침에 생긴 일이 아니라는 등의 강한 비판 내용을 담은 상소를 또 올렸다. 선조는 이 상소를 접하고서 '이 사람이 다시 또 마천령摩天嶺을 넘고 싶은 모양인가.' 하며 매우 못마땅해 하였다.

그런데 조헌이 아직 조정에 채 돌아오지도 않았는데도 또 호남 유생들을 중심으로 조헌에게 관직을 주어야 한다는 상소가 빗발치듯 올라왔고 결국 조정에서 조헌에게 관직을 주는 문제가 논의되었다.

이 당시 이조판서로 있던 홍성민洪聖民은 이러한 상황을 감안하여 조헌을 정6품직인 성균관전적成均館典籍의 후보자로 이름을 올렸다. 정치적으로 민감한 성격의 자리보다는 비교적 학문적인 성격의 자리에 추천한 것이다. 그런데 이를 본 선조는 '경솔히 벼슬을 임명할 수 없다(不可輕易除職 불가경이제직)'라 했다. 이 말에 담긴 선조의 속마음은 조헌에게 관직을 줄 의향이 별로 없다는 뜻이었다.

그런데 홍성민은 이 말을 '이 사람은 가볍게 쓸 사람이 아니다(此人不可輕用 차인불가경용)'라는 의미로 받아들였다. 즉 선조가 말한 뜻을 잘못 이해한 것이다. 그리고 조헌을 좀 더 비중 있는 자리에 앉

---

6) 진안군에 있는 산 이름인데 깎아 세운 듯한 바위산 절벽을 맑은 물이 한 바퀴 휘돌아 흐르고 있어서 마치 섬처럼 보인다.

혀야 한다는 뜻으로 받아들이고는 좀 더 직급을 높여 정5품직인 예조정랑禮曹正郞의 주의注擬 명단, 즉 당대 관행대로 3후보자 중의 하나로 조헌의 이름을 올렸다.

선조는 격노하였다. 그리고 홍성민을 '특별제수'라고 하면서 경상도관찰사로 제수하였다. '특별제수'라는 명분을 내세우긴 했지만 실상은 외방으로 내보낸 것이었다. 1590년(선조 23) 5월의 일이었다. 아마도 홍성민이 왕실에 공로가 컸기 때문에 그 정도였다고도 할 수 있을 것이다. 이 소식을 들은 조헌은 곧바로 달려와 대궐 아래에다 거적을 깔고 꿇어앉아 사흘 동안 꼼짝 않고 대죄待罪하기도 하였다

3. 또 다시 경상도관찰사

홍성민은 그래서 다시 또 경상도관찰사로 부임하게 되었다. 10년 전의 그의 선정善政을 기억하는 백성들은 모두 기뻐하면서 서로 다투어 하례하였다.

그런데 앞서 정여립의 모반사건과 관련하여 연루자들을 심문하는 과정에서 사건의 주동자로 '길삼봉吉三峯'이라는 이름이 나왔다. 그런데 당시의 공초供招 과정에서 사람들마다 길삼봉에 관한 진술이 서로 상충되는 사례가 계속 나타났고 실제로 본 사람도 없었다. 그렇다 보니 길삼봉이 과연 실존인물인가 하는 의문도 제기되었고 가상의 인물일 것이라는 말도 나왔다.

그렇지만 당시 조정에서는 정여립 사건의 주모자라고 하는 길삼봉이 실존인물일 수 있다고 계속 의심하였고 현상금을 내걸면서까지 그를 체포하고자 하였다. 그리하여 전국 각 지역에도 길삼봉의 체포명령을 하달하였는데 홍성민은 이 지시를 접하고서는 잘못하면 무고한 사람이 억울하게 걸려들까 걱정하며 불문에 부치고 있었다.

그 해 1590년 8월에 홍성민은 종계변무의 공功으로 광국공신光國功臣에 책봉되었고 그리하여 그는 훈맹勳盟[7]에 참여하는 일로 한양에 갔다가 돌아오고 있었다. 그런데 돌아오는 중도에 관찰사를 보좌하는 도사都事가 보낸 역마가 홍성민에게 보고를 올렸다. 길삼봉으로 의심되는 사람들을 잡았다고 하는 전갈이었다. 그 말을 듣는 순간 홍성민은 도사가 공을 세우려는 욕심에 무리한 수사를 하였음을 직감하였다. 그는 역마를 대구 감영으로 돌려보내며 심부름 온 하인들에게

"그가 진짜 삼봉인지 아닌지 확실하게 알 수 없지 않은가. 내가 가서 직접 심문할 것이니 내가 갈 때까지 더 이상 문초를 하지 말고 옥에 잘 가두어 놓고만 있으라."

하고 단단히 당부하여 보냈다.

감영으로 돌아와 보니 십여 집 이상에서 잡혀온 사람들이 그동안 도사에게 몹시 문초를 당하고 옥에 갇혀 고초를 겪고 있었다. 그런데 옥에 갇혀있는 사람들을 자세히 심문해보니 모두 영남 지방의 유수한 가문 출신으로 신원이 확실한 사람들이었고 길삼봉이라는 아무런 증거도 없었다. 그리하여 마침내 억울함을 밝히고 모두 석방하였다. 갇혀있던 사람들이 백배 사례하였음은 물론이다. 자칫하면 나라의 역적으로 몰릴 뻔 했으니 사지死地에서 살아나온 것과 같았던 것이다.

사실 길삼봉의 실체를 확인할 수 있는 증언은 사실상 없는 상황이었고 조선 조정에서는 길삼봉을 잡기 위해 지리산 지역을 수색하기도 하였지만 별다른 성과는 없었다. 지금까지도 길삼봉의 정체는

---

7) 나라에 훈공(勳功)이 있어 각종 공신(功臣)에 봉해진 사람.

밝혀지지 않았고 결국 가상적인 인물로 남아 있다.

4. 함경도 부령(富寧)으로 유배가다

1591년(선조 24)에 왕위를 이을 세자世子를 누구로 세울 것인가 하는 건저문제建儲問題가 당시의 조정을 큰 격랑 속으로 몰아넣었다. 선조에게 정비正妃 소생의 아들이 없었기 때문에 후궁 소생의 어느 아들을 세자로 책립冊立할 것인가 하는 문제로 동인과 서인들이 크게 대립했던 것이다.

당시 좌의정이었던 정철은 광해군光海君 이혼李琿의 세자 책봉을 건의했는데 신성군信城君 이후李珝를 마음에 두고 있던 선조의 노여움을 사서 실각하였다. 정철이 실각하자 홍성민은 정철 쪽 사람으로 몰렸고 일찍부터 조야朝野의 중망衆望을 받아왔던 터라 공격도 더 심하게 받았다.

그리하여 1591년 7월에 함경도 북쪽에 있는 부령에 유배되었다. 한양을 나서는 날 위로는 사대부부터 아래로는 서리胥吏들까지 눈물을 흘렸고 상인들은 시장 문을 닫고 나와 전송하였다고 한다.

홍성민이 유배를 가던 중 포천抱川에 다다랐을 때였다. 어떤 한 백성이 식량과 노자를 가지고 와서 말하기를, "저는 옛날 김해金海 감옥에 수감되었던 사람입니다. 억울하게 누명을 쓰고 십년 동안 갇혀 있었는데 대감마님 덕분에 누명을 벗고 풀려났습니다. 그 은혜를 갚기 위해서 이렇게 찾아왔습니다." 하였다. 홍성민은 마음만은 고맙게 받겠다 하고 그러나 물품은 사양하고 받지 않았다.

임진년(1592) 여름 임진왜란이 일어났다. 선조는 의주義州로 파천播遷하였고 특별히 홍성민을 용서하여 군君에 봉하고 급히 나아오게

하였다. 홍성민은 유배지인 부령으로부
터 온갖 고생 끝에 강계江界를 거쳐 의주
義州로 달려가서 행재소行在所에서 선조를
뵈었다. 그 후에 한양으로 돌아온 선조는
홍성민을 여러 차례 불렀으나 홍성민은
당시 건강이 좋지 않아 선조의 부름에 응
하지 못했다.

　그러던 중 홍성민의 조카가 악성 종기
가 났다. 그 종기가 옮으면 죽는다고 하
여 누구도 가까이 가지 못했지만 홍성민
은 손수 약을 달이고 밤낮으로 곁을 지
키며 간호를 하였다. 그러다 결국에는
종기가 옮아 일어나지 못하고 1594년 6
월 세상을 떠났다. 향년 59세였고 슬하
에 1남 1녀를 두었다.

『졸옹집』. 홍성민의 시문집.
1634년 손자 명구가 편집, 간
행하였다. 10권 4책. 목판본.
[ⓒ한국학중앙연구원]

정곤수 鄭崐壽
생명 존중의 마음을 가지고
송사訟事에 임하다

· 생존연대 : 1538년(중종 33)~1602년(선조 35) 향년 65세
· 자 : 여인(汝仁)
· 호 : 백곡(栢谷), 조은(朝隱), 경음(慶陰)
· 시호 : 충익(忠翼), 서천부원군(西川府院君)
· 본관 : 청주(淸州)

· 부 : 정사중(鄭思中)
· 모 : 성주(星州) 이환(李煥)의 딸
· 양부 : 정승문(鄭承門)
· 양모 : 김해 김철손(金驖孫)의 딸

· 배 : 하동(河東) 정희수(鄭希壽)의 딸
· 계배 : 예천(醴泉) 권우(權祐)의 딸

1. 관직 진출 과정

정곤수는 성주星州 남산리南山里 유촌柳村의 시골집에서 태어났다. 4, 5살 때 숫자와 방위의 명칭을 이해하였으며 가끔씩 혼자 방석을 포개고 단정히 앉아서 사해四海 신의 이름을 거침없이 암송하였는데 목소리가 맑고 낭랑하여 주위에서 그 소리를 듣는 사람들이 귀를 기울였다.

아버지의 사촌형으로 가문의 종손宗孫인 정승문鄭承門(淸原公, 청원

공)이 아들도 없었고 그의 친형제도 없었던 터라 정승문은 사촌 동생인 정사중鄭思中에게 후사後嗣를 청하였고 그래서 정사중의 둘째 아들인 정곤수가 정승문의 양자로 가게 되었다. 1543년(중종 38) 봄 정곤수는 이제 막 6세가 된 어린 나이에 성주 고향집을 떠나 한양 호현동好賢洞(회현동지역)에서 성장하였다.

그런데 그 이전에 정승문이 꿈을 꾸었는데 어떤 백발노인이 사당祠堂 문을 열고 나와 말하기를, "너는 아들이 없다고 걱정하지 마라. 반드시 귀한 아들이 생길 것이니 그 아들의 이름을 곤수崐壽라고 하여라."라고 하였다. 꿈을 깬 뒤에 이상하다는 생각이 들어 정승문은 즉시 등불을 켜고 벽에 그 이름을 써 두었다. 그래서 정곤수의 처음 이름은 '규逵'이었지만 정식으로 후사로 세워진 후에 이름도 '곤수'로 바꾸었다.

회현동은 남산 밑에 있었고 그래서 한강이 멀지 않았다. 소년 정곤수는 겨울철에 한강 물이 두껍게 얼고 달이 밝게 비칠 때면 뜻이 맞는 두세 명의 벗들과 강 위에서 시간 가는 줄 모르고 썰매를 타며 놀았다. 또 어쩌다 천석泉石이 맑고 깔끔하며 산골짝이 한적한 곳을 만나면 언제나 거기에 흥취를 부치고 감상하여 해가 저물도록 돌아갈 줄을 몰랐다. 그리고 이 당시 느꼈던 상쾌하고 구김 없는 흥취를 정곤수는 나이 들어서도 자주 이야기하곤 하였다.

외부의 스승을 찾아가 글을 배워 견문이 한층 더 넓어졌다. 매일 자기가 배울 부분을 배운 다음, 스승 곁에 모시고 앉아 다른 학생이 배우는 글을 주의 깊게 함께 들어 두었다가 이튿날 그 학생이 혹시 자기가 배운 부분을 외우지 못하면 정곤수는 거침없이 외우곤 하였다. 문장의 기교도 배웠는데 함께 배우는 많은 아이들 속에서 항상 으뜸을 차지하였다.

정곤수는 18세에 혼인하였는데 25세 되던 1562년(명종 17)에 부인 정씨가 돌도 채 되지 않은 아들 하나를 남기고 세상을 떠났다. 그리고 4년 후인 29세 때에 그는 예천 권씨 권우의 딸과 재혼하였다.

30세 되던 1567년(선조 원년) 겨울 진사시에 합격하고 관직에 진출할 수 있는 대과大科를 준비하고 있던 중, 35세 되던 1572년(선조 5) 봄에 성균관의 천거를 받아 의금부도사義禁府都事로 발령을 받았다. 정곤수는 별로 마음에 내키지 않아 사양하고자 했으나 양모인 김씨부인이 정곤수의 나이를 생각하여 관직에 나가는 것이 좋겠다고 적극적으로 권하였고 그렇게 해서 그는 관직생활을 시작하였다.

2년 후인 37살 되던 해에는 전생서典牲署 직장直長(종7품)으로 발령받았다. 전생서는 조선시대 궁중의 제사에 쓸 양과 돼지 등을 기르는 일을 맡아보던 중요한 관청이었는데 전생서 관서官署는 남대문 밖 남산 남쪽 둔지방屯智坊(후암동 일대)에 있었고 분서分署는 잉화도仍火島[1]에 있었다. 그리고 직장直長이란 직책은 궁궐내의 재정과 물품을 담당하며 비품 등의 출납 실무를 담당하였던 직책이었다. 정곤수는 전생서 직장으로 분서인 잉화도로 파견되어 목축을 감독하는 일을 하게 되었는데 분서에 가 보니 지난날 죽은 가축이 많아 결손缺損이 많이 누적되어 쌓여 있었다. 그는 곧바로 호조戶曹에 보고하여 손실된 부분을 모두 청산하고 장부를 정리하였다. 직급도 종7품으로 낮고 내키지 않았던 직책이었지만 정곤수는 여기에서 행정적인 능력을 발휘한 것이다.

다음 해인 1575년(선조 8)에는 장예원 사평司評(정6품)으로 임명되었다. 장예원은 당시에는 노비제도가 있었으므로 노비 명부名簿에 관련된 문제나 소송사무 등을 관장하는 부서였다. 당시에는 노비가

---

1) 영등포구 여의도동에 있던 섬으로 황우(黃牛)와 흑우(黑牛), 양, 염소, 돼지 등을 사육하는 목축장이 있었다.

중요한 재산이었으므로 그 소유권을 둘러싼 소송사건이 매우 많고 또 복잡하였다. 그런데 정곤수가 송사의 심리를 반드시 정밀하게 하고 판결을 사리에 맞게 함으로써 정곤수가 그 자리에 재직한 10개월 동안에는 재심再審을 청구한 사건이 하나도 없었다.

하루는 매형妹兄과 노비의 소유권을 놓고 송사를 일으킨 사람이 있었다. 그런데 매형 되는 사람의 인적사항을 보니 소송을 건 사람의 아버지 친구의 아들이었다. 정곤수는 안타까운 생각이 들어서 소송을 제기한 사람을 불렀다. 그리고는 같은 피를 나눈 남매간의 의리로 보거나 또 선대 어르신들의 정리情理로 볼 때 노비 소유권을 가지고 송사를 일으키는 것은 인간적인 도리가 아니지 않느냐 하면서 간곡하게 타일렀다. 그 사람은 즉시 감복하여 송사를 취하하였고 노비는 누나에게 돌려주었다. 그날 밤 정곤수의 꿈에 그의 선친이 나타나 정성을 다해 고맙다고 사례하였다고 한다.[2]

그는 장예원에서 소송사건을 담당하면서 법에 대한 공부를 많이 하였다.

2. 상주목사(尙州牧使)

다음해 39살 되던 1576년(선조 9)에 정곤수는 드디어 문과에 장원으로 합격하였다. 그리고 다음 해인 1577년(선조 10)에 상주목사(정3품)로 제수되었다.

상주에 부임하여 정사를 펴는데 있어서 그는 오로지 평탄하고 관대한 자세를 견지하였고 백성을 사랑하는 마음이 얼굴과 말하는 가운데 물씬 풍겨 나왔다. 공무를 처리할 때는 반드시 법에 따라 하되 인정을 깊이 참작하고 반드시 정성을 다하면서 민폐를 힘써 제거하

---

2) 정구(鄭逑), 『한강집(寒岡集)』 권14, 「서천부원군정공행장(西川府院君鄭公行狀)」

였다. 그러나 일을 함부로 해서는 안 될 사안에 대해서는 강직하여 그 주장을 도저히 꺾을 수 없는 면이 있었다.

그런데 정곤수가 특히 능력을 발휘한 부분은 송사 관련 업무였다. 그는 법전法典에 밝았을 뿐 아니라 사건 정황을 파악하는 능력 또한 뛰어났다.

언젠가 수십 명의 죄수를 심문하고 눈 깜박하는 사이에 판결을 끝내자, 대청에 있던 재상들이 모두 혀를 내두르며 정말 뛰어난 재주라고 감탄하기도 하였다.[3]

'판결문을 적는 것이 물 흐르듯 막힘이 없었고 문장의 논리가 이리저리 모두 극진하였다. 일찍이 죄수 수십 명을 신문하면서 짧은 시간 안에 일을 마치자, 당상관堂上官과 여러 재상宰相들이 모두 감탄하면서 참으로 기이한 재주라고 말하였다.'[4]라고 하였는데 그것은 그가 관리로서의 재능에 뛰어났던 점도 있었겠지만 법전에 매우 밝았기 때문이었을 것이다.

그는 동헌에 앉아 재판에 임할 때면 항상 마음속으로 다짐하는 것이 있었다. 정명도程明道[5] 선생이 말한 "구존심어애물苟存心於愛物, 어인필유소제자於人必有所濟者"(정말 모든 사물을 사랑하는 마음을 지니고 있다면 사람에 대해서도 반드시 구제해 주는 일이 있을 것이다)라는 구절이었다. 그러면서 항상 최상의 재판을 할 것을 생각하였고 죄수를 심문하는 데 신중하지 못할까 또 형률刑律을 제대로 적용하지 못할까 두려워하였다.

그래서 항상 원고와 피고의 사정을 잘 살펴서 공정한 판결을 해야겠다는 기본적인 생각을 했고 거기에 형량을 신중히 정하도록 노

---

3) 앞의 「행장」
4) 『국조인물고(國朝人物考)』 「정곤수 시장(諡狀)」 [조경(趙絅) 지음]
5) 이름은 정호(程顥, 1032~1085, 호는 명도(明道)). 송나라의 유학자로 우주의 본성과 사람의 성(性)이 본래 동일한 것이라고 주장하였다.

력하였으며 그리고 혐의가 명확하지 않은 경우에는 풀어 주고 석방한 일도 많았다. 요즘 말하는 '무죄추정의 원칙'이라 할 수 있을 것이다.

그렇다 보니 그동안 억울함을 밝히고 싶어도 그렇게 하지 못했던 죄수들과 해묵은 옥사에 관련된 자들이 정곤수에게 나와 다시 신문 받기를 원하는 경우도 많았다. 그리고 정곤수의 판결문에 모두들 가슴이 후련하다고들 하였다.

후에 윤국형尹國馨이 암행어사로 상주에 이르러 민간 마을을 드나들며 관장의 정치를 탐문하는 과정에서 고을 선비들과 백성들을 자주 만났는데, 정곤수에 대해 언급하게 되면 반드시 다 말하기를, "어진 목사였습니다. 비록 조금이라도 억울한 실정을 밝히지 못할까 염려하여 자세히 묻고 또 물어서 정확하게 밝히고자 하였습니다. 그러나 범죄 사실이 확실하게 규명된 뒤에는 반드시 법의 적용을 받도록 하였습니다."라 하였다. 그리고 모두 정곤수 목사를 그리워하며 말하기를, "깊은 사랑을 베풀었던 전임 목사님의 정사政事를 감히 잊을 수 없습니다." 하였다.

3. 강원도관찰사(江原道觀察使)와 황해도관찰사(黃海道觀察使)

정곤수는 46세인 1583년(선조 16) 겨울에 강원도 관찰사에 제수되었다. 1583년 1월부터 8월까지 이탕개尼湯介 등의 3만여 명 규모의 여진족이 함경도 북부를 침입한 사건이 있어서 국가에 일이 많을 때였다. 강원도는 황해, 평안, 함경도와 경계가 서로 맞닿아 있는 교통의 요충지였으므로 전후에 걸쳐 군사들의 왕래가 줄을 지었고 영남에서 북쪽으로 이주해 가는 백성들까지 함께 어우러져 복잡하였다.

수로와 육로로 곡물을 운송하는 과정에 관아 상호간에 공문이 빈번하게 오갔는데, 정곤수는 거리의 원근이며 각 고을의 빈부를 정밀하게 헤아리고 조정하여 적절하게 조처하였다. 농사와 길쌈을 격려하고 고통 겪는 사람을 돌보아 주는 일은 고을 목사를 지낼 때부터 다 각별히 치중하던 정사였는데 강원도에 부임해서는 더욱 주의를 기울였다.

1587년(선조 20) 봄에 해서海西 지역에 흉년이 계속 들었다. 그 지역을 구제하는 문제가 시급하여 반드시 그 임무를 감당할 만한 인물이 필요하였는데, 정곤수가 적임자라 하여 가선대부로 특별히 승진시켜 황해도 관찰사에 제수하였다. 그의 나이 50세 때였다.

2월에 부임한 정곤수는 부임하자마자 흉년에 백성을 구하는 정치에 혼신의 힘을 모두 쏟아서 몸소 음식과 곡물을 제공하는 현장에 드나들며 다방면으로 조처하여 수많은 생명을 살렸다. 그 당시 모든 적절한 조치를 내릴 때 큰 사안은 역참을 통하여 조정에 보고하고 소소한 문제는 스스로 결단을 내리되 몸이 지치는 것도 아랑곳하지 않고 자신이 지닌 역량을 모두 기울여 정사를 펼쳤다.

정곤수가 황주黃州에 가서 업무를 처리하고 있을 때였다. 때는 가을이어서 찬바람이 불었는데 갑자기 오른쪽이 마비되는 풍風의 증상이 왔다. 그래서 겨우겨우 해주 감영으로 돌아왔다. 그리고 흉년을 당한 황해도 백성들에게 필요한 물품 목록인 '구황절목救荒節目'을 도사都事로 하여금 조정에 계문啓聞하게 하고 또 병을 이유로 파직해줄 것을 청하였다. 10월에 정곤수는 들것에 실려 한양의 집으로 돌아온 뒤 그동안의 공로를 인정받아 서천군西川君에 습봉襲封되었다. 그리고 다행히 병세는 조금씩 호전되었다.

52세인 1589(선조 22) 9월에 장예원掌隸院 판결사判決事에 제수되었다. 그는 14년 전 38세 때에 장예원의 사평司評으로 재직한 일이 있었는데 이번에는 총책임자인 판결사에 제수된 것이다. 그가 법전에 능했기 때문일 것이다. 그런데 그 해 10월에 앉아 있던 의자가 넘어지는 바람에 정곤수는 땅바닥에 쓰러져 상처를 입었다. 아마도 중풍의 후유증이 있었던 것으로 보인다. 그는 관직을 다 내려놓고 한가로이 지내며 몸조리를 하였다.

그는 어릴 때부터 살아온 남산 밑 호현동의 집에 '경음慶陰'이라는 당호堂號를 붙이고 여유있고 소탈하게 그리고 무엇보다 아름다운 산수에 대한 특별한 흥취를 즐기며 지냈다. 그리고 이따금 잠두봉蠶頭峯(현재의 절두산 지역)에 올라가 마음을 탁 터놓고 시를 짓곤 하였다.

어느 정도 건강이 회복이 된 후 정곤수는 54세 때인 1591년(선조 26)에 판의금부사判義禁府事에 제수되었는데 판의금부사는 의금부義禁府의 총책임자인 판사判事로 종1품 관직이다. 송사 관련한 업무도 목사 재임 때와 같이 신중하게 하였음은 물론이다. 이때의 일화 하나가 이긍익의 『연려실기술(燃藜室記述)』에 소개되어 있다.

> 정곤수가 다른 관속들과 함께 뇌물을 받은 무인武人을 치죄하고 있었다. 한 젊은 관리가 그곳에 있었는데 형장刑杖 치는 강도가 강하지 않은 것을 보고 의아해 하며 "의금부의 형장은 원래 이런 것입니까?"라 물었다. 정곤수가 말하기를, "그대는 젊은 관리이니 그렇게 생각할 수도 있을 것이다. 그러나 중한 형장으로 무인을 매질하여 그것이 한 번 규례를 이루면 우리들도 언제 당할 수 있을지 모르지 않겠는가' 하니 그 사람이 깊이 감복하였다. - 『연려실기술』, 「정교전고(政教典故)」 형옥(刑獄)

62세인 1599년(선조 32) 가을에는 두 달간의 특별 휴가를 얻어 고향인 성주星州에 다녀왔다. 생부, 생모의 묘소에도 성묘하고 오랫동안 못 만났던 친척들과 친구들을 만나고 돌아왔다.

이듬해인 1600년(선조 33) 5월, 접대도감接待都監[6] 당상堂上을 맡았던 그는 일을 마치고 돌아오는 길에 말에서 또 떨어졌다. 이 역시 중풍의 후유증일 수도 있을 것이다. 당시 그는 기절했다가 겨우 살아났지만 무릎을 심하게 다쳤다.

바로 직후인 6월 27일에 선조의 정비正妃인 의인왕후懿仁王后가 승하하였다. 국상國喪을 당하였으므로 모든 신하들이 곡哭을 하였고 정곤수 역시 병을 무릅쓰고 달려가 곡하였는데 이로 인해 다친 상처가 점점 더 심해졌다.

1602년 정곤수의 병은 점점 더 깊어졌다. 특히 말에서 떨어졌을 때 다쳤던 오른쪽 무릎에 종기가 났는데 밤낮으로 쑤시고 아파서 음식까지 잘 먹지 못할 정도였다고 하였다.

이 당시 정곤수의 재종제再從弟(육촌동생)인 정구(鄭逑, 1543~1620)가 친구에게 쓴 편지에 '또 소식을 들으니 우리 가형家兄(정곤수를 가리킴)이 무릎관절의 통증이 달포가 넘었는데 점점 더 아프다고 하는데 그 소식을 들으니 나도 매우 괴롭다네'라고 쓴 것으로 보아 당시 정곤수가 병으로 매우 고통을 받고 있었던 것으로 보인다.[7]

어느 날 정곤수가 구逑를 불렀다. 그는 "국가의 일이 장차 어떻게 될지 모르겠다." 하며 나라 일을 걱정하면서 종이와 붓을 가져 오라 하여 시 몇 구를 써서 곁에 모시고 있던 자제들에게 보였다. 또 어린 시절 처음 글을 배울 때 읽었던 책을 가져다가 몇 줄을 읽은 뒤에 그것을 누운 자리 곁에 놓고는 조금 뒤에 세상을 떠났다. 향년 65세였고 슬하에 3남 1녀를 두었다.

---

6) 임진왜란 때 원병(援兵)으로 나온 명나라 장수들을 접대하기 위하여 두었던 임시 관아.
7) '답이경발천배(答李景發天培) 임인년'

유운룡 柳雲龍
재정 상황을 한 눈에 볼 수 있는
경위표經緯表를 구상하다

· 생존연대 : 1539년(중종 34)~1601년(선조 34) 향년 63세
· 자 : 응현(應見)
· 호 : 겸암(謙菴)
· 본관 : 풍산(豊山, 안동)

· 부 : 유중영(柳仲郢)
· 모 : 안동(安東) 김광수(金光粹)의 딸
· 배 : 철성(鐵城, 고성) 이용(李容)의 딸

■ 1. 관직 진출 과정

유운룡은 아우인 유성룡(柳成龍, 1542~1607)과 함께 퇴계 이황(退溪 李滉, 1501~1570) 문하에서 수학하였다. 유운룡은 퇴계선생을 사사師事하여 학문을 배우고 예禮를 익혔으며 점필佔畢[1]의 잘 해결하기 어려운 의난疑難 부분은 편지로 주고받으며 가르침을 받았다. 유운룡은 과거 시험 중 향시鄕試와 진사시進士試에서는 좋은 성적을 받았으나 회시會試[2]에는 합격하지 못하였다.

---

1) 글을 읽기만 하고 뜻을 모름.
2) 초시에서 뽑혀 올라온 제1차 시험의 합격자들이 치르는 재시험. 최종 합격자를 정하는 시험으로 복시(覆試)라고도 하였으며 회시에 합격하면 사실상 과거에 합격한 것이나 다름없었다고 한다.

유운룡은 34살 되던 1572년(선조 5)에 부친의 명에 의하여 음사蔭仕로 전함사典艦司의 별좌別坐가 되어 관직생활을 시작하였다. 전함사는 조선시대 전함戰艦과 수송선輸送船 등의 선박과 수운水運에 관한 일을 담당하는 관청이었고 별좌는 녹봉은 받지 못하는 무록관無祿官이지만 일정한 기간 즉 360일을 근무하면 다른 관직으로 옮겨갈 수 있는 그런 자리였다. 그리고 이러한 별좌와 같은 무록관 제도는 당시 공신功臣이나 음서자제가 벼슬할 수 있는 길을 열어주기 위한 것이었다고 한다.

유운룡의 아버지 유중영(柳仲郢, 1515~1573)은 황해도관찰사와 예조참의 등을 거친 중신이었으므로 유운룡은 음서로 진출할 수 있었고 그가 관직에 진출한 그 이듬해에 부친 유중영은 세상을 떠났다. 상례喪禮를 마친 후 유운룡은 의금부 도사에 뽑혀 임명되었으나 곧바로 사직하고 물러났다.

41세 되던 1579년(선조 12)에 사포서司圃署 별제別提를 제수 받았다. 사포서는 조선 시대 궁중에서 소용되던 채소와 과일의 재배를 관장하던 관청이었고 별제 역시 별좌와 마찬가지로 무록관이었다.

그 후 43세 되던 1581년(선조 14)에 풍저창豊儲倉 직장(종7품)으로 자리를 옮겼다. 풍저창은 국용國用으로 쓰이는 쌀과 콩, 종이 등의 물품을 맡아 보던 관아였고 직장은 궁궐 내의 재정이나 물품을 담당하는 부서에 배치되어 전곡錢穀이나 비품備品 등의 출납실무를 담당하였다.

그런데 여기서 유운룡은 행정적인 능력을 발휘하게 된다. 그는 앞서 여러 실무부서에서 직책을 수행하면서 얻은 경험을 바탕으로 하여 풍저창의 장부를 면밀하게 조사하여 그곳 관련자들이 그동안 장부를 교묘하게 조작하여 물자를 빼돌린 것을 적발해 내었다. 그러자 관청 안팎으로부터 유운룡이 청렴하고 근실하며 공무를 수행하는 간국幹局, 즉 공무를 수행하는 역량이 뛰어나다는 평을 받았다. 그래서 44세 되던 1582년(선조 15)에는 내자시內資寺 주부主簿(종6품)로 발탁되었는데 내자시는 호조戶曹 소속의 관청으로 왕실에서 사용되는 쌀, 국수, 술, 간장, 기름, 꿀, 채소, 과일 및 내연 직조內宴織造 등을 관장하는 중요한 부서였다. 주부는 해당 관아의 문서를 담당하는 직책이었는데 유운룡의 청렴성을 높이 평가하여 물자를 주관하는 기관에 배속시킨 것으로 보인다. 이렇게 유운룡은 직급은 낮다고 할 수 있지만 실무 업무를 맡아서 근무를 했고 이것은 후에 지방 관장으로 나가 행정을 할 때 중요한 자산이 되었다.

2. 인동현감(仁同縣監)

이후 진보현감眞寶縣監(경북 청송 지역)이 되었으나 곧 모친의 병환으로 사임하고 돌아갔다가 46세 1584년(선조 17)에 다시 인동현감仁同縣監(경북 구미시 지역)으로 제수되었다. 인동현감으로 부임하자 유운룡은 우선 함부로 비행非行을 자행하는 토호배들을 엄격하게 다스렸다.

인동 지방의 몇몇 토호배가 선비의 이름을 빙자하여 향리의 권력을 잡고 함부로 비행을 자행하였는데 이전에 역임했던 관장 때부터 서로 주객主客의 예절을 취하며 지내서 감히 그들의 의사를 조금도 거스르지 못하였다. 유운룡은 이들을 법으로 다스리고 조금도 봐 주지 않았더니 그들이 서로 비난하며 흉흉한 말이 그치지 않았다. 유운룡이 마음가짐을 더욱 굳건히 하고 흔들리지 않으니까 그 후로는 고을이 평온해졌다. -『목민심서』형전(刑典) 6조 제5조 금포(禁暴)

그런데 초기에는 법을 내세워 어느 정도는 다스릴 수 있다 해도 한계가 있다는 것을 그동안의 행정 경험을 통해서 잘 알고 있었다. 간사한 아전이나 토호土豪들이 더 이상 횡포를 부리지 못하게 하려면 재정상황을 정확하게 파악하여 조례條例를 갖추어 집행하여야 함을 유운룡은 잘 알았다.

그는 그동안 물자를 관리하는 부서에서 일했었기 때문에 회계 관련 업무가 매우 중요하고 그를 위해서는 장부 정리가 매우 중요하다는 것도 잘 알았다. 풍저창에서 부정을 적발해 낼 수 있었던 것도 장부를 꼼꼼하게 살핀 결과이기도 했다. 그래서 그는 인동현의 재정 상황을 점검하였다. 그런데 당시 장부는 재정상황을 서술형으로 기록하였으므로 장부 분량도 많았거니와 필요한 곳을 찾아보기도 매우 어려웠다. 유운룡은 그래서 장부를 좀 더 편리하게 작성할 것을 구상하였다. 그는 장부에 적어야 하는 항목들을 세로줄(經: 날줄)과 가로줄(緯: 씨줄)을 종이에 그어서 표시하면 편리할 것이라 생각하였는데 이것이 '경위표經緯表'이다.

유운룡이 고안한 경위표는 이후 정약용에게도 영향을 주었고 정약용은 『목민심서』에서 '단속하기 간편한 규식으로 말하자면 오직 경위표의 한 방법이 있어 마치 손바닥을 들여다보듯 훤하게 살필 수가 있다.'고 경위표의 장점을 거론하면서 처음 유운룡이 구상했던 것임을 말하고 있다.

유운룡柳雲龍(호는 겸암(謙菴))은 인동현감仁同縣監으로 있을 때 정사를 함에 먼저 원칙을 세워 토전土田, 민호民戶, 세공稅貢, 요역徭役으로부터 조적糶糴의 출납에 이르기까지를 모두 종이에 금을 그어 양식을 만들되 경선經線과 위선緯線을 꼼꼼히 점검, 추호도 빠진 것이 없게 하여 부담을 균일하게 하는 데 힘썼다. 이것을 반포 실행할 때, 처음에는 사람들이 더러 번거로움을 의심하였으나 몇 해 후에는 온 경내가 편리하다고 일컬었다. 관찰사가 그 방법을 다른 고을에도 시행하려고 하여 그로 하여금 그 일을 맡게 하여서 거의 성취를 보려고 했는데, 때마침 관찰사가 갈려 가고 여러 고을의 수령 중에 불편하게 여기는 자가 많아서 그 일이 결국 중단되자 식자들은 한탄하였다. 살피건대 이것이 바로 경위표이다. -『목민심서』호전(戶典) 6조 제3조 곡부(穀簿) 하

이 당시 유운룡이 구상했던 경위표는 아쉽게도 지금 남아있지 않지만 정약용이 『목민심서』에서 경위표의 예시를 든 것을 참고해 본다면 어느 정도 추정해 볼 수 있을 것이다.

• 정약용의 경위표

구관(句管, 맡아서 관리함)이 각기 다르고 분류分留하는 법이 각기 다르고 신모新耗를 회록會錄하는 법이 각기 다르니, 이것은 열록列錄하지 아니할 수 없는 것이다. 여러 가지의 곡식이 여러 관아에 분속되는데, 필경 쌀이 총 몇 석이 되고 조〔粟〕가 총 몇 석이 되는 것을 파악할 문서가 없으니, 또한 소략하지 않은가? 이제 경위표를 작성하여 횡으로 보면 여러 가지 곡식의 총수를 알 수 있고, - 쌀 몇 석, 조租 몇 석 - 종으로 보면 여러 아문 곡식의 분류를 정할 수 있다. 비록 그 칸에 출입이 만 번 변하고 증감이 자주 고쳐지더라도 이에 의거하여 양식을 만들되 그 칸을 조금씩 늘려나간다. 그래서 모두 경위표를 작성하여 비교해 보면 창고에서 수발收發하는 날 그 분류 실수實數를 훤하게 알 수 있으니, 이야말로 좋은 방법이다. 이제 시험 삼아 다음과 같이 경위표를 만들어 보겠다.

아래의 경위표는 단지 쌀·조租·콩·보리 이 네 가지 곡식만을 들

與猶堂全書　第五集　牧民心書　卷五　二十八

총수표(總數表)	미(米)	조(租)	대두(大豆)	피모(皮牟)	구관(句管)	분류(分留)	모록(耗錄)
군자창(軍資倉)	1석5두				호조(戶曹)	유고하고 분급하지 않음	10분의 9를 회록(會錄)함
선저치(船儲置)	406석 10두				호조	3분의 1을 유고함	10분의 9를 회록함
상진곡(常賑穀)	598석 13두	4958석 9두	36석 2두	2580석 7두	호조	반은 유고하고 반은 분급함	5분의 4를 회록함
수성창(守城倉)	436석 3두	508석 7두			비국(備局)	반은 유고하고 반은 분급함	전부를 수록함
별검곡(別檢穀)	5석 8두	373석 3두		258석 9두	비국	3분의 2를 유고함	전부를 수록함
화성곡(華城穀)	570석 14두				비국	모두를 분급함	전부를 수록함
군작미(軍作米)	52석 6두				비국	반은 유고하고 반은 분급함	전부를 수록함
승번대(僧番代)	273석 5두				비국	모두를 분급함	당년의 승번급대(僧番給代)임
휴번고(休番庫)	2석 12두	697석 6두	1석 10두 9승		비국	반은 유고하고 반은 분급함	전부를 수록함
사비곡(私備穀)	1석 8두	2427석 7두	65석 3두	1360석 12두	비국	반은 유고하고 반은 분급함	전부를 수록함
경진청(京賑廳)	8두				비국	반은 유고하고 반은 분급함	전부를 수록함
군이작(軍移作)	1761석 4두				비국	모두를 분급함	전부를 수록함
회록곡(會錄穀)	815석 14두	40두		25석	균청(均廳)	모두를 분급함	전부를 수록함
보환곡(補還穀)	194석 4두				균청	모두를 분급함	전부를 수록함
순검곡(巡檢穀)	207석 13두	1056석 11두	3석 1두	560석 8두	순영(巡營)	모두를 분급함	전부를 수록함
보민고(補民庫)		3290석 9두			순영	모두를 분급함	전부를 수록함
나리포(羅里舖)		537석 1두			순영	모두를 분급함	전부를 수록함
군수고(軍需庫)		19석 4두			순영	모두를 분급함	전부를 수록함
보군고(補軍庫)	3두	9석 8두	2석 11두		순영	모두를 분급함	전부를 수록함
균역고(均役庫)	85석 2두	188석 10두	9석 9두	95석 11두	순영	모두를 분급함	전부를 수록함
영고미(營雇米)	34석 3두				순영	모두를 분급함	전부를 수록함
영진곡(營賑穀)	116석 9두	554석 2두	5석 10두	258석 6두	순영	모두를 분급함	전부를 수록함
통회부(統會付)	191석 4두	34석 3두			통영(統營)	반은 유고하고 반은 분급함	전부를 수록함
통회외(統會外)	11석 12두	113석 6두	6두		통영	모두를 분급함	전부를 수록함
이상(已上: 합계)	이상 5760석 10두	이상 14808석 12두	이상 124석 11두	이상 5139석 8두			

정약용, 『목민심서』 호전(戶典) 6조 제3조 곡부(穀簿) 하. '이제 경위표를 작성하여 횡으로 보면 여러 가지 곡식의 총수를 알 수 있고, - 쌀 몇 석, 조(租) 몇 석 - 종으로 보면 여러 아문 곡식의 분류(分留)를 정할 수 있다.' [ⓒ한국고전번역원. 김동주]

어 한 예를 보였을 뿐이다. 만일 본현의 여러 곡식이 혹 7·8·9종에 이를 경우에는 마땅히 씨줄칸을 늘려서 그 이름들을 갖추어 기록해야 할 것이다. - 정약용,『목민심서』호전 6조 제3조 곡부 하

그런데 앞의 기사에서 '불편하게 여겼다.'는 표현이 있는데 이것은 처음에 표를 만드는 것 즉 틀을 만드는 것이 번거롭고 불편하다는 것일 수도 있지만 이렇게 하여 모든 회계자료가 정확하게 드러나는 것을 꺼리는 분위기도 있었을 가능성을 말하는 것일 수도 있다.

경상도관찰사가 유운룡의 행정력을 높이 평가하여 조정에 장계狀啓를 올리자 포미褒美(표창)하는 물품과 글을 내려 1년 더 유임하게 하였다.

유운룡은 52세인 1590년(선조 23) 겨울에 광흥창廣興倉의 주부注簿(종6품)가 되었다. 광흥창은 모든 관리들의 월급 관련 사무를 담당하던 관청으로서 유운룡의 행정 능력과 더불어 그의 청렴함을 높이 평가하여 임명한 관직이었다.

1592년 여름에 임진왜란이 일어났다.

1592년 가을에 순찰사巡察使로부터 풍기豊基 고을의 임시 군수로 임명을 받았다가 얼마 되지 않아 정식으로 군수의 명을 받았다. 당시 난리가 일어난 뒤로 해마다 흉년이 들다 보니 살기가 어려워졌고 도적 떼가 험준한 산중에 모여 무기를 가지고 노략질을 일삼아서 백성들이 모두 불안해하였다. 유운룡이 계책을 내 적절한 방법으로 유인하여 그 무리들을 모두 소탕해 없앴고 주변 고을들이 모두 편안해졌다. -『목민심서』형전(刑典) 6조 제6조 제해(除害)

어떤 계책인지 확인할 수는 없으나 이 사실이 조정에 알려지자

관직이 올라 당상관이 되었고 특명으로 원주목사^{原州牧使}로 임명되었다. 57세인 1595년(선조 28) 9월의 일이었다.

그러나 부임한 지 얼마 되지 않아 체직^{遞職}을 청하고 연로한 어머니를 모시고자 봉화^{奉化}에 우거^{寓居}하였다. 그리고 60세 되었을 때는 역시 관직을 내려놓고 고향으로 돌아온 아우 유성룡과 함께 도심우사^{道心寓舍}에 우거하였다가 61세인 1599년(선조 32) 4월에 모친을 모시고 하외^{河隈}(하회)의 옛집으로 돌아왔다.

유운룡은 체격이 컸다고 하며 젊을 때부터 성격이 강개^{剛介}하여 지나치게 모난 듯한 면도 있었지만 중년 이후로는 스스로 많은 노력을 하여 화손^{和遜}한 편으로 기질이 일변되었다 한다. 그리고 퇴계 이황의 고제^{高弟}이면서도 세상에서 행세하려 하지 않았고 높은 관직은 아니었지만 자신에게 맡겨진 직분에 최선을 다하였다. 정약용이 『목민심서』에서 3분야에서 그 업적을 소개할 정도로 관장으로서 뛰어난 행정 능력을 발휘하였다.

그는 1601년(선조 34) 3월에 병으로 세상을 떠났다. 향년 63세였으며 슬하에 3남 2녀를 두었다.

김상준 金尙寯
젊었을 때의 논란을 거울삼아
관장으로서 더욱 노력하다

· 생존연대 : 1561년(명종 16)~1635년(인조 13) 향년 75세
· 자 : 여수(汝秀)
· 호 : 휴암(休菴)
· 본관 : 안동(安東)

· 부 : 김원효(金元孝)
· 모 : 전주 이승열(李承說)의 딸
· 배 : 전주 이천우(李天祐)의 딸

1. 관직 진출 과정

　김상준은 어려서부터 엄격한 가정교육을 받으면서 부지런히
학업을 닦았다. 여러 사촌 동생들과 함께 지내며 공부하였는데 모
두가 잠잘 때에도 김상준이 글을 읽었으므로 사촌들이 그 소리를
듣고 그 구절을 암송할 정도였다고 한다. 김상용(金尙容, 1561~1637)
과 김상헌(金尙憲, 1570~1652) 등이 그의 사촌이다.

　23세 되던 1582년(선조 15)에 진사에 합격하고 30세 1590년(선
조 23)에 문과에 급제하였는데 당시 문형文衡(대제학)이었던 율곡 이
이가 극구 칭찬하였기 때문에 주변에서 명성이 높았다. 그리고 당
시 과거 급제자들이 대체적으로 거치는 승문관직을 역임하였고 임

진왜란이 일어났을 때는 종사관從事官으로서 심수경沈守慶을 도왔다. 그리고 34세 때인 1593년(선조 26)에 김상준은 대교待敎로 있었는데 대교는 왕의 측근에서 군신의 대화와 거동을 기록하고 시정기時政記를 작성하는 예문관의 정8품 관직이다.

당시 조정에서는 왜적이 또 다시 침입해 올 것에 대비하여 중국에 군대를 보내 줄 것을 요청하는 임무를 맡을 사신을 파견하고자 하였다. 그런데 워낙 어려운 임무였으므로 자원하는 신하가 없었고 임금의 심기가 자못 편치 않았다. 그때 김상준은 대교로서 입시入侍하여 대화 내용을 기록하고 있었는데 아무도 나서지 않자 자신의 직임이 아니었음에도 스스로 자원하여 사신 일행에 충원시켜 주기를 요청하였다. 임금은 반겼지만 경력이 갖추어지지 않았다는 이유로 가지는 못하였다. 그리고 이때부터 선조는 김상준을 주목하여 보게 되었다.

2. 강원도 순안어사(巡按御使)

이후 몇몇 직책을 거쳐 35세 때인 1595년(선조 28)에 강원도 각 지역을 돌아다니며 민정을 살피는 순안어사의 임무를 띠고 강원도를 순행하였다. 강원도 각 지역을 시찰하면서 다니다가 양양부襄陽府에 이르러 그곳의 회계장부를 조사하고 감사결과를 조정에 보고하였다.

보고서의 내용은 양양부가 1592년 임진년에 조정에 실제로 봉납捧納한 곡식과 장부상의 숫자가 맞지 않는다는 것, 그리고 그 차이나는 곡식 실물을 확인할 수 없었다는 것, 또 부사가 조정의 명령을 무시한 채 백성들에게 곡식을 거두어들여 자기 이익만으로 삼았다는 내용들이었다.

그런데 당시 양양부사襄陽府使였던 권용중權用中은 김상준이 올린 보고서의 내용을 부인하면서 해명하는 자료를 제출하였다. 양쪽의 주장이 서로 엇갈리자 해당부서인 호조戶曹에서는 조사에 나섰고 그 결과 양양부의 회계장부 상의 숫자가 거의 차이가 나지 않았고 양양 부사인 권용중이 해명한 말도 나름대로 타당하다고 판단하였다. 호조에서는 어사인 김상준의 보고서가 잘못 되었다는 결론을 내렸고 사법부 성격의 사간원에서는 김상준의 파직罷職을 건의하였다.[1]

선조는 이 문제에 대해 '어사란 바로 조정의 이목지관耳目之官인데 어사가 직접 눈으로 열람하고 확인한 것과 한양에 있는 대간臺諫들이 소문으로 들은 것과는 다를 수 있다' 하며 즉시 결정하지 않고 일단 유보하였다. 그러나 같은 해 7월에 다시 의금부에서도 같은 상소를 올리자 7월 15일에 선조는 김상준을 파직시켰다.[2] 이에 대해 사촌동생인 김상헌은 김상준의 행장에서 김상준이 범법을 저지른 관리를 제대로 적발해 낸 것인데 양양부사가 당시 조정의 권력을 가진 대신과 친하였기 때문에 이런 결과가 생긴 것이라고 기술하였다.[3]

당시의 정황을 정확하게 알 수는 없지만 어떻든 김상준의 관직생활에 있어서는 어려운 시절이었다.

3. 영광군수(靈光郡守)

2년 후인 1597년에 김상준은 다시 영광군수(종4품)를 제수 받고 부임하였다. 37세 때였다. 그런데 김상준이 영광군수로 가게 된 것

---

1) 『선조실록』 선조 28년(1595) 4월 25일.
2) 『선조실록』 선조 28년(1595) 7월 15일.
3) 김상헌(金尙憲), 『청음집(淸陰集)』「당형형조참판김공행장(堂兄刑曹參判金公行狀)」

은 당시 몇몇 관료들이 '전라도 영광이 일하기가 까다로운 곳인데다가 왜적들이 자주 출몰하는 지역이라서 뛰어난 인재를 보내야 한다'고 하면서 김상준을 추천한 것이었는데 당시 조정에서는 그것은 겉으로 내세운 명분일 뿐 실제로는 김상준을 배척하여 먼 지역으로 내보낸 것이라는 소문이 돌았다. 그러나 김상준은 불만스러운 마음을 가지지 않고 온 마음을 다해 직무를 수행하면서 조금도 꺼리는 기미를 보이지 않았다. 그런데 영광에서도 또 어려운 일을 겪게 된다.

영광에 사는 정세正世라는 사노私奴가 그 어머니를 죽이고 도망친 사건이 벌어진 것이다. 그런데 살인사건이 벌어지고 그 범인을 알았다면 체포하면 되는 것인데 이 당시의 상황은 그렇게 간단치가 않았다. 우선 마을 사람들이 이 사건을 숨겼다. 너무나도 엄청난 사건이었기 때문이었다. 그리고 그 후에는 그 노비의 주인이 계속 일을 시키려는 욕심 때문에 관아에 신고하지 않았다. 그러나 소문은 점점 걷잡을 수 없이 퍼졌고 고을 향교鄕校의 유생들까지도 그 사실을 알게 되어 관청에 바칠 소장訴狀을 작성하고자 있었다. 그런데 그 사이에 낌새를 눈치 챈 범인이 도망쳐 버렸다. 절차상으로는 먼저 정문呈文[4]을 띄운 후에 잡아야 하기 때문에 그 절차를 거치는 사이에 도망쳐 버린 것이다.

전라도관찰사 박홍로朴弘老가 이 사건에 대해 조정에 보고를 올렸다. 그러자 사헌부는 강상綱常을 거스른 이 엄청난 사건을 군수인 김상준이 모르지 않았을 텐데도 즉시 체포하지 않아 결과적으로 죄인이 도피할 틈을 준 것이라고 하면서 책임을 물어 파직을 청하였다.[5]

다행히 조정에서는 당시의 상황을 검토하고는 절차상 문제가 없었다는 결론을 내렸고 그리하여 김상준은 파직되지 않았다. 그는

---

4) 하급 관청에서 상급 관청으로 보내던 공문서.
5) 『선조실록』 선조 30년(1597) 7월 11일.

이후 소신껏 영광군수로서의 행정을 펼칠 수 있었고 3년 후의 업무 평가에서 도내에서 가장 높은 고과考課 점수를 받았다. 이러한 일련의 사건을 겪으면서 김상준은 많은 것을 느꼈을 것이다. 사실 김상준은 원칙적이고 모범적인 성격의 소유자였다.

4. 공주목사(公州牧使)

강원도 순안어사와 영광군수를 거치며 어려운 고비를 겪었던 김상준은 39세인 1599년(선조 32)에 공주목사(정3품)로 부임하였다.

김상준이 처음에 공주목사로 제수되었을 때 일이었다.

새로운 관장이 발령을 받으면 '신연新延'이라 하여 해당 고을의 아전이 새 관장의 집에 가서 모셔 가도록 되어 있었다. 그런데 아전들은 새로 부임하는 관장이 어떤 사람인지 매우 궁금했기 때문에 출장 온 신연 아전은 새 관장의 인상을 살펴 자기 고을 아전들에게 전하는 것이 관행처럼 되어 있었다. 그런데 김상준을 맞으러 온 아전이 그를 보고 공주에 있는 동료들에게 '태세왕太歲王' 세 글자를 써서 보냈다. 공주의 여러 아전들은 매우 놀라면서 서로 "이분은 범할 수 없는 분이구나."라 하였다고 한다. '태세왕'이란 음양가陰陽家에서 길흉의 방위方位를 맡은 여덟 신 가운데 하나라고 하는데 아주 무서운 사람이라는 뜻이라고 한다.

김상준은 아랫사람들을 대함에 있어서 지나치게 엄하게 하지 않았는데도 그 총명聰明과 강단剛斷, 그리고 원칙적인 성격 때문에 아전들이 많이 어려워하였다고 한다. 그렇지만 한편으로 그는 '직사職事에 근실하고 숙달되어 문하관門下官들의 칭송을 받는 사람'[6]이라는 평을 받고 있었다. 즉 직무에 충실하고 후배들로부터도 존경을

---

6) 『선조실록』 선조 32년(1599) 8월 25일.

받는 사람이라는 뜻이다.

당시 공주는 호전湖甸 지방, 즉 호서湖西와 경기京畿 지방의 요충지로서 임진왜란을 겪으면서 대단히 황폐해져 있었다. 많은 백성들이 도망치거나 흩어졌고 그래서 고을로서의 모습을 제대로 이루지 못하고 있었다. 조정에서는 공주의 산성山城을 수축하고 그동안 충주에 있던 충청감영을 공주로 옮기고자 하는 계획을 세우고 있었다. 지금으로 본다면 도청소재지를 옮기는 계획이었다.

새로운 감영監營을 신축하고 관청을 옮기는 작업은 보통 일이 아니었고 업무가 이만 저만 많은 것이 아니었다. 군량을 운반하고 보장(保障)[7]을 만드는 등 여러 가지 일들이 좌우에서 몰려들었다. 그래서 조정에서는 유능하다고 하는 관장들을 선발하여 보냈었지만 부임한 지 얼마 안 되어서 교체되곤 하였다.

김상준은 부임한 후에 백성들의 사정을 살피면서 많은 업무를 효율적으로 진행해 나갔다. 얼마 후 흩어져 떠돌던 백성들이 모두 돌아오고 감영의 이전移轉 작업도 순조롭게 진행되었다. 충청감영 이전은 3년 후인 1602년(선조 35)에 완전히 이루어졌다.

6. 해주목사(海州牧使)와 죽주목사(竹州牧使)

김상준은 42세인 1602년(선조 35)에 사도조도사四道調度使가 되었다. 조도사란 임진왜란 이후 어려워진 국가 재정을 충당하기 위해 양곡을 모집하는 역할을 하는 직책으로 김상준은 3년 동안 관동關東·영남嶺南·호남湖南·호서湖西 지방 곳곳을 두루 돌아다니면서 수만 석의 곡식을 구해 군량을 넉넉하게 하였다. 3년이란 긴 기간 동안 4도를 두루 다니며 조도사 일을 하고 한양으로 돌아온 김상준에게

---

7) 적의 접근을 막기 위하여 돌이나 흙 등으로 만든 견고한 구축물.

죽주산성. 경기도 안성시 죽산면에 있는 삼국시대 신라의 북진 과정에서 축조한 성곽. [ⓒ한국학중앙연구원]

바로 해주목사로 부임하라는 명령이 내려진 것이다. 1604년 3월이었다.

친구들은 김상준이 오랜 동안 지방을 다니면서 고생을 하였는데 또 외방外方으로 나가서 고생하게 된 것을 안타깝게 여겨서 병이라도 났다고 하면서 관직을 사양하면 어떠냐고 권하기도 하였다. 그러나 김상준은 '관리로서의 직분을 수행하는 데 평탄하고 험난한 일을 가릴 수는 없는 것 아닌가.'라고 하면서 해주로 부임하여 1년여 동안 해주목사로 근무하였다. 그리고 그 후 황해도 안문어사按問御史인 이지완李志完은 '해주 목사 김상준은 강명剛明하고 근간懃懇하여 관청 사무를 날마다 잘 처리하고 있습니다[8]'는 보고를 올렸다.

그리고 다시 45세인 1605년(선조 38) 11월에 죽주목사로 임명되었다. 죽주는 현재의 안성安城지역으로 한양으로 가는 길목에 있어 국가 방비에 대단히 중요한 지역이었다. 죽주에는 죽주산성竹州山城[9]

8)『선조실록』선조 38년(1605) 4월 26일.
9) 경기도 안성시 죽산면 매산리 일대.

이 있었는데 김상준은 산성을 새로 축조하고 거기에 경기도에서 생산되는 담배를 쌀로 바꾸어 군량미로 비축해 놓는 등 만약의 사태에 대비하기 위한 준비를 철저하게 하였다. 이후 김상준은 내직으로 들어와 도승지都承旨와 형조참판刑曹參判 등을 역임하였다.

1608년 광해군이 왕위에 올랐고 5년 후인 1613년에 계축옥사癸丑獄事가 일어났다. 계축옥사는 김제남金悌男이 외손자인 영창대군永昌大君을 왕으로 옹립하기 위해 모의하였다는 사건이었으므로 광해군으로서는 대단히 민감한 문제였다. 그런데 이 옥사에 연루되어 옥에 갇혀 있던 죄수 정협鄭浹이란 자가 김상준과 아들인 김광욱金光煜 부자父子가 김제남과 친분이 있는 것처럼 끌어들였다.

당시 김상준은 전 해인 1612년에 아버지 김원효(金元孝, 1536~1612)의 상을 당하여 상중喪中에 있던 상황이었는데 창황 중에 체포되어 광해군의 친국親鞫을 당하게 되었다. 그는 김제남과의 친분을 완강히 부정하였다. 얼마 후 정협이 김상준은 관련이 없다고 말을 바꾸었고 그래서 김상준은 풀려났다. 그러나 이후 그는 문을 닫아걸고 외부의 일에 관여하지 않았으며 다른 사람들과의 왕래도 끊는 등 철저히 은둔하였었다.

1623년 인조반정仁祖反正이 일어났다.

그런데 이번에는 김상준이 광해군으로부터 국문을 받을 때 김제남에게 부정적인 발언을 했다는 것이 또 문제가 되었다. 이에 대해 김상헌은 당시 사촌형인 김상준이 부친상을 당하여 지나치게 몸이 상해 있던 상황에서 창졸간에 체포를 당하였기 때문에 광해군의 심문 받을 때는 정신이 어지러운 상태였다고 기술하고 있다.[10]

그렇지만 어떻든 그로 인해서 김상준은 1623년(인조 원년) 길주吉州에 유배되었고 5년 후인 1627년(인조 5)에는 아산牙山으로 이배

---

10) 앞의 「행장」

^{移配}되었다가 1635년(인조 13)이 되어서야 풀려나왔다. 그리고 한양으로 돌아온 지 얼마 안 되어 집에서 병으로 세상을 떠났다. 향년 75세였고 슬하에 2남 1녀를 두었다.

이명준 李命俊
세금을 낮춰주어 민가 지붕을
기와로 바꾸게 하다

· 생존연대 : 1572년(선조 5)~1630년(인조 8) 향년 59세
· 자 : 창기(昌期)
· 호 : 잠와(潛窩), 퇴사재(退思齋)
· 본관 : 전의(全義)

· 부 : 이제신(李濟臣)
· 모 : 목천(木川) 상붕남(尙鵬南)의 딸
· 배 : 의성(義城) 김찬조(金纘祖)의 딸

■ 1. 관직 진출 과정

이명준은 청강 이제신(淸江 李濟臣, 1536~1583)의 넷째 아들이
다. 그는 1580년 아홉 살 때에 강계부사江界府使로 부임하는 아버지
를 따라갔었는데 그 후 아버지 이제신이 함경북도 병마절도사兵馬節
度使를 제수받아 함흥으로 가게 되자 이명준은 한양 집으로 돌아와
공부를 하였다.

1583년(선조 16) 여진족 이탕개尼湯介가 쳐들어와 경원부慶源府가
함락되자 이제신은 패전敗戰의 책임으로 의주義州 부근 강변에 있던
인산진麟山鎭으로 유배되었고 그곳에서 세상을 떠났다. 이명준의 나
이 12세 때였다. 그래서 이명준은 13살 위인 둘째 형 이수준(李壽俊,

1559~1607)을 아버지처럼 섬겼다.[1]

이명준은 우계 성혼(牛溪 成渾, 1535~1598), 백사 이항복(白沙 李恒福, 1556~1618) 등에게 수학하였으며 때로 매형이 되는 상촌 신흠(象村 申欽, 1566~1628)을 찾아가 질문하기도 하면서 열심히 학문을 닦았다.

그는 32세 되던 1603년(선조 36) 문과에 급제하였는데 장원으로 급제하였기 때문에 정6품직인 사헌부 감찰監察에 제수되었고[2] 예조좌랑禮曹佐郎(정6품)을 거쳐 병조좌랑兵曹佐郎에 임명되었다.

병조좌랑으로 근무할 때 그는 모든 장부를 검토하여 여러 가지 폐단을 시정하였으며 군사의 정원定員을 명확하게 하여 정원 외은 군사들은 역참驛站에 충원시킴으로서 현장에서 일하는 군사들의 수를 늘렸다. 같은 부서의 관원들이 그의 관료로서의 능력을 인정하였고 노련한 아전들도 그의 명철함에 탄복하였다고 한다.[3]

2. 덕산현감(德山縣監)과 서원현감(西原縣監)

1608년에 이명준은 덕산현감[4](충남 예산 지역)에 임명되었다. 덕산에서 그는 밀려있던 송사訟事를 많이 해결하였고 또 이웃 고을의 십년 동안이나 의문으로 남아 해결되지 못한 송사도 심리해서 판결해 주었다. 그는 사건을 신속하게 파악하여 한마디 말로 명쾌하게 판결해 주었는데 양쪽 모두 별다른 이의異議가 없었다. 이에 따라 주변

---

1) 큰 형 이기준(李耆俊)은 1583년 아버지 이제신이 세상을 떠나기 4달 전에 먼저 세상을 떠났다.
2) 이 책 [2. 김정국], 주 1번 참조.
3) 이명준(李命俊), 『잠와유고(潛窩遺稿)』「병조참판잠와이공행장(兵曹參判潛窩李公行狀)」
4) 덕산은 현재 충청남도 예산군 덕산면 지역.

여러 고을의 송사도 의뢰받아 해결해 주었는데 송사를 신청할 때 관에 납부하는 비용이 상당히 쌓였다.

그것으로 관아의 재정이 풍부해졌고 따라서 몇 년 동안은 백성들이 부역과 세금에 대한 부담을 훨씬 덜 수 있었다. 덕산현감으로 재직할 때 그는 관장으로서 우수한 평가를 받았는데 이때의 평가 내용에 대해서 '이명준을 서원현감으로 삼았다.[명준은 이제신의 아들인데 굳은 절조와 청렴함이 다른 사람들은 미치지 못하였다. 전에 덕산에 있을 때는 공평한 다스림이 제일이었다.]'5)라고 실록은 기록하고 있다.

실록 기사와 같이 40세 때인 1611년(광해 3) 10월에 그는 서원현감으로 부임하였다.

서원(청주)은 읍치邑治6)가 큰 시내와 가까워서 이전부터도 수재水災의 걱정이 많이 있던 곳이었다. 이명준이 부임한 이듬해인 1612년(광해 4) 여름 어느 날, 저녁에 물새들이 관청의 뜰로 모여들고 있는 것을 유심히 살펴본 그는 주변 사람들에게 "새는 조짐을 제일 먼저 알아차리는 동물이다. 물새들이 모여드는 것을 보니 이것은 홍수가 날 조짐이다."라 하고는 허술한 옛 방축은 수리하게 하고 또 필요한 곳에는 둑을 더 쌓게 하였다. 바로 직후에 큰 장마가 져서 물이 성 안까지 들어와 경작지와 가옥들이 물에 휩쓸리고 침수되었지만 제방 덕분에 백성들은 온전히 목숨을 보존할 수 있었다. 백성들은 모두 현감님이 미리 방비하게 한 덕분이라고 하면서 신명神明이 통하는 어른이라고 칭송하였다.7)

일반 백성들은 '신명이 통한다.'고 하였다지만 이는 이명준이 많

---

5) 『광해군일기[중초본]』 광해군 3년(1611) 10월 6일.
6) 관아를 비롯하여 있는 고을 중심 공간.
7) 앞의 「행장」

은 독서와 탐구를 통해서 물새의 이동과 장마가 관련이 있다는 것을 미리 알았기 때문이라 할 수 있고 결국 그가 자연과학에 대한 조예도 깊었음을 의미하는 것이다. 이에 대해 정약용도 이명준의 이 선제적인 예방 행정을 거론하면서 '구재救災에서 환란이 있을 것을 생각하고 예방하는 것은 또한 재앙을 당한 뒤에 은혜를 베푸는 것보다 나은 것이다.'[8]라고 평가하고 있다.

이 당시는 임진왜란을 겪고 난 직후였다.

조정에서는 농경지를 다시 측량하고 관리하기 위한 필요성이 제기되었고 광해군은 '균전사均田使'라는 임시 관직을 만들어서 지방에 파견하였다. 그런데 균전사는 지방 실정에 어두운데다가 그들이 향촌을 일일이 돌아다니면서 토지 등급을 결정하고 부세율賦稅率을 책정한다는 것이 사실상 불가능하여 성과가 별로 없었다.

그래서 조정에서는 해당 지역 관장이 책임지고 농지를 조사, 측량하여 실제 작황을 파악하는 양전量田을 하게 하여 보고하도록 하였는데 이러한 정책도 지방 관장이 얼마나 충실하게 조사해서 보고하느냐 하는 데 그 성패가 달려있었다. 이명준 역시 조정의 지시를 받고 서원 지역에서 양전을 시행하여 그 결과를 조정에 보고하였다. 당연히 그는 정확하게 조사하여 보고하였다.

그의 보고서의 정확성에 대해서는 그로부터 10여년 후의 기록에 잘 나타나 있다. 즉 10여년 후인 1624년(인조 2) 5월에 조정에서 양전의 문제를 논의하였는데 당시 예조판서였던 이정구李廷龜가 "이명준이 청주목사淸州牧使(서원현감)이었을 때에 실시했던 양전은 한 곳도 누락이 없습니다."라고 하자 인조는 "이명준 같은 관장만 있다면야 얼마나 좋겠느냐"[9]라고 하였다.

---

8) 『목민심서』 애민(愛民) 6조 제6조 구재(救災).
9) 『인조실록』 인조 2년(1624) 5월 12일.

이런 기사를 보았을 때 당시 이명준의 행정적인 능력과 아울러 그의 정직함과 청렴함은 당시 조정에서도 많이 알려져 있었고 인조도 인정하고 있었음을 알 수 있다.

그런데 이명준에게 정치적으로 어려운 일이 일어났다.

당시 1612년 2월에 김직재金直哉이라는 성균관 학유學論[10]가 모반을 꾀한다는 무옥誣獄 사건이 일어났는데 이명준의 절친한 벗인 송상인(宋象仁, 1569~1631)이 이에 연루되어 곤장을 맞고 거의 죽을 지경에 이르게 된 것이다. 이명준은 송상인의 억울함을 변호하는 상소문을 작성하였고 그리고 당시의 절차대로 충청도관찰사에게 조정에 제출해 주기를 청하였다. 그런데 관찰사는 그 글을 보고 진달하기가 두려워서 덮어 두고는 조정에 아뢰지 않았다.

결국 1612년 4월에 이명준은 유언비어를 퍼뜨렸다는 혐의로 인해 탄핵을 받고 면직되었고 관찰사 역시 전달하지 않은 것이 문제가 되어 파면되었다. 송상인은 겨우 죽음만은 면하였지만 제주도로 유배되어 위리안치 되었고 이후 10년 동안 유배생활을 하였다.

이명준은 친구 송상인 사건으로 서원현감에서는 일단 면직되었지만 몇 개월 후인 1612년 11월에 평양서윤平壤庶尹에 임명되었다. 서윤은 조선시대 한성부漢城府와 평양부平壤府에 각각 한 명씩 두었던 종4품 벼슬이다.

그런데 당시 평양에서는 화재가 많이 발생하였다. 광해군 초기 때만 해도 여러 차례 화재가 났다고 하는데[11] 광해 1년 기사에는

서도西都(평양) 화재의 참혹함은 근고에 없었던 일이다. 슬프도다. 우리 백성이 무슨 죄가 있어 하루아침에 생업을 잃고 초토가

---

10) 조선시대 성균관의 종구품(從九品) 관직.
11) 『광해군일기』 광해 1년(1609) 4월 28일, 광해 5년(1613) 5월 6일 기사 참조.

되는 화가 갑자기 이 지경에 이르렀단 말인가.

라 기록되어 있다.

당시 평양은 평안도에서 제일 번화하고 인구도 많은 지역이었다. 집들이 많다 보니 지붕이 서로 총총히 붙어있었는데 민가民家들은 대부분 초가지붕이었기 때문에 한번 불이 나면 걷잡을 수 없이 불이 번져서 그 피해가 매우 심하였던 것이다.

이명준은 부임한 후 이 문제를 해결하고자 하였다. 그리고 화재에 대비하자면 지붕을 기와로 바꾸어야 한다고 생각했다. 백성들 또한 지붕을 기와로 바꾸고 싶어 했지만 문제는 비용이었다. 기와로 바꾸려면 비용이 만만치 않아서 경제적인 부담이 너무 컸던 것이다.

이 문제를 해결하기 위하여 이명준은 우선 기와 굽는 와장瓦匠과 옹기장이 백성들을 불러서 비용문제를 알아본 결과 기와 굽는 과정에서 발생하는 기본적인 비용은 어쩔 수 없었지만 세금을 낮추어주면 가격을 낮출 수 있다는 것을 알았다. 그래서 세금을 깎아주자 기와 가격이 싸졌고 많은 백성들이 기와를 사서 지붕을 올릴 수 있었다. 일 년이 지나니까 기와집이 절반을 넘었다.

이때 백성들은 기와 값으로 베布를 납부하였는데 백성들이 기와를 많이 구입하였기 때문에 납부한 베가 관아 창고에 가득 찼다. 그래서 와장이나 옹기장이들의 세금을 깎아줘서 생긴 부족액이 모두 채워지고도 남았다. 지방관아의 재정이 더 풍족해진 것이다. 즉 현재의 시각으로 보면 물자가 활발하게 유통되면서 경제가 활성화 되었고 그에 따라 세수稅收가 많아진 것이라 할 수 있을 것이다. 부임한 지 일 년이 안 되어 이명준의 치적이 멀리까지 소문이 났고 이 방법에 대해 문의하는 지방 관장들도 많았다.

42세 때인 1613년(광해군 5) 6월, 이이첨李爾瞻 등이 옥사獄事를 일으켜 영창대군永昌大君을 살해하는 사건이 일어났다. 계축옥사癸丑獄事였다.

그런데 이명준의 서제庶弟인 이경준李耕俊이 이 옥사에 연좌되었다. 이경준은 승복하지 않고 결국 죽음을 당하였지만 이 사건으로 인해 이명준도 연루될 수밖에 없었다. 이전에 송상인 사건 때 원한을 품었던 몇몇 관리들의 공격도 한 원인이 되었다.

이명준은 곧바로 평양에서 체포되었다. 당시 평안도관찰사로 있던 정사호鄭賜湖는 이명준의 인품과 행정능력을 잘 알고 있었기에 매우 안타깝게 여기고 그 경황없는 중에도 전별금으로 면포綿布 2동同을 주고자 했다. 그러나 이명준은 감사함은 표했지만 면포는 받지 않았다. 정치적으로 대단히 민감한 상황이었기 때문에 상대방에게 누가 될 수도 있었기 때문이다. 그는 체포되어 오면서 평양의 새로 얹은 기와집들을 바라보았을 것이다. 그리고 자신이 조금 더 있었더라면 더 많은 민가의 지붕을 기와로 바꾸어 줄 수도 있었을 것이라는 생각도 했을 것이다.

이명준은 경상도 영덕盈德으로 유배 되었고 영덕현의 동문東門 밖 초가집을 하나 빌려서 문도門徒들을 가르치면서 지냈다. 그 사이에 인목대비가 시해되었다는 흉흉한 소문도 돌았고(후에 사실이 아님이 밝혀졌지만) 또 자신의 스승이었던 이항복이 인목대비仁穆大妃 폐위廢位에 반대하다가 1618년 1월에 북청北青으로 유배를 떠났다가 4개월 후인 5월에 63세를 일기로 세상을 떠났다는 소식도 들었다. 이명준은 상소문을 작성하여 올리고자 하였지만 그 고을의 관장은 정치적으로 난감한 문제인지라 받아 주지 않았다. 이명준은 답답하고 근심스런 마음에 침식을 폐하였고 물에 빠져죽으려는 생각까지도 하였다.

1623년 계해반정癸亥反正으로 인조仁祖가 왕위에 올랐고 이명준은 유배에서 풀렸다. 10년 만이었다. 그리고 56세인 1627년 10월 강릉대도호부사江陵大都護府使에 임명되었다.

강릉에는 이전부터 그 지방의 토호土豪들이 빈민들에게 곡식을 빌려 주고 대신 자신들의 땅에서 노역을 시키는 습속習俗이 관행적으로 내려오고 있었다. 그리고 빈민들이 원금과 이자를 갚지 못하면 토호들은 그들을 노비로 삼기도 하고, 또 어떤 경우에는 전답과 집을 빼앗기도 하여 백성들이 뿔뿔이 흩어졌다. 이러한 행위는 엄연히 법에 어긋난 일이었지만 오랫동안 관행적으로 이어져 와서 그동안에 부임했던 관장들도 토호들의 세력에 눌려 손을 못 대고 있었던 실정이었다.

이명준은 부임한 후 토호들을 모두 소집하였다. 그리고 이러한 일은 결코 인간적인 도리 상 결코 의롭지 못한 횡포라는 점을 먼저 지적한 후 계속 이러한 불의한 일을 자행한다면 법에 따라 처벌하겠다고 경고하였다. 그리고 실제로 그 폐해의 경중을 따져서 법에 따라 형률로 다스렸다. 그러자 시행한 지 일 년 만에 그동안의 폐습弊習이 크게 개혁되었다. 강릉의 노인들이 서로 말하기를 "우리 고을에 옛날부터 행정 잘 하는 원님이 많이 왔다 갔지만 이 어른 같은 이는 전에는 없었다."고 하였다.

59세 때인 1630년(인조 8) 6월 조선시대 오위五衛의 부호군副護軍(종4품)이 되었다. 인조의 신임을 받았다는 것을 말해준다. 그런데 이때 이명준은 전부터 있던 지병持病이 더욱 악화되고 있음을 느꼈고 그래서 그동안 관직 생활을 하면서 느꼈던 일들을 9조목으로 정리하여 상소하였다.

그런데 이때 그가 진언進言한 내용 중 첫 번째로 거론한 것이 '엄궁금嚴宮禁' 즉 '궁금宮禁을 엄히 할 것'이라는 내용이었는데 그것은

『잠와유고(潛窩遺稿)』. 조선 중기의 문신 이명준(李命俊)의 시문집. [ⓒ국립중앙도서관]

궁궐에 들어온 두 여인에 관한 내용이었다.

이 당시 궁궐 안팎에 파다하게 퍼진 소문이 있었다. 조기趙琦라는 사람과 김두남金斗南이라는 사람의 첩의 딸이 궁녀로 새로 들어왔는데 정식 절차를 통해서 들어온 것이 아니고 정백창鄭百昌이란 자가 진납進納하여 사사로이 들어왔다는 것이다. 그리고 그 중 조기의 딸은 현재 임금의 총애를 받고 있다는 내용이었다.

당시 임금의 총애를 받고 있는 궁녀의 문제를 거론한다는 것은 자칫하면 임금의 진노를 불러일으킬 수 있는 위험한 내용이었지만 그럼에도 이명준은 모든 것을 각오하고 국가를 위해서 결단을 내리고 진언을 올린 것이다.

실제로 인조는 이명준의 상소를 보고 처음에는 누가 그런 소문을 퍼트렸는가 하면서 크게 노하였다. 그러나 인조는 곧 이명준의 진정성을 깨닫고 가납嘉納하였으며 그리고 두 명의 궁녀를 곧바로 집으로 돌려보냈다. 뿐만 아니라 이명준을 특별히 대사간大司諫으로 임명하였다.[12) 그동안 청주에서의 양전 문제 등에서 보여주었던 이명준의 충심에 대한 인조의 신뢰가 있었기 때문이라 생각할 수 있을 것이다. 그리고 인조는 이어서 그를 곧바로 병조참판에 임명하였다.

그러나 이때 그는 자신의 병이 점점 심해지고 있다는 것을 느꼈고 그래서 자신의 병의 상태를 아뢰는 상소를 올려 임금의 허락을 받고는 양천陽川에 있는 시골집으로 물러나왔다.

이명준의 병은 점점 위중해졌다. 이때 조카인 신익성이 병문안을 갔다. 신익성(申翊聖, 1588~1644)은 신흠(1566~1628)과 이명준 둘째 누나(1566~1623)의 아들로서 선조의 딸인 정숙옹주(貞淑翁主, 1587~1627)의 남편, 즉 선조의 부마였다. 익성이 가서 침상 아래에 서서 인사를 하자 이명준은 웃으며 말하기를, "내가 죽을 날이 멀지 않았으니 내가 죽거든 그대가 반드시 나의 행장을 써주게. 그 전에 먼저 나를 위해 퇴사재退思齋의 기문을 써주게나."[13)

'퇴사재'는 이명준의 서재 이름이었다. 익성이 물러나와 「퇴사재기(退思齋記)」를 지어서 가지고 갔는데 그때 이명준은 이미 병이 위독해져 의식이 없었다.

1630년 12월에 그는 59세로 세상을 떠났고 슬하에 3남 2녀를 두었다.

---

12) 『인조실록』 인조 8년(1630) 7월 2일.
13) 앞의 「행장」

성하종 成夏宗
정치적인 이유로 유배 온 이들을
돌보아 주다

· 생존연대 : 1573년(선조 6)~1645년(인조 23) 향년 73세
· 자 : 이술(而述)
· 시호 : 창흥군(昌興君)
· 본관 : 창녕(昌寧)

· 부 : 성택선(成擇善)
· 모 : 성주(星州) 이씨(李氏)
· 배 : 성주 이상철(李尙哲)의 딸

▌ 1. 관직 진출 과정

성하종은 처음 과거를 볼 때에 문과 시험을 준비하여 여러 차
례 응시하였지만 번번이 실패하자 진로를 무과로 바꾸어 31세 때
인 1603년(선조 36)에 급제하였다.

1608년(광해군 즉위년)에 '오리梧里대감'으로 유명한 완평 이원익(完
平 李元翼, 1547~1634)이 추천하여 한 부대를 지휘하는 장관將官이 되
었다. 그러나 당시 관직에 진출하기 위해서는 뇌물을 주어야 하는
상황을 목격하고는 몸가짐을 초연히 하면서 스스로를 지켰고 그래
서 그는 6년 동안 관직에 나가지 못하였다.

2. 대정현감(大靜縣監)

그러다가 44세 때인 1616년(광해군 8)에 외직인 제주도 대정현감으로 부임하였다. 대정현은 물산이 풍부하여 예전부터 알찬 고을이라고 일컬어져 왔지만 성하종은 검소하게 생활하였다. 이때는 광해군 때로 정치적으로 매우 어지러운 시절이었다. 그런 관계로 당시 조정에서 직언을 하거나 또는 정치적으로 실세失勢를 하여 여기 저기 외방으로 유배를 당한 관료들이 많았는데 그 중 일부 관료들이 제주도로 귀양을 왔다. 정온, 송상인, 이익 등이 그들이다.

송상인은 이종사촌인 김직재金直哉의 무옥誣獄[1]에 연루되어 44세 때인 1612년(광해군 4)에 제주도에 위리안치圍籬安置되었다. 김직재는 광해군을 제거하고 진릉군晉陵君 이태경李泰慶을 추대하려고 하다가 실패하여 사형 당하였고 송상인도 이 때문에 심한 고초를 당하였는데 다행히 동료들이 적극 도와줘서 사형은 면하고 제주도로 귀양 온 것이다.

동계 정온(桐溪 鄭蘊, 1569~1641)은 영창대군이 강화부사 정항鄭沆에 의해서 피살되자 격렬한 상소를 올려 정항을 처벌할 것과 당시 일어나고 있던 폐모론廢母論의 부당함을 주장하였고 이에 격분한 광해군은 정온을 제주 대정현에 위리안치 하라는 명을 내렸다. 정온의 나이 46세 때인 1614년(광해군 6) 7월의 일이었는데 이 당시 정온이 자신이 유배 가던 과정을 기록한 글을 보면 당시 유배길이 얼마나 고되고 험난한 길이었는지 짐작할 수 있다.

대정은 남쪽 끝 바다 한가운데에 있는 궁벽한 섬이다. 한양에서 해남海南까지 일천리인데 감옥에서 나온 뒤로 이틀 길을 하루에 걷다시피 걸음을 재촉하여 6일 만에 해남에 도착했다. 바람을 기다

---

1) 앞의 [9. 이명준] 항목 참조.

리느라 19일을 보내고, 바다 한가운데에서 바람에 막혀 또 38일이 지나서야 고을에 도달할 수 있었다. (중략) 8월 을해일에 어란포於蘭浦²⁾에서 머물렀다.- 3일 전에 해창海倉으로부터 출발하였는데, 막내아우 및 윤응석과 형의 아들 창후가 함께 배에 올라 술 몇 잔을 서로 권하고 이별하고서 떠날 때 여러 편의 증별시를 지었다. 선생의 증별시贈別詩에, '창황히 도성을 떠나니 정성스러운 마음 괴롭고, 서글피 노모를 생각하니 백발이 새롭구나.[창황거국단침고(蒼黃去國丹忱苦)/ 추창회친백발신(惆悵懷親白髮新)]'라 하였다. 배가 100여 리를 가서 거의 금도金島³⁾에 이르렀을 때 역풍逆風을 만나 해창으로 돌아와 정박하였다. 이날에 이르러 다시 출발하였다가 또 역풍을 만나 어란포에 정박하였다. -「동계선생행장(桐溪先生行狀)」

이렇게 고된 과정을 거쳐 정온은 8월에 애월포崖月浦와 명월포明月浦를 경유하여 대정현大靜縣에 도착하였다. 위리圍籬는 현縣의 동문東門 안에 있었는데, 정온은 위리기圍籬記를 짓고 또 백운가白雲歌를 지었다.

지대가 가장 습하고 낮았으며, 벌레와 뱀과 독사가 많았다. 봄이 가고 여름이 올 무렵부터는 몇 달씩 계속해서 많은 비가 오기도 하고, 혹은 사나운 바람과 지독한 안개가 하루 동안에도 이변을 일으키며, 한겨울에 춥지 않기도 하고 한여름에 따뜻하지 않기도 하여, 날씨가 내륙과는 너무나도 달랐다. -「동계선생행장(桐溪先生行狀)」

---

2) 전라남도 해남군 송지면 어란리에 있었던 포구.
3) 전라남도 진도군 서남부 해역에 위치한 섬.

그는 그곳의 기후를 이렇게 설명하고는 탄식하며 "죄지은 자가 살기에 딱 알맞구나."라 하면서 어리석은 사람이라는 뜻인 '고고자鼓鼓子'라 자호自號하며 지냈다.

성하종이 현감으로 부임하였을 때 송상인과 정온 이 두 사람이 귀양 와 있었다. 그곳 사람들은 이들도 얼마 안 있으면 후명後命(사약, 賜藥)이 있을 것이라 하며 접촉하는 것을 심히 두려워하였다. 그러나 성하종은 예전에 이들과 아는 사이가 아니었음에도 그곳까지 귀양 와서 고초를 겪고 있는 이유를 알고 있었기에 다른 사람들의 그런 우려에 개의치 않고 이들을 성심성의껏 대해 주었다.

그는 정온을 위해서는 서실書室 두 칸을 지어 주었는데, 그 서실은 옆의 서쪽 울타리 앞쪽으로 귤나무 숲을 마주하고 있었다. 정온은 날마다 그곳에 거처하면서 경사자집經史子集 수백 권을 시렁 위에 올려놓고 유배 와 있던 10년 동안에 돌려가며 보았다.

또 1617년 12월 그믐에 성하종은 제주통판濟州通判 이유길李有吉과 함께 정온을 찾아가 수세守歲[4]를 같이 하기도 하였다. 그리고 당시의 정치적인 상황에 대한 이야기가 나오면 눈물을 주르륵 흘렸는데 주위 사람들은 그것을 몹시 위험하게 여겼으나 성하종은 그에 개의치 않고 의연하였다.

그러던 중 1618년에 성호 이익이 또 귀양 왔다. 이익(星湖 李瀷, 1579~1624)은 1618년 인목대비仁穆大妃를 폐하려는 논의가 일어나자 이에 반대하는 소를 올렸다가 심한 문초를 받았으나 끝내 주장을 굽히지 않았다. 그 역시 동료 관료들의 도움으로 간신히 죽음을 면하고 제주 대정으로 유배를 온 것이다.

송상인과 정온은 동갑이었고 이익은 이 두 사람보다 10년 연하였다. 이들은 공교롭게도 같은 시기에 같은 이유로 제주에서 유배생활

---

4) 섣달 그믐날 밤을 새던 풍습.

을 하게 된 것이다. 그래서 이들 세 사람은 비록 위리에 안치되어 있어서 몸은 자유롭지 못하였으나 서찰을 주고받으며 서로 친밀하게 교유하였다. 이때 송상인은 바둑을 배우고 이익은 금琴을 연주하였으며 정온은 독서를 했다고 한다. 또 이 당시의 상황에 대하여 정온이 기록한 것을 보면 고달픈 유배생활의 모습을 짐작해 볼 수 있다. 1622년 그의 나이 54세로 유배 8년차 되던 해의 기록이다.

> 6월에 더위를 먹었다. - 섬으로 귀양 온 이후로 여름마다 더위를 먹었다. 가시나무로 둘러쳐진 집이 찌는 듯이 더운데 짧은 처마 아래 누워 하루 종일 땀을 닦았다. 배소의 울타리 서쪽 지척에 귤나무 숲이 있었는데, 아들 창훈이 잠시 자리를 옮겨 더위를 피하기를 청하였으나 끝내 허락하지 않았다. -「문간공동계선생연보(文簡公桐溪先生年譜)」

그러던 중 1618년 10월에 또 인목대비의 어머니인 노씨부인이 제주도로 귀양왔다.

김제남金悌南의 부인이며 인목대비의 어머니 광산 노씨光山 盧氏는 광산부부인光山府夫人으로 봉해졌지만 광해군이 등극한 후 남편과 세 아들은 사사賜死되었고 딸인 인목대비는 유폐되어 있었다.

제주도로 귀양 올 당시 노씨부인의 나이는 62세였다. 노씨부인 역시 경내境內에 가시 울타리를 쳐서 가두었는데 이때 인근 백성들은 매우 두려워하여 감히 돌보는 사람들이 없었다. 그런데 성하종은 노부인에게 아침저녁으로 문안하고 옷과 식량이 끊이지 않게 하였으며 필요한 것이 있으면 그 물품들을 제공해 드렸다. 노씨부인은 늘 '다른 사람은 모두 나를 죄인의 가족으로 보고 멀리 하는데 유독 이분만이 나에게 이처럼 잘해 주시는 구려.' 하며 성하종에게 고마워하였다.

그런데 성하종이 부임한 지도 2년이 넘어 대정현감으로서의 임기가 찼다. 성하종이 교체되어 돌아가게 되었을 때 노씨부인은 울면서 "앞으로 나는 누구를 의지고 살아간단 말이요? 나는 이제 죽을 수밖에 없을 것이오." 하며 한탄하였다.

노씨부인은 인조반정이 일어난 1623년 5월에 유배에서 풀렸으며 인조는 승지 정립鄭岦, 예조참의 목대흠睦大欽, 내시 김충립金忠立 등을 제주로 파견하여 노씨부인을 모셔오라고 하였고, 삼남의 감사에게는 노씨부인을 호행護行하도록 하였다.

정온과 송상인, 그리고 이익 세 사람도 옷깃을 잡고 헤어짐을 아쉬워하였다. 눈물을 흘리며 모두 송행시送行詩를 남겼다. 정온은 시서詩序에 '백성들이 부모처럼 사랑하여 성문城門에 비를 세웠고, 그 앞을 지나는 자 눈물을 흘린다.[有民愛之如父母(유민애지여부모), 立碑城門(입비성문), 過者墮淚之(과자타루지)]'라고 썼다. 이들도 모두 인조반정이 일어나면서 유배에서 풀렸다.

3. 강계부사(江界府使)

이후 성하종은 갑산부사甲山府使가 되었다. 그 후 함경감사는 성하종에 대한 근무 평가에서 '맡은 지역을 잘 다스렸으므로 포장褒奬해달라'는 서목을 올렸고 임금은 품복品服(품계에 따른 관복)을 내려 그의 청백淸白을 칭찬하였다.[5] 그리고 다음 해에는 길주목사吉州牧使로 옮겼다. 당시 임금이 함경도관찰사 임무를 마치고 온 관료에게 함경도의 관장 가운데 누가 가장 쓸 만한가라고 물으니 성하종을 으뜸으로 들어 답하였다고 한다. 이러한 우수한 평가가 있어서 성하종

---

5) 『승정원일기』 인조 4년(1626) 12월 28일.

은 강계부사로 임명된 것이다. 58세 되던 1630년(인조 8)이다.

성하종은 3년 동안 강계부사로 근무하였고 1633년(인조 11) 1월 3일에 임기가 끝났다. 그런데 당시 강계부 백성들이 성하종의 유임을 강력히 요구하였다. 인조실록에는 당시 상황이 다음과 같이 기록되어 있다.

> 강계부사 성하종은 청렴 검소하고 자상한 자로서 임기가 차 갈리게 되었다. 강계부 백성들이 2백 석의 쌀을 대가로 바치고 1년을 더 유임시켜 줄 것을 애원하였다. 본도本道에서 이 일을 아뢰니 임금이 유임을 허락하라고 명하였다. -『인조실록』인조 11년 (1633) 1월 3일

그 지역 백성들이 쌀을 바치면서까지 관장의 유임을 강력하게 요청한 것이다. 이렇게 해서 성하종은 강계에서 1년을 더 근무하였다.

1636년(인조 14) 6월에 성하종은 김상헌金尙憲, 이안눌李安訥, 김덕함金德諴, 김시양金時讓 등과 함께 청백리淸白吏로 선정되었는데 그는 그들 5인 중 유일한 무인武人이었으며 가선대부嘉善大夫로 승진하고 창흥군昌興君에 습봉襲封되었다.[6]

그런데 이 해 겨울에 병자호란이 일어났고 인조는 남한산성으로 파천播遷하였다. 이때 성하종은 전라수군절도사全羅水軍節度使로 있었는데 주사舟師를 이끌고 강화江華로 가라는 명을 받았다. 큰바람에 여러 번 배가 뒤집힐 뻔한 위험을 겪으며 강화에 도착하였지만 강화는 이미 함락이 된 후였다. 이후 조정에서는 강화에 늦게 도착하였다는 책임을 물어 성하종의 직위를 한 자급資級 강등시키고 제주목사濟州牧使로 이동시켰다. 목사牧使도 정3품직이긴 하지만 수군절

---

6)『인조실록』인조 14년(1636) 6월 8일.

도사 보다 등급이 한 단계 낮다. 그러다가 교체되어 들어와 다시 오위도총부의 종2품 관직인 부총관副摠管이 되었다.

4. 북도병마절도사(北道兵馬節度使)

성하종의 나이 71세 때인 1643년 인조는 그를 특별히 북도병마절도사로 제수하였다. 당시 함경도는 지대가 워낙 넓어서 당시 3병영兵營으로 나누어 관리하였는데 함흥咸興 본 병영은 관찰사가 병마절도사를 겸하였고, 마천령摩天嶺 이북인 경성鏡城에 있는 병마절도사는 북병사北兵使, 북청北靑에 있는 병마절도사는 남병사라 하였다.

인조는 성하종이 이전에 북청 병영의 남병사로 근무한 경험이 있었고 또 청백리에도 선정되는 등 그의 충심과 능력을 알고 있었기에 이처럼 북병사로 임명한 후 그를 따로 불러 간곡히 당부하였다.

> 경이 늙어서 다시는 융사戎事(군사 업무)를 맡기지 않으려 하였는데 요즘 북관北關(마천령 북쪽인 함경북도)의 조폐凋弊(쇠잔해지는 폐해)가 매우 심하다고 하오. 경은 매우 청렴하고 신중하여 내가 특별히 수장守將으로 삼으니 모범을 보이도록 하라. -「창흥군성공신도비명(昌興君成公神道碑銘)」

성하종은 감읍하며 임금의 명을 받들겠다 결심하고 임지에 부임하였다.

그런데 북병사로 근무하던 성하종에게 중풍이 왔다. 북병사는 국경지방의 방어에 중요한 관직이었으므로 잠시도 비울 수 없는 자리였으므로 국방을 담당하던 기관인 비변사備邊司에서는 '함경도관찰사인 심연沈演의 보고에 의하면 북병사 성하종이 뜻밖에 풍風을 맞아 인사불성이라고 합니다. 관방關防의 중요한 지역을 잠시도 비워 둘 수는 없으니 즉각 후임을 선발하여 보내야 합니다'라는 장계를 올렸고 임금은 사안의 중대성을 생각하여 즉시 윤허하였다.[7]

결국 성하종은 1645년(인조 23) 2월에 북병사 병영이 있는 경성에서 세상을 떠났다. 향년 73세였고 슬하에 1남 3녀를 두었다.

성하종이 병이 나기 전에 함경도 백성들이 성하종을 위하여 생사당生祠堂을 세웠는데, 그가 세상을 떠나자 드디어 제를 지냈고 그 사당祠堂을 '청덕사淸德祠'라 하였다.

7) 『승정원일기』 인조 22년(1644) 12월 25일 - 『비국등록』에 의거함 -

윤전 尹烇
유산문제로 다투는 형제들을
화해시키다

· 생존연대 : 1575년(선조 8)~1636년(인조 14) 향년 62세
· 자 : 정숙(靜叔), 회숙(晦叔)
· 호 : 후촌(後村)
· 시호 : 충헌(忠憲))
· 본관 : 파평(坡平)

· 부 : 윤창세(尹昌世)
· 모 : 청주 경혼(慶渾)의 딸
· 배 : 해평(海平, 경북 구미시) 윤환(尹晥)의 딸

1. 관직 진출 과정

　윤전은 한양에서 태어났다. 어려서는 절행節行으로 이름난 종실
宗室인 화천정花川正 이수붕李壽鵬에게 수학하였고 성장하여서는 우계
성혼(牛溪 成渾, 1535~1598)에게 수학하였는데, 성혼은 윤전이 학문에
독실하며 공부하기 좋아하는 그의 자세를 매우 칭찬하였다. 19세 때
인 1593년(선조 26)에 부친상을 당하였는데 3년 상을 치르면서 몸이
많이 수척해졌었다. 그럼에도 독송讀誦은 폐하지 않았는데 그래서 시
력이 많이 안 좋아졌고 결국에는 평생의 고질이 되었다고 한다.
　윤전은 36세인 1610년(광해군 2)에 문과에 급제하였다. 그의 초명

은 윤찬尹燦이었는데 과거 급제자 명단에 '윤찬'이라는 이름으로 나와 있는 것으로 보아 이때까지는 초명을 썼고 그 후에 이름을 바꾼 것으로 보인다. 승문원承文院에 선발되어 당시 문과 급제자에 대한 전례대로 저작著作[1]에 임명되었다.

그러다가 1613년 7월에 인목대비仁穆大妃 폐모론廢母論이 발의되고 일부 유생儒生들이 거기에 찬동하는 소疏를 올렸다. 그러자 폐모론을 반대했던 윤전은 자신과 뜻을 같이하는 같은 직급의 관리 등과 함께 그들에 대하여 정거停擧[2]를 논의하였다. 그러자 인목대비 폐모론을 주장하는 사람들이 윤전 등을 비난하면서 탄핵하여 윤전은 관직을 삭탈 당하였다.

40세인 1614년(광해군 6)에 서용敍用되어 성균관 박사博士(정7품)를 거쳐 성균관 전적成均館典籍(정6품)이 되었고 다음해인 1615년에는 호조좌랑戶曹佐郎으로 옮겼는데 전에 그를 반대했던 관료들이 다시 전일의 유감을 드러내어 관리 명부인 사판仕版에서 윤전의 이름을 삭제해 버렸다. 관직으로 들어오는 것 자체를 막은 것이다. 이 당시의 상황에 대해 '흉도들의 논핵을 당한 것'이라 하였다.[3]

윤전은 당시의 상황이 혼탁함을 보고 벼슬길에 대한 생각을 끊었고 그래서 42세 때인 1616년(광해군 8)에 한양의 집을 아예 팔아버리고 경기의 전장田莊으로 물러나 기거하였다.

2. 경기도사(京畿都事)

8년 후인 1623년 계해년癸亥年에 반정反正이 일어나 인조가 왕위

---

1) 홍문관 · 승문원 · 교서관의 정8품 관직.
2) 조선시대에 일정 기간 과거에 응시할 자격을 박탈하던 일.
3) 『광해군일기』[정초본] 광해 7년(1615) 7월 18일.

에 올랐다. 윤전은 즉시 부름을 받고 관직을 제수 받았는데 경기도사(종5품)였다. 그의 나이 49세 때였다.

그런데 당시 윤전과 가까운 사람들은 윤전이 좀 더 비중 있는 내직內職으로 들어올 것이라고 예상했는데 경기도사직으로 제수된 것은 상당히 뜻밖의 인사라고 생각하였다. 실제로 당시 조정 관료들 사이에서는 윤전이 다른 사람의 시비是非를 논할 때면 매우 엄격하게 하는 성격이었기 때문에 그가 혹 간언諫言을 담당하는 사헌부司憲府나 사간원司諫院 등으로 임명되지나 않을까 하고 두려워하는 분위기가 있었다고 하였다. 다시 말하면 그가 사법부나 감사원 성격의 부서에 가는 것을 꺼렸다는 뜻이고 그래서 그를 외직으로 내보내고 싶어 한 일군의 관료들이 있었다는 것이다.

그래서 윤전의 친구들 중에는 관직에 나아가지 않는 것이 좋지 않겠냐고 권하는 이들도 많았다. 그러나 윤전은 '이것도 내 분수를 넘어서는 영광이라고 생각해야지. 나는 주어진 임무를 제대로 수행하지 못할까 그것만을 걱정하고 있다네.'라 하며 부임하였고 얼마 안 있어 윤전은 경기도 내의 백성들이 겪는 여러 가지 어려움을 정리하여 소疏로 진달하였다.

3. 익산군수(益山郡守)

그 후 윤전은 여러 관직을 역임한 후에 54세인 1628년(인조 6)에 익산군수에 임명되었다. 익산은 오랜 전통을 지닌 고을이다 보니 부근에 많은 대가 세족들이 거처하고 있었다. 그들은 관가의 동정을 낱낱이 살피며 시시비비를 따지는 통에 그동안 온전하게 관장직을 수행한 군수가 거의 없을 정도였다. 윤전은 그래서 흠 잡히지 않도록 고을 행정을 더욱 열심히 하였다.

당시 그 고을에는 주위 사람들을 고자질하는 글을 계속 올려서 주변 사람들로부터 따돌림을 당하는 백성이 있었다. 요즘으로 말하면 민원을 계속 제기하는 사람이라고 할 수 있을 것이다. 그는 주변 사람에 대한 불평은 물론이고 법이 잘 되었느니 못 되었느니 하면서 정령政令의 옳고 그름까지 따지는 사람이었다. 참다못한 고을 사람들이 일제히 일어나 그의 죄를 다스리기를 청하였다. 그러자 윤전은 "그런 말 하지 마라. 군자는 그 사람 자체에 문제가 있다고 해서 그 사람의 말까지 막지 않는다."고 하면서 그를 벌하지 않았을 뿐만 아니라 그가 올린 민원 중에서 일리가 있다고 판단되는 내용은 채택해서 썼다. 고을 백성들은 윤전의 큰 도량에 탄복하였다. 또 어떤 형제가 재산 문제로 소송을 한 경우가 있었다.

윤전이 형제간에 소송하는 이유를 따져 물었다.

그 아우가 말하기를, "형이 나에게 재산을 나누어주지 않았습니다."라 하였다. 형에게 그 이유를 물으니 그는 말하기를, "아우는 아버지 생전에 효도를 못하였습니다. 그래서 아버지가 돌아가시기 전에 아우에게는 재산을 나누어 주지 말라는 유언을 남기셨고 저는 아버지의 명을 따랐을 뿐입니다." 하였다.

윤전이 말했다.

"아우가 아버지 생전에 효도를 하지 못한 것은 물론 큰 잘못이다. 그러나 너희들 아버지도 자식을 자식으로 인정하지 않았다면 그것도 잘못이 아니겠느냐."

그리고는 형에게 다시 물었다.

"너의 아버지가 유언을 남길 때 의식이 있었더냐?"

"……"

형은 우물쭈물 하면서 대답을 못하였다.

윤전은 형에게 말하였다.

"옛 사람 중에는 아버지의 유언이라 할지라도 혼미한 중에 하는 난명(亂命)[4]은 따르지 않은 사람들이 있었느니라. 너희들 아버지가 혼미 중에 그런 유언을 남겼을지는 모르겠다만 그러나 네가 만일 아버지의 재산을 모두 차지하고 아우는 헐벗고 굶주리게 된다면 네 마음인들 편할 것 같으냐?"라 하며 타일렀다. 그리고 훈계하며 말하기를 "나는 관장으로서 너희들을 재판할 수도 있고 형벌을 내릴 수도 있다. 그러나 벌을 내리기 전에 먼저 너희들을 가르쳐서 깨우쳐 주는 것이 나의 도리라 생각한다."

라 하면서 부모 자식 간의 천륜(天倫)의 중요성과 형제간의 우애 등 사람으로서 지켜야 할 도리 등을 차근차근 일러주고 보냈다. 이튿날 형이 관아로 찾아 와서 아우에게 재산을 나누어 주겠노라고 약속하였다. -「숙조필선부군가장(叔祖弼善府君家狀)」

이에 대해 정약용도 윤전의 이러한 판결을 높이 평가하면서 형제간에 우애하지 않고 부끄럼 없이 송사를 하는 경우에 무조건 벌을 줄 것이 아니라 가르치고 타일러서 화해시킬 수 있다면 그렇게 해야 한다고 하였다.[5]

또 전주에서 옥사(獄事)가 일어난 일이 있었는데 윤전은 전주부윤(全州府尹)과 함께 추문(推問)하였다.

사건의 전말은 이렇다. 전주에 사는 어떤 강포한 자가 밤을 틈타 과부를 겁탈하고자 하다가 이루지 못하고 도리어 쫓기게 되었다. 그는 자신의 행위를 엄폐하려고 제 손으로 자기 처를 죽이고는 과

---

4) 난명(亂命)은 죽음에 임박하여 정신이 어지러울 때의 유언을 말하며, 정신이 온전할 때의 유언은 치명(治命)이라 함.
5) 『목민심서』 예전(禮典) 6조 제3조 교민(敎民).

부의 집에서 죽였다고 하고 송사를 일으켰던 것이다.

처음에 심리審理하던 관리는 그 상황을 제대로 파악하지 못하고 과부의 집 사람들을 가해자로 판단하였다. 그런데 윤전이 다시 그들을 심문하면서 그 정황을 자세히 살펴보니 앞뒤가 잘 맞지 않았다. 그 소송을 올린 자가 허위로 말한다는 심증이 갔다. 그래서 윤전이 앞뒤가 맞지 않는 상황을 상세하게 지적하면서 강하게 추궁하자 그 사람은 결국 자복自服하였다. 그만큼 윤전은 상황 파악이 예리하였고 범인이 빠져나갈 수 없게끔 논리적으로 사건을 분석하는 능력이 뛰어났다. 이에 그 범인에게 형법을 적용하고 과부의 집 사람들이 뒤집어 쓴 혐의는 벗겨 주었다.

윤전은 1632년(인조 10)에 군수 임기가 끝났다. 그의 나이 58세였다. 그는 임기를 마친 후 '군郡을 맡아 다스린 5년 동안에 다른 치적은 없으나 한 사람도 죽지 않았으니 나에게는 참으로 다행스런 일이다.'라 하고 고향인 이산尼山(논산)으로 돌아왔다.

윤전은 관직에 있을 때는 다른 관료들이 두려워 할 정도로 추상같은 면이 있었으나 시골에서 살 때는 주위 사람들에게 너그럽고 온화하게 대했다. 자신의 지위가 높다고 하여 촌락의 백성들과 노인들을 비천하다고 여겨 멀리하지 않았으며 오히려 그들과 잘 어울려 지냈고 그래서 그가 농사를 지을 때 주변에 살던 백성들이 모두 잘 도와주었다.

62세 때인 1636년(인조 14)에 윤전은 필선弼善에 임명되었다. 필선은 조선시대 세자시강원世子侍講院의 정4품 관직으로 직무는 세자의 강학講學에 참여하는 것이었다. 그런데 얼마 지나지 않아 12월에 병자호란이 일어났다.

잘 알려진 대로 인조는 남한산성으로 파천播遷하였고 소현세자昭顯世子도 인조를 따라 남한산성으로 갔다. 그리고 윤전은 세자의 부탁을 받고 세자빈 강빈姜嬪(소현세자의 부인)과 원손(당시 9개월 된 첫 아들)을 배행하여 강화도로 피난하였다.

그러나 1637년(인조 15) 1월 22일에 청군은 강화도 갑진甲津에 당도하였고 윤전은 세자의 시위侍衛를 담당하던 익위翊衛 강위빙姜渭聘, 이돈오李惇五와 함께 적에 맞서 싸우다가 전사하였다. 1월 26일의 일이었다. 향년 62세였으며 슬하에 4남 4녀를 두었다.

그로부터 70년 후인 1706년(숙종 32)에 그에게 '충헌忠憲'이란 시호가 내려졌다.

정언황 丁彦璜
백성들에게 자신의 경작지 규모를
자진신고하게 하다

· 생존연대 : 1597년(선조 30)~1672년(현종 13) 향년 76세
· 자 : 문서(文瑞), 중휘(仲徽)
· 호 : 묵공옹(默拱翁) 묵옹(默翁)
· 본관 : 나주(羅州)

· 부 : 정호관(丁好寬)
· 모 : 전주 이광립(李光立)의 딸
· 배 : 횡성(橫城) 조정립(趙正立)의 딸

1. 관직 진출 과정

정언황은 19세인 1615년(광해군 7)에 진사가 되고 32세 1628년(인조 6)에 문과에 급제하였다. 다음 해인 1629년(인조 7)에 승문원 박사博士(정7품)와 성균관 전적典籍(정6품)을 거쳐 37세 때인 1633년(인조 11)에는 형조좌랑刑曹佐郎(정6품)에 임명되었다.

2. 신계현령(新溪縣令)과 평산현감(平山縣監)

38세 때인 1634년(인조 12) 7월에 황해도의 신계현령(종5품)에 제수되었는데[1] 신계는 이전에 고을 이속吏屬 들이 난을 일으켜 그 현

령縣令을 감금했던 충격적인 사건이 일어났던 고을이었다. 즉 신계의 고을 관아에 소속되어 있던 아전 무리들이 일부 백성들과 함께 난을 일으켜 그 현령을 감금하고 시석矢石(화살과 돌팔매)으로 위협하였고 현령은 여러 날 갇혀 있다가 겨우 몸만 빠져 도주하였던 사건이 있었던 곳이다. 이 사건을 보고받은 조정에서는 국가기강을 심히 훼손하는 반란사건이라 규정하고 정언황으로 하여금 사태를 진정시키고 고을을 안정시키도록 하였다.

정언황은 신계에 부임하여 먼저 그 사건의 주모자를 체포하여 효수형梟首刑에 처했다. 그리고 나머지 사람들은 모두 불문에 부치겠다고 공언하였더니 그 사건에 가담했던 사람들의 이름을 쓴 봉투를 관아에 바치는 백성들이 많았다. 정언황은 관리들과 마을 사람들을 모두 모아놓고 그 봉투를 열어보지 않은 채 불에 태워버렸다.

그 다음에 정언황은 이러한 불미스러운 사건이 재발하지 않도록 원인을 찾아야겠다고 생각하였다. 그리하여 직접 마을의 원로들을 찾아가서 백성들이 현실생활에서 겪는 질고疾苦가 무엇인지에 대해서 많은 이야기를 들었고 또 아전들을 만나서는 그들이 관장을 보좌하여 업무를 수행하는 과정에서 겪는 고충이 무엇인지에 대해서도 자세히 들었다. 그리고 그 중 시급하게 해결해야 할 문제들을 10여 가지 사항으로 정리하였고 그리고 시급한 문제부터 하나씩 그 폐단을 없애 주었다.

이렇게 현령이 직접 현장에 나와 민정을 살피고 또 문제점을 해결해 주면서 신계현의 인심은 빠르게 안정되어갔다. 그런 결과로

---

1) 홍우원(洪宇遠)이 기록한 「守江原道觀察使丁公行狀」에는 갑술년 즉 1634년 (인조12) 7월이라고 기록되어 있는데 황해도 암행어사 오전(吳䎡)이 인조 12년 (1634) 2월 2일에 신계현령 정언황 등의 치적에 대해서 서계하였다는 『인조실록』의 기록이 더욱 정확하다고 볼 때 정언황이 신계현령으로 부임한 해는 1633년으로 보인다.

당시 황해도 암행어사인 오전(吳竱, 1588~1634)이 신계현령 정언황의 치적을 조정에 보고하였고 임금은 전례에 비추어 포상하도록 하였다.[2]

40세인 1636년(인조 14) 여름에 정언황은 황해도 평산현감을 제수 받았다. 현감은 지방관장으로서는 가장 낮은 관직으로 종6품직으로 품계가 한 단계 내려앉은 것이다. 앞서 신계현령으로 있을 때 어사의 업무평가에서 좋은 성적을 받아 포상을 받기도 하였었는데도 품계가 한 단계 내려앉은 데에는 이유가 있었다. 그것은 정언황 부친과 관련된 문제 때문이었다.

3. 부친의 억울함에 대해 상소하다

그로부터 6년 후인 1642년(인조 20)에 정언황은 감찰 업무를 담당하는 사헌부 장령掌令(정4품)을 제수 받았는데 이때 그는 아버지 정호관(丁好寬, 1568~1618)의 억울함에 대해 상소를 올렸다.

정언황의 아버지인 정호관은 1613년(광해군 5) 사헌부 지평持平[3]으로 있을 때 영창대군永昌大君을 죄주자는 주장에 동조한 것으로 알려져 있었다. 당시의 정치적 민감성으로 보았을 때 참으로 동조한 것인지 아닌지에 대해서 그 실상을 확인하기는 매우 애매한 상황이었다. 정호관은 1618년(광해군 10)에 세상을 떠났지만 세간에 그렇게 알려져 있다 보니 인조반정 후에 그의 이러한 행적은 비난을 받았고 또 이것은 아들 정언황의 관직생활에도 직접적으로 영향을 줄 수밖에 없었다.

정언황은 인조 8년인 1628년에 32세의 나이로 문과에 급제하였

---

2) 『인조실록』 인조 12년(1634) 2월 2일.
3) 장령(掌令)과 비슷한 감찰 업무를 담당하였는데 정5품직이다.

다. 당시 선발인원은 11명으로 많지 않은 숫자였는데 그는 하위직으로 그리고 외직으로 많이 다녔다. 그는 그 이유가 자기 아버지와 관련된 일 때문이라 생각했다. 그것은 단지 그 혼자만의 생각은 아니었고 당시 관료사회에서도 정언황이 아버지의 행적 때문에 불이익을 받고 있다고 생각하였던 것 같다. '언황은 혼조昏朝(광해조)의 대관臺官을 지낸 정호관의 아들이다. 일찍 등제登第하였으나 아버지의 흠 때문에 처음에는 벼슬길이 막혀 어려웠다'⁴⁾라 한 기사를 보아서도 당시의 분위기를 읽을 수 있다.

『국조문과방목(國朝文科榜目)』 卷之十. 인조 6년(1628) 무진(戊辰) 별시(別試) 병과(丙科) 4위(08/11). [ⓒ서울대학교 규장각 한국학연구원]

정언황은 장령으로 제수 받은 후에 아버지의 억울함을 호소하는 상소문을 올렸는데 아버지가 역임했던 직급(정5품)보다 더 높은 정4품직을 제수 받은 후라서 가능했던 것으로 보인다. 이때 다행히 그의 호소에 공감하는 조정 관료들이 많았고 이러한 분위기에 힘입어 이조吏曹에서도 이는 참으로 '지극한 정에서 우러난 것'이라고 하고 동조하는 상언上言을 올렸다. 임금도 그 호소를 받아들여 정언황의 아버지인 정호관의 관작을 복구할 것을 명하였다.⁵⁾

---

4) 『현종개수실록』 현종 13년(1672) 6월 2일 '정언황의 졸기' 참조. 본문에는 막히고 뜻대로 안 된다는 '건체(蹇滯)'로 표현하고 있다.
5) 『인조실록』 인조 20년(1642) 윤11월 19일 기사 참조.

4. 인천부사(仁川府使), 회양부사(淮陽府使), 삼척부사(三陟府使)

48세 때인 1644년(인조 22)에 정언황은 인천부사(종3품)로 부임하였다. 이곳에서 그는 관장으로서의 역량을 유감없이 발휘하였다.

당시 관장의 중요한 임무는 세금을 공정하게 매기고 또 차질 없이 징수하는 일이었다. 그래서 고을에서는 해마다 연분年分을 하는데 연분이란 농사의 작황에 따라 전세田稅의 비율을 정하는 작업을 말한다. 요즘으로 말한다면 수입收入이 얼마인지 조사하여 세금을 부과하는 것과 같은 것이다. 당시 연분을 할 때는 통상적으로 아전 중에서 각 고을의 세금稅金 관련 업무를 담당하던 서원書員들이 나가서 업무를 수행하였는데 서원들이 직접 현장에 나가다 보니 몇 가지 문제가 발생하였다.

하나는 방납防納 문제였다. 방납이란 아전과 백성이 서로 짜고 아전은 백성에게 조세租稅를 감면해 주고 대신 백성은 아전에게 그 대가를 주는 일인데 이는 국가재정에 큰 손실이 되는 일이었다. 또 하나는 서원들이 연분을 위해 현지로 나갔을 때 백성들이 서원들에게 잘 보이기 위하여 다투어 음식을 대접하는 일이었다. 백성들로서는 세금을 적게 부과받기 위한 고육지책이었지만 그 부담이 만만치 않았다.

정언황은 이러한 폐단을 없애야겠다고 생각하였다. 그래서 연분을 하는 데 있어서 서원들을 내보내지 않고 백성들로 하여금 각자 자기가 농사짓고 있는 전답의 규모와 수확량을 자진신고하게 하였다. 그리고 관장인 자기가 수시로 직접 현장에 나가 농사 작황을 살피며 확인하였다. 그리고 자기가 나갈 때면 자신은 물론이고 수행하는 아전들에 대한 모든 접대를 엄금하였다. 그렇게 하니까 백성들은 음식 대접하는 비용이 들지 않았고 서원들이 농간부리는 폐단도 끊을 수 있었다. 그리고 관장이 직접 나와서 확인하므로 백성들은 솔직하게 신고하였고 은결隱結6)을 만들지 않았다.

그렇게 시행한 후 결과를 살펴보니 총 신고한 전결田結의 양이 전보다 결코 줄어들지 않았다. 관아로서나 백성들로서나 매우 편리한 일이었다. 결국 관장이 아래 사람들을 시키지 않고 직접 나가서 확인하는 것이 얼마나 중요한 일인가 하는 것을 증명한 것이기도 하다.

그는 또 때때로 말 한 필에 시동 한둘을 데리고 경내를 순행하였다. 그러면서 들을 바라보면 어느 마을은 평작平作이고 또 어느 마을은 농사가 좀 안 되었나 하는 대체적인 작황作況을 알 수 있었다. 그러다가 때로 나무그늘에 앉아서 쉬고 있는 부로父老들을 만나면 같이 앉아서 한담을 나누었고 이런저런 이야기를 나누다 보면 농사일뿐 아니라 마을에서 일어나는 여러 이야기들도 많이 들을 수 있었다. 즉 정언황은 현장에 나가서 여론을 세밀하게 들었던 것이다.

인천은 또 염전이 많은 지역이었다. 그런데 인천부에 부과되는 염세鹽稅가 너무도 과중하여 염호鹽戶 즉 염전을 일구는 백성들이 점점 줄어들었다. 이에 정언황은 염세의 3분의 2를 감해 주고 또 관리들을 단속하여 그 침탈을 근절시켰다. 그랬더니 다른 지방의 염호들도 소문을 듣고 많이 모여들었고 염호가 많아지자 염세 수입도 저절로 갑절이 되었다.

정언황은 또 백성들의 노역勞役에 대해서도 관심을 기울였다. 겨울이 되면 백성들이 해야 하는 일 중에 중요한 것이 얼음을 떠서 저장하는 일이었다. 겨울에 얼음을 저장해야만 여름에 사용할 수 있기 때문이었다. 한양에서는 궁궐을 비롯하여 두모포豆毛浦(현재의 옥수동 한강변)에 있는 동빙고凍氷庫와 둔지산屯地山(현재의 용산)에 있는 서빙고西氷庫 등에 얼음을 저장하였고 지방에서는 관아에 저장하였다.

이러한 작업은 백성들의 노역에 의존할 수밖에 없었는데 인천부

6) 전세(田稅)의 부과 대상에서 부정, 불법으로 누락시킨 토지.

는 관아가 얼음을 뜰 수 있는 곳이 관내의 3개면에서 좀 멀리 떨어져 있었다. 그래서 해마다 얼음을 뜰 때면 백성들이 상당히 힘들어 하였고 또 만약 직접 노동하지 못하면 쌀을 대신 납부해야 했기 때문에 백성들이 매우 고통스러워하였다.

그렇다고 얼음 채취를 안 할 수는 없었다. 그래서 정언황은 고을 전체를 10지역으로 나누어서 차례로 돌아가면서 하도록 하였다. 그렇게 하면 각자 10년에 한 번씩 돌아오게 되고 따라서 노동 대신 납부하는 쌀의 수량도 줄어서 백성들의 부담이 크게 줄어들었다. 정언황이 시행했던 이러한 정책에 대해서 정약용은 『목민심서』호전戶典에서 좋은 행정의 사례로서 거론하고 있다.[7]

이후 그는 1646년에 우부승지右副承旨(정3품), 1647년에 병조참지兵曹參知(병조에 속한 정3품 관직) 등을 역임하고 서장관書狀官으로 심양瀋陽에 다녀오기도 했다. 그러다가 1648년에 강빈옥사姜嬪獄事로 인해 제주도에 유배된 소현세자昭顯世子의 세 아들을 구제하려고 상소했으나 묵살되자 스스로 외직으로 자원하였고 그래서 1648년(인조26)에 회양부사로 나갔다. 52세 때였다.

회양은 강원도 북부지역으로 금강산과도 가깝고 협곡峽谷이 많은 지역이었다. 그래서 농사짓기도 어렵고 다른 산업도 마땅치 않았다. 그런데 세금은 꼭 면포綿布 즉 무명과 베로만 납부하게 되어 있어서 백성들은 그것을 마련하느라 매우 힘들어 했다. 정언황은 그러한 실정을 딱하게 여겼고 면포 대신 납부할 물품이 무엇이 있는지 아전과 백성들에게 의견을 물었다. 그 결과 그 지역은 산세가 험해서 호랑이나 표범이 많이 출몰하기 때문에 그곳 백성들에게는 그러한 동물들을 잡는 것이 그리 어렵지 않은 일임을 알았다. 그래서 정언황은 이민吏民들에게 호랑이나 표범을 잡아오게 하여 그 가죽을 호조戶曹로

---

7) 『목민심서』호전(戶典) 6조 제5조 평부(平賦) 하.

보냈고 그것으로 회양의 1년 치 세포稅布를 다 충당하게 하였다. 지역의 특성을 활용한 융통성 있는 행정이라 할 수 있을 것이다.

그리고 56세인 1652(효종 3)년 가을에는 삼척부사三陟府使로 나갔다. 그런데 삼척에는 '신라공주新羅公主 오금잠신烏金簪神'이라 하는 신이 있었는데 그 신이 매우 영험하다고 하면서 그곳 사람들이 공경하여 믿었다. 고려 때부터 내려오는 풍습이라 하여 초기에는 관에서도 금하지 않았지만 후에는 폐단이 많이 생겼다. 그래서 삼척을 거쳐 간 많은 부사府使들이 그 사당을 태워버리기도 하면서 금하려고 했지만 그 때마다 이민吏民들이 다시 사당을 세우곤 하여 없애지를 못했다. 그리고 매년 단오절端午節이 되면 무당과 광대 수십 명이 그 신을 모시고 행렬을 이루어 가고 백성들은 그 뒤를 따르며 온 고을을 두루 돌아다녔다. 이것을 일러 '단오사端午使'라 하였는데 백성들 중에는 이 행렬의 뒤를 따라 다니느라 재산을 탕진하는 백성들도 많았고 또 그것이 잘못된 일인지도 몰랐다. 정언황은 유림儒林들을 모아 놓고 그 괴상한 복장을 모두 태워버렸는데 그 후 삼척에는 그러한 요사스런 행위가 마침내 없어졌다.

정언황은 언제부터인지 모르지만 풍병風病이 있었다. 그런데 삼척부사로 부임한 지 1년 정도 되었던 1653년 가을에 병이 더 심해졌고 그래서 그는 사직하고 돌아왔다. 1655년에 다시 강원도관찰사에 제수되었지만 관직을 사양 하고 이전부터 노후에 살 곳으로 정했던 원주原州에 집을 지어 '은휴정恩休亭'이라 이름 짓고 살았다. 그리고 '관직에 있을 때는 녹봉을 받아먹으며 살고 물러나면 농사를 지어 사는 것이 기본이다.'라 하면서 열심히 농사를 지었다.

1659년 5월에 효종孝宗이 승하하였다.

정언황은 그 소식을 들었지만 학질에 걸려 설사증세가 매우 심하였고 그래서 대궐에 나아가 곡을 하지 못하였다. 그는 그것을 매우 원통하게 여겼고 그래서 화증까지 겹쳐서 결국 1672년에 세상을 떠났다. 향년 76세였다. 아들 하나를 두었는데 정시한^{丁時翰}이다.

이만 李曼
뛰어난 농사기술을 바탕으로
농업행정을 펼치다

· 생존연대 : 1605년(선조 38)~1664년(현종 5) 향년 60세
· 자 : 지만(志曼)
· 봉호 : 완원군(完原君)
· 본관 : 전주(全州)

· 부 : 이목(李楘)
· 모 : 남원(南原) 윤자신(尹自新)의 딸
· 배 : 문화(文化, 황해도 신천군(信川郡) 문화면) 유희성(柳希成)의 딸

1. 관직 진출 과정

　　이만은 양녕대군讓寧大君 이제李禔의 7대손이다. 어려서부터 학문을 좋아하여 23세인 1627년(인조 5)에 생원에 뽑혔고 이듬해 24세 때에는 '대책對策[1]'에서 대과에 장원으로 급제하였다. 26세인 1630년(인조 8)에 예조좌랑禮曹佐郎(정6품)이 되었고 여러 관직을 거쳐 28세 때인 1632년(인조 10)에 사헌부의 지평(정5품)에 제수되었다.

　　1635년(인조 13) 당시 기상이 매우 고르지 못하고 재이災異가 빈번하자 인조仁祖는 유배되어 있던 인성군(仁城君, 1588~1628)의 아들들을 석방하도록 명하였다. 인성군은 선조의 일곱째 아들로 정빈靜嬪

---

1) 조선시대 시정(時政)의 문제를 제시하고 그 대책을 논의하게 한 과거 시험 과목.

민씨閔氏 소생인데 선조의 총애를 많이 받았다. 광해군의 질시를 많이 받아 광해군 재위 기간 동안 숨죽여 살았다. 인조반정 후 인조는 인성군을 숙부叔父의 예로써 대우하고자 하였으나 그는 여러 정치적 상황에 연루되었다는 의혹을 받고 진도珍島로 유배되었다가 자살을 강요받고 죽었고 그 아들들도 제주도로 귀양 보내졌다.

1635년(인조 13)에 인조는 자신과 사촌 간이 되는 인성군의 아들들을 제주에서 강원도 양양으로 옮기게 하고 장차 석방시키고자 하는 의도를 가지고 있었는데 그 과정에서 반정 공신들은 강력하게 반대하였다. 당시 대사간이었던 정온(鄭蘊, 1569~1641)만이 죽을 죄인에게 생명을 온전히 유지하게 해 준다는 '전은설全恩說'을 주장하면서 은혜를 베푸는 것이 옳다는 주장을 폈을 뿐 대부분의 대신들이 반정공신들을 의식하여 침묵하고 있었다. 그러자 이만은 군자와 소인의 차이에 대하여 말하면서 '정온의 직간直諫이 어찌 더 이상 조정에 받아들여지지 않는단 말인가.' 하고 분개하였다. 그리고 이 같은 그의 발언은 당시의 대체적인 조정 분위기인 시의時議와는 어긋나는 것이었고 그래서 그는 지평에서 체직되었다.[2] 인성군 아들들은 다음해인 1636년(인조 14)에 전부 석방되었다.

2. 황해도관찰사(黃海道觀察使)

이후 1637년에 어머니의 상례를, 1640년에는 아버지의 상례를 치른 다음 1644년(인조 22)에 우부승지右副承旨(정3품)가 되었다가 1645년(인조 23) 41세 때 황해도관찰사로 제수되었다. 이만은 부임하여 각 지역을 순행하면서 현장 점검을 한 결과 황해도의 경우에는 역참驛站의 문제가 중요하다는 것을 알았다.

2) 『인조실록』 인조 13년(1635) 5월 25일.

황해도는 한양에서 의주義州로 갈 때면 반드시 거쳐가야 하는 길목이었다. 그래서 황해도에는 개성開城에서 평산平山을 거쳐 봉산鳳山과 황주黃州로 이어지는 금교도金郊道라고 하는 역도驛道가 있었고 역도 곳곳에 여러 역참들이 있었다. 그런데 이 역참들을 운영하기 위해서는 상당한 액수의 경비가 필요하였다.

이만이 재직할 당시 역에 소속된 인원을 정확하게 알 수는 없지만 영조 때 각 군현에서 작성한 자료를 모아 완성한 지리지인 『여지도서(輿地圖書)』에는 당시 황해도 평산 지방의 역참에 찰방察訪 1명, 역리驛吏 48명, 통인通人 12명, 사령使令 20명, 역노驛奴 84명, 역비驛婢 15명, 역마驛馬 11필 등이 소속되어 있다고 기록되어 있다. 약 100여 년 후의 기록이긴 하지만 이를 통해서 이만이 재직하던 때의 상황을 어느 정도 추정해 볼 수는 있을 것이다.

그런데 당시 지방의 재정 상황은 이 역을 운영하는 데 충분치 않았고 그래서 이만은 몇 가지 방안을 제안하였다. 하나는 늠전廩田을 지급하여 경비를 조달하게 하는 방법이었다. 늠전이란 지방관청의 경비를 조달하기 위해 지급된 토지이다. 그리고 또 하나 이만이 제안한 것은 역참에 점포를 여는 것이었다. 관아에서 밑천을 대어 점포를 열면 역을 오가는 사람들이 이용할 것이고 그렇게 해서 수익을 얻게 되면 필요한 경비를 마련하는 데 도움이 될 수 있다는 내용이었다. 그러나 점포를 열자는 이만의 제안은 아쉽게도 받아들여지지 않았다. 그러나 이렇게 구상한 것을 보았을 때 이만은 상당히 경제적인 상황에 대한 인식이 깊었던 관장이었다고 할 수 있을 것이다.

3. 경상도관찰사(慶尙道觀察使)

44세 때인 1648년(인조 26) 2월에 그는 경상도관찰사에 제수되었다. 이만은 경제 상황에도 조예가 깊었을 뿐 아니라 특히 농사짓는 방식에 밝았다. 그에 대한 기록에 유난히 농사에 능했다는 내용이 많은 나오는 것이 그것을 말해준다.

> 이만은 치산治産을 잘 하였는데, 농사짓는 방식에 더욱 밝아 토질의 적성을 잘 판별하였다. -『현종개수실록』 현종 5년(1664) 7월 26일 '완원군 이만의 졸기'

> 젊어서부터 재예才藝로 소문이 났었으며 사물事物에 대해 해박한 지식을 지니고 있었다. 특히 각 지방의 토질과 가색稼穡에 대하여 잘 알았으며 지방 관장으로 행정을 펼침에 있어 농사에 힘쓰는 것을 근본으로 삼았다. -「대사헌완원군이공묘지명(大司憲完原君李公墓誌銘)」

그가 '재예로 소문이 났었다', '사물을 널리 알았고'라고 한 것은 그가 사물에 대한 관찰력이 뛰어났고 자연과학에 대한 조예가 깊었다는 것을 말하며 '토질을 잘 알았고 가색의 편의를 더욱 잘 알았다.'고 한 것도 같은 맥락에서 생각할 수 있다. '가색[稼穡]'에서 가稼는 씨를 뿌리는 것이고 색穡은 거두어들이는 것인데 그는 씨를 뿌리고 거두는 시기를 잘 알았던 것이다.

그는 '충청지방에서 제일가는 부자'[3]라 일컬어졌다. 당시 재산의 대부분이 전답이었던 것을 감안할 때 그는 광대한 토지를 소유하고 있었던 것으로 보인다. 아마도 그가 양녕대군의 7대손인 만큼 물려받은 전답도 많았을 것이라 짐작해 볼 수 있지만 그에 더하여 '치산

---

3) 『현종개수실록』 현종 5년(1664) 7월 26일 '완원군 이만의 졸기'.

도 잘한' 결과였다고 할 수 있을 것이다.

그가 치산을 잘 할 수 있었던 것은 '토질을 잘 알았고'라 한 것처럼 그 자신 농사를 지으면서 토질을 세밀하게 관찰하여 그에 맞는 작물을 선택하였고 또 '가색의 편의를 더욱 잘 알았다.'라는 기록처럼 해당 작물의 재배법과 작황 등을 면밀하게 관찰하여 씨를 뿌리고 거두는 시기 등을 적절하게 함으로써 수확량을 늘렸기 때문이었을 것이다. 또한 당시 사대부들이 많이 접했던 농서農書도 참고로 했을 것이라 보는데『농사직설(農事直說)』,[4] 『금양잡록(衿陽雜錄)』[5] 등이 그것이다. 그는 이처럼 농서를 통해서 얻은 지식과 실제 농업 경영을 통해서 터득한 고도의 농사기법을 부임하는 지역마다 그곳 백성들에게 전수하여 주었다. '지방 관장으로 행정을 펼침에 있어 농사에 힘쓰는 것을 근본으로 삼았다.'고 한 것이 그러한 양상을 말해 준다. 그는 부임한 곳의 여러 마을을 다니며 각 지역의 토질을 살폈고 백성들로 하여금 그에 맞는 작물을 심게 함으로써 수확량을 늘릴 수 있도록 해 주었던 것이다.

4. 강화유수(江華留守)

이후 이만은 병조참판을 거쳐 47세인 1651년(효종 2) 6월에 강화 부유수가 되었다. 유수란 임금을 대신하여 머물러 지킨다는 뜻으

---

4) 세종 때 왕명에 의하여 문신 정초·변효문 등이 우리나라의 풍토에 맞는 농법으로 간행한 농업서.1429년(세종 11)에 관찬(官撰)으로 간행하여 이듬해 각 도의 감사와 주·부·군·현 및 경중(京中)의 2품 이상에게 널리 나누어 주었으며 이후에도 여러 차례 간행되어 널리 읽혔다.
5) 조선 전기 문신인 강희맹(姜希孟)이 사계절의 농사와 농작물에 관하여 1492년에 저술한 농업서로 농작물의 품종과 특성, 논 경운과 파종의 방법, 풍해와 가뭄에 대한 대처 방법, 작물을 심을 적절한 땅의 선택 등 다양한 주제로 구성되어 있는데 조선 사회에 널리 읽혔던 책이다.

로, 수도首都 이외의 요긴한 곳을 맡아 다스리던 정2품 특수 외관직外官職이다. 강화 지역이 국방에 매우 중요한 지역임을 잘 알고 있었기에 그는 최선을 다하여 사졸士卒을 훈련하고 저축에 힘쓰고 전함戰艦을 수리하였으며 또한 좀 더 많은 병기兵器 제작을 위하여 동래東萊와 양서兩西(관서(關西)지방과 해서(海西)지방)의 동銅과 철鐵을 수송해 줄 것을 조정에 요청하였다. 이러한 그의 행정력에 대한 평가는 그의 임기가 찼을 때 조정에서 행한 논의에서도 드러난다. 이만의 임기가 찼을 때 영의정 정태화鄭太和 등을 비롯한 조정 대신들은 이만 같은 사람은 얻기가 쉽지 않다고 하면서 잉임仍任(임기를 연장하는 것)을 요청하였고 그래서 이만은 강화에 더 유임되었다.[6]

또 이 당시 국방 강화를 위한 이만의 여러 시책에 대하여 정약용도 다음과 같이 평가하고 있다.

> 병兵이란 병기兵器를 말한다. 병기는 백 년 동안 쓰지 않아도 좋으나 하루라도 준비가 없어서는 안 되는 것이니, 병기를 관리하는 것은 곧 수령의 직무이다. 완원군完原君 이만李曼이 강도유수江都留守가 되었다. 그는 백성들에게는 선정을 베풀고 군사들은 훈련를 잘 시켰으며 저축에 힘쓰고 전함을 만들면서 조정에 청하여 동래東萊의 동철銅鐵을 실어다가 크게 병기를 제조하였다. -『목민심서』 병전(兵典) 6조 제3조 수병(修兵)

5. 전라도관찰사(全羅道觀察使)

이처럼 행정적인 능력을 인정받은 이만은 강화에서 1년을 더 있다가 이듬해인 1654년(효종 5) 50세 때 전라도 관찰사로 임명되었

6) 『효종실록』 효종 4년 6월 13일 1653년.

다. 당시는 임진왜란(1592)과 병자호란(1636)을 겪은 후라서 외침外侵에 대비하기 위한 정책이 매우 절실하게 요구되었던 때였다. 이만은 국가의 방위를 위해서는 산성山城이 매우 중요하다는 것을 잘 알고 있었기 때문에 전라도에 부임하고 나서 장성長城의 입암산성笠岩山城[7]과 담양潭陽의 금성산성金城山城[8] 등을 수축하였다. 효종은 전라도 부안扶安 변산邊山에 있는 격포格浦에도 성을 수축하도록 명하였는데 이만은 격포에는 성을 먼저 쌓지 말고 위급한 상황이 있을 경우 전라도관찰사가 위도蝟島[9]로 들어가 강도江都(강화도)를 도울 수 있도록 하면 될 것이라는 의견을 올렸다.[10] 그는 또 직접 배를 타고 고군산古群山의 여러 섬들을 모두 순시하면서 고군산의 지리적 특징을 모두 그림으로 그려 올렸다.

이후 58세 때인 1662년(현종 3)에 호조참판이 되었고 그 이듬 해 청나라에 사신으로 연경燕京에 갔다가 돌아왔다. 그런데 이만이 연경에 갔을 때 잠상潛商(법령에 금지된 물건을 매매하는 행위)한 사건이 있었다고 하면서 청나라에서 사신을 보내 진상을 조사하겠다고 하는 일이 생겼다. 진상이 어떤 것인지 확인할 수는 없지만 당시 청나라는 국방에 관련되는 물품은 엄격하게 금지하고 있었기 때문에 그런 성격의 물품일 가능성이 많다고 짐작할 수 있을 뿐이다. 어떻든 외교적인 문제가 생겼으므로 이만은 파직되었고 그는 아산牙山에 있는 집으로 낙향하였다.

---

7) 전라남도 장성군 입암산에 쌓은 산성으로 전라북도 정읍과 경계를 이루고 있으며 전라남도(광주권)를 방어하는데 중요한 산성이다.

8) 산성산(山城山)으로도 불리는 금성산 줄기의 능선에 쌓은 산성. 전라남도 장성의 입암산성, 전라북도 무주의 적상산성(赤裳山城)과 함께 호남 3처산성(三處山城)으로 불렸다.

9) 전라북도 부안군 위도면에 있는 섬으로 생김새가 고슴도치와 닮았다 하여 고슴도치 위(蝟)자를 붙여 위도라 하였다고 전해진다.

10)『효종실록』효종 5년(1654) 8월 24일.

그에 대한 세간의 평은 '이만은 명민하여 판결을 잘 하고 재주와 명망이 남보다 뛰어났지만 그래서 당시 사람들이 그를 꺼리고 배격을 많이 하였으며'[11]라 한 것으로 보아 그리 우호적이지만은 않았던 것으로 보인다.

사실 그는 사람들로부터 질시를 받을 수 있는 조건을 모두 지니고 있었다. 그의 가문은 양녕대군의 7대손인 왕손 가문이었으며, 24세 때 과거에 장원급제하였고, 그리고 충청지방에서 제일가는 부자였다.

그 또한 주위의 시선을 모를 리 없었기에 늘 조심하며 살았다. 40년 동안 관직에 있기도 하고 물러나 있기도 하였지만 늘 담담하게 지내려고 노력하였고 '나는 종척宗戚의 신하이고 녹을 먹는 이상 내 할 일 만을 다할 뿐'[12]이라 하면서 늘 조심하며 처신하고자 하였다.

아산 시골집에서 은거하던 그는 1664년(현종 5)에 60세를 일기로 세상을 떠났고 슬하에 1남 2녀를 두었다.

11) 『현종개수실록』 현종 5년(1664) 7월 26일 '완원군 이만의 졸기'.
12) 허목(許穆), 『기언별집(記言別集)』 권18, 『대사헌완원군이공묘지명(大司憲完原君李公墓誌銘)』

강유후 姜裕後
인삼채취 기간을 정해주어
중국 국경을 넘지 않게 하다

· 생존연대 : 1606년(선조 39)~1666년(현종 7) 향년 61세
· 자 : 여수(汝垂)
· 호 : 옥계(玉溪)
· 본관 : 진주(晉州)

· 부 : 강진명(姜晉晊)
· 모 : 안봉(安鳳)의 딸
· 배 : 함양(咸陽) 박유헌(朴由憲)의 딸
· 계배 : 강릉 김찬(金燦)의 딸

1. 관직 진출 과정

강유후는 어릴 때 몸이 매우 허약해서 병에 잘 걸렸다. 그래서 그의 아버지는 강유후에게 글을 가르치지 않다가 열네 살이 되어서야 비로소 외부의 스승에게 취학就學시켰는데, 글의 뜻을 이해하는 능력이 뛰어나고 학습 진도가 매우 빨랐다.

그러던 중 1636년에 병자호란이 일어나자 강유후는 관직에 나아가는 것을 단념하고 학문에만 몰두하였다. 그러다가 1649년(인조 27)에 아버지의 권유에 따라 과거에 응시하였는데 선발인원 13명 중 아원亞元 즉 2등으로 급제하였다. 그의 나이 44세 때였다. 그리고

승정원의 정7품 관직인 주서注書에 임명되었고 이어 성균관의 정6품 관직인 전적으로 승진되었다가 역시 정6품 관직인 병조좌랑兵曹佐郎이 되었다.

2. 청주목사(淸州牧使)

이후 47세 때 기장현감機張縣監, 50세 때 사간원의 정언(정6품)을 역임한 후 51세인 1656년(효종 7)에 청주목사(정3품)로 부임하였다.

청주목淸州牧은 땅이 넓고 또 오랫동안 터를 잡고 살아온 세족世族들이 많은 곳이어서 옛날부터 다스리기 어려운 곳이라 알려진 곳이었다. 부임하는 날, 강유후는 모든 행정을 법대로 엄격하게 집행하겠다고 선언하였다. 그러자 고을 안팎이 매우 시끄러웠다. 그리고 고을의 재정상황을 점검하였더니 포곡逋穀이 2만 휘[斛, 열말(十斗)]나 되었다. 당시 환상곡還上穀(또는 환곡)제도가 있어서 춘궁기 때에 곡식을 빌려주고 추수 후에 회수하였는데 회수한 액수가 원래 액수보다 부족한 것을 포곡이라 하였다. 그런데 더 큰 문제는 누가 얼마나 빌려갔고 얼마나 안 갚았는지 장부도 제대로 갖추어져 있지 않다는 점이었다.

그는 고을의 아전들과 원로들을 대상으로 내사를 진행하였고 환곡을 포탈한 자들이 대부분 그 지역의 토호들이라는 것을 알게 되었다. 사실 사전에 충분히 짐작한 일이었다. 강유후는 '그래 백성들은 부지런하고 순박해. 결국 환곡을 포탈한 자들은 부자들이야'라 하면서 토호들로 하여금 관아의 부족한 재정을 부담하게 하였고 곡식으로 갚지 못하면 농토로 대신 부담하게 하였다. 그런데 토호들이 소유한 농토의 상당 부분이 일반 농민들에게 고리高利로 곡식을 빌려 주고 농민들이 갚지 못했을 때 빼앗은 것이었다.

백성들은 당연히 모두들 반겼지만 청주 지역의 세족들은 대단히 불만스럽게 생각했고 친분이 있는 한양의 관료들에게까지 불평하였다. 그래서 청주는 물론이고 한양에까지 소문이 퍼져 강유후를 비방하고 욕하는 사람들이 많아졌다. 한양에 있는 강유후의 친구들마저 편지를 보내어 경계시킬 정도였지만 그러나 강유후는 그에 흔들리지 않았다.

강유후는 법을 집행하는 데 있어서는 이처럼 엄격하였지만 인정도 많은 사람이었다. 그는 자신이 부임하기 이전의 전임자인 이항李沆이란 사람이 청주관아에서 갑자기 죽어서 돌아갔는데 집이 매우 가난하다는 말을 듣고 그 자손들이 3년 상을 마칠 수 있도록 그 제물祭物을 마련해 주기도 하였다.

3. 정주목사(定州牧使)

54세인 1659년(효종 10)에는 평안도 정주목사로 부임하였다.

정주에 권문세족權門勢族 한 사람이 있었다. 그는 많은 논밭과 염전, 그리고 여러 척의 선박까지도 소유한 부자였음에도 그동안 세금을 내지 않고 있었다. 그런데 그가 그 지역의 유지로서 영향력이 매우 크다 보니 관장을 비롯하여 관아의 아전들이 모두 그 부자의 탈세문제를 처리하지 못하고 있었다. 강유후는 부임한 후 곧바로 그 장부를 가져오게 하여 샅샅이 조사하고는 재산 규모에 맞는 적정한 세금을 부과했고 백성들과 공평하게 납부하게 하였다.

이렇게 그가 소신을 가지고 원칙대로 행정을 시행해 나가는 것을 보고 평안도관찰사는 당시 골머리를 앓고 있던 사건 하나를 해결하라고 강유후에게 이송移訟하였다.

가산嘉山 지역에는 오래 전부터 십여 명의 거실巨室(권문세족)들이 많은 논밭을 소유하고 있으면서 정작 그 땅의 경작 관리는 이웃 고을인 박천博川 백성들로 하게 하면서 몰래 비호해 주고 있었다. 땅은 가산 지역에 있는데 거기에서 나는 소출所出은 박천 백성들이 가져가고 있으니 두 지역 백성들 사이에 서로 분쟁이 생길 수밖에 없었다. 그런데 가산과 박천 경계 지역은 그곳에 사거리가 있어서 경계가 매우 애매하여[1] 두 지역 백성들이 경계를 두고 다툰 지 여러 해 되었지만 해결될 기미가 보이지 않았다. 또 그 십여 명의 토호들은 그 소관 지역의 애매함을 악용하여 세금도 내지 않고 있었다.

관찰사의 지시를 받은 강유후는 직접 문제의 지역으로 가서 말뚝을 박고 법에 의거하여 측량을 하였다. 그리고 단안斷案을 내려 그 땅을 가산 백성들에게 돌려주도록 하고 토호들에게도 그동안의 체납 세금을 포함하여 가산군에 세금을 내도록 판결을 내렸다. 그 토호들은 매우 불만스럽게 생각하였지만 백성들은 모두들 기뻐하였다.

또 큰 살인사건을 해결한 일도 있었다. 고을 안에 여덟 식구가 함께 사는 집이 있었는데 하룻밤에 모두 칼에 찔려 몰살을 당하는 사건이 생긴 것이다. 현장에 가 보니 사람들만 죽었지 집안 살림은 침범당한 흔적이 없었다. 강유후는 돈 때문이 아니고 원한 때문에 일어난 사건임을 직감하고 관리들로 하여금 동네 사람들을 염탐하게 하여 그 집 부인의 동복형제가 범인임을 밝혀내었다.[2]

---

1) 가산과 박천은 인접한 지역으로 후에 가산이 박천에 통합되었다. 경계가 모호하여 당시에도 여러 문제가 있었던 것으로 보인다.
2) 정약용은 이에 대해 '지혜를 살리고 계교를 내어 깊은 것을 캐어 내고 숨은 것을 들추는 것은 능한 자만이 하는 일이다.'라 평가하였다. -『목민심서』형전(刑典) 6조 제6조 제해(除害)

4. 강계부사(江界府使)

56세인 1661년(현종 2)에 강유후는 강계부사(정3품)를 제수 받았다. 강계는 평안북도 북동부에 위치한 지역으로 압록강을 사이에 두고 중국의 만주 지방과 접하고 있는 지방이었다. 산간지방이다 보니 백성들의 생업이 주로 인삼(人蔘)을 캐는 일이었는데 백성들이 삼을 찾아 이리저리 헤매다가 중국 국경을 넘어 들어가는 경우가 빈번하게 생겼다. 그러면 중국 쪽 사람들은 그 사람을 풀어주는 대신에 몸값을 터무니없이 많이 요구하기도 하였고 또 때로는 그것이 외교적인 문제로까지 비화되어 조정을 당혹스럽게 만드는 경우도 많았다. 이 때문에 조정에서는 인삼채취를 엄격하게 금하였고 위반했을 때에는 사형에 처한다고까지 하였다.[3]

상당히 가혹한 법이었지만 당시 서북지방에서 정책을 시행하기가 그만큼 어려웠다는 뜻이기도 했다. 정약용 역시 이 법이 너무 심하다고 생각했는지 '서북西北의 인삼[蔘(삼)]과 돈피[貂(초)]에 대한 세금은 마땅히 너그럽게 하여야 하는데 간혹 금령을 범하더라도 관대하게 처리하는 것이 좋을 것이다.'라는 견해를 피력하기도 했다.[4]

이처럼 국법이 엄하였기 때문에 강유후는 부사로 부임한 후에 강계백성들에게 인삼 채취 대신에 농사를 짓고 누에치기를 할 것을 권장하고서 매우 열심히 가르쳤다. 그러나 오랫동안 인삼채취 만을 생업으로 해 왔던 백성들인지라 농사나 누에치기 등의 일이 익숙지 않았고 또 강계지방의 날씨도 그에 맞지 않았다. 그래서 백성들의 살림은 오히려 더 곤궁해졌고 추위와 굶주림에 시달렸다.

상황이 이렇게 되자 강유후는 국법도 어기지 않으면서 백성들도

---

3) '서북의 국경 연변에서 국경을 넘어서 삼을 캐거나 사냥을 한 자는 수범(首犯)과 종범(從犯)을 다 국경 위에서 참형(斬刑)에 처한다.' -『속대전續大典』형전(刑典)
4)『목민심서』공전(工典) 6조 제1조 산림(山林).

살릴 수 있는 방법을 강구해야 했다. 즉 강계 백성들에게 인삼채취를 허락하는 대신 국경을 넘어가지 않는 방도를 찾아야 했다.

그는 우선 강계 관아에서부터 중국 국경까지의 거리가 몇 리인지 확인하였다. 그리고 백성들과 함께 그 거리가 며칠이 걸리는지 계산하고 왕복이니까 그 두 배의 날 수를 계산하였다. 그리하여 강계 백성들로 하여금 모두 강계 관아에 모여서 동시에 출발하게 하면서 몇 월 몇 일까지 다시 관아에 도착하라고 일렀다. 그리고 "절대 욕심 부리지 마라. 아무 날 돌아와서 다 나에게 보고하도록 하라. 기한 내에 돌아오면 세금을 면제해 주겠지만 그렇지 않으면 마땅히 월경越境한 것으로 논죄하겠다."라고 엄중하게 지시하였다.

백성들은 인삼 채취를 다시 허락해 준 부사에게 감사해 하면서 자기들끼리 "우리 부사께서 우리의 살림살이를 생각하여 이렇게까지 하시는데 우리가 그 명령을 꼭 지키는 것이 인간된 도리지."라 하고서 모두들 약속한 날짜에 돌아왔다. 그리고 그 후에는 국경을 넘어가는 백성이 생기지 않았다.

강유후는 또 자기가 부임하기 전에 국경을 넘어가 인삼도 빼앗기고 볼모나 노비가 된 백성들이 집으로 돌아올 수 있도록 몸값을 갚을 수 있게 주선해 주었으며 혹 너무 가난하여 다 갚지 못한 자가 있으면 관官에서 그 값을 대주어 고향으로 돌아올 수 있게 해 주었다.[5]

5. 의주부윤(義州府尹)

1663년(현종 4) 58세에 의주부윤(종2품)으로 승진하였다. 의주는 조선과 청의 교린交隣을 담당하는 곳으로, 사신들이 수시로 거치는

---

5) 강석규(姜錫圭) 『오아재집(聱齖齋集)』 권10, 「가선대부황해도관찰사강공행장(嘉善大夫黃海道觀察使姜公行狀)」

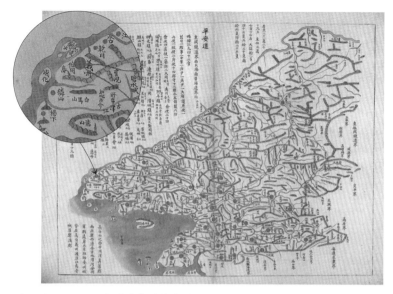

(의주 위치 표기) 조선 말기에 제작된 것으로 추정되는 회화식 군현지도첩이다. 이 지도첩의 작성 시기는 1884년(고종 21)으로 추정할 수 있겠다. [ⓒ고려대학교 도서관 고지도 컬렉션]

곳이어서 재정 규모가 매우 컸던 곳이다.

  처음 의주에 부임하였을 때였다. 고을에서는 전례대로 신임 부윤을 환영하는 자리를 마련하면서 유장帷帳(휘장)을 포설鋪設했는데, 그 유장이 모두 채색 비단으로 되어 있어서 눈이 부실 정도로 찬란하였다. 강유후는 그 유장을 걷게 하고서는 "우리 서로 욕되게 하지 말자(毋相斁也, 무상멸야)"라 하며 관아로 돌려보냈다. 관아 사람들이 그것을 보고 새 관장의 됨됨이를 분명하게 알았을 것이다.

  의주는 청나라와의 외교로 인해 역관들이 많았고 또 청나라와의 국경에서 민간인들끼리 교역이 이루어지다 보니 상인들도 많았다. 그들은 의주를 본거지로 하여 아전들과도 결탁하여 위법적인 사례들도 많이 행했지만 그동안 부임했던 관장들은 그런 불법행위를 바로잡지 못했다.

그러나 강유후는 부임해온 이후 역관들이 사적으로 관청의 문을 드나들지 못하게 하여 기강을 바로 세웠다. 이듬해인 1664년에 어사로 파견되었던 민유중閔維重이 그의 정치를 염찰廉察하여 모두 조정에 알리니 치행治行이 팔도에서 가장 훌륭했으므로,[6] 임금이 글을 내려 칭찬하고 품계를 가선대부嘉善大夫로 올리고 황해도관찰사로 임명하였다.[7] 1665년(현종 6)의 일이었다.

황해도관찰사로 부임한 해 10월에 사신을 접대해야 했기 때문에 추위를 무릅쓰고 말을 타고 나갔다. 그런데 11월이 되자 감기와 배탈이 겹쳐서 증세가 심하였고 몸을 제대로 가누지 못할 정도가 되었다. 결국 그는 이듬해인 1666년 정월에 황해도 감영이 있는 해주海州 수양관首陽舘에서 세상을 떠났다. 향년 61세였다. 그는 첫 부인인 박씨와의 사이에서 3남 1녀, 계배인 김씨에게서는 4남을 두었다.

강유후는 어렸을 때부터 몸이 약했다고 하였는데 상당히 여윈 체격이었던 것 같다. 그의 신도비명神道碑銘에도 '공의 외모는 연약하나 골격은 강건하다(公貌弱骨强, 공모약골당)'라 묘사했고 그의 행장行狀에도 "현종이 그의 부음訃音을 듣고는 '이 사람이 시강侍講할 때 그 용모를 보니 매우 여위었었는데 오래도록 변방에 있다가 끝내 살아 돌아오지 못하였구나.'"라고 하며 안타까워하였다고 기록하고 있다.

6) 『현종개수실록』 현종 5년(1664) 12월 13일 기사 참조.
7) 『현종개수실록』 현종 6년(1665) 4월 3일.

임준 任濬
수학 전문 서적을 펴낸 수학자 관장

· 생존연대 : 1608년(선조 41)~1675년(숙종 1) 향년 68세
· 자 : 백심(伯深)
· 호 : 은돈(隱墪)
· 본관 : 풍천(豊川, 황해도 송화)

· 부 : 임경우(任慶祐)
· 모 : 평산(平山) 신정(申霆)의 딸
· 배 : 은풍(銀豊, 경상북도 영주) 신택인(申擇仁)의 딸

▌1. 관직 진출 과정

임준은 황해도 평산平山(옛 지명은 동양(東陽)) 은돈리隱墪里에 살았고 마을의 이름을 자신의 호號로 삼았다. 그의 성품을 기술한 내용을 보면 다음과 같다.

> 그는 평온하고 조용한 성품을 지녀 가정 내의 행실도 정결하고 깨끗하였을 뿐 아니라 친우들과의 사귐에 있어서도 함부로 사귀지 않고 집 안에만 들어앉아 조용하게 살았다. 또한 그는 평소에 차분하게 언행을 가다듬고 사람을 접할 때는 온화하고 수월하였으나 시비와 선악을 분변分辨하는 데는 위엄이 있고 분명하여 범할 수 없는 바가 있었다. - 「영천군수임공묘지명(榮川郡守任公墓誌銘)」

임준이 후에 수학에 뛰어났다는 평가를 받았음을 생각해볼 때 이러한 그의 성격은 연구에 몰두하는 수학자, 또는 과학자의 성향이라고 생각해 볼 수 있으며 어릴 때부터 집안에서 수학공부를 했을 것이라 추측할 수 있다. 그러나 당시 관직에 진출하려면 과거에 급제해야 했고 그 역시 과거시험 과목들을 공부하였다.

그는 26세인 1633년(인조 11)에 진사시험에 합격하였고 순릉참봉順陵參奉으로 관직 생활을 시작하였다. 순릉은 조선 제9대 왕 성종의 원비元妃인 공혜왕후恭惠王后 한씨의 무덤이고 참봉은 종9품 관직이다. 1641년에는 예빈시 봉사禮賓寺奉事(종8품)가 되었고 이후 사재감 직장司宰監 直長(종7품)이 되었다가 의금부도사義禁府都事(종6품)로 꾸준히 승진하였다.

2. 용궁현감(龍宮縣監)

그는 1648년(인조 26) 41세 때에 용궁현감(종6품)으로 부임하였다. 용궁은 현재의 경상북도 예천醴泉 지역이다. 고을에 부임하고 보니 마을 사람들이 신神이라고도 하고 요괴妖怪라고도 하면서 신통한 능력이 있다고 신봉하면서 각별하게 제사를 지내는 곳이 있었다. 임준은 신이라는 것도 요괴라는 것도 있을 수 없는 것인데 그런 것이 백성들을 미혹시키고 있다고 생각하였다. 그래서 부임하자 곧바로 철거하려고 하였다.

그러자 고을 백성들은 물론이고 그 지역의 선비들까지 나서서 그것을 없애면 마을에 후환이 있을까 두렵다고 하면서 강하게 반대하였다. 그러나 임준은 그러한 반대에 굴하지 않고 철거를 지시하였다. 그런데 그곳에 있던 어떤 사람도 거기에 직접 손대려 하지 않았고 결국 임준 자신이 직접 가서 거기에 있던 물건들을 모두 불태워

버렸다. 그 후 요괴를 믿는 행위는 중지되었고 고을에는 아무 일도 일어나지 않았다.

이렇게 현감의 업무를 하고 있던 중 부임한 해 10월에 용궁에서 조정으로 바치던 중포^{中脯}에 문제가 생겼다. 당시에는 지방마다 조정에 바치는 공물이 있었는데 용궁에서는 나라 제사 때에 쓰던 어육^{魚肉}의 포^脯인 중포를 바쳤다. 제향^{祭享}에서 사용하는 물건이니만큼 무엇보다도 깨끗해야 하는데 그렇지 못했던 것 같다. 이 당시 국가의 제사 등의 업무를 관장하던 봉상시^{奉常寺}에서 용궁현^{龍宮縣}에서 납입한 중포에 문제가 있다고 소^疏를 올린 것이다.

그중 하나를 잘라 보니, 겉은 별도의 고기를 입혔고 속은 아주 판이한 것이 일시에 합쳐 만든 것이 아니었고, 게다가 읍호^{邑號}를 새겨 넣지 않은 것도 많았습니다. (중략) 만드는 것을 관장이 직접 감독하지 않았으니 조가^{朝家}의 법령을 준수하지 않은 죄에 대해서는 벗어나기 어렵습니다. -『인조실록』인조 26(1648) 10월 11일[1]

결국 임준은 제향에서 사용하는 공물을 바치는 데 있어 직접 감독하지 않은 책임을 물어 파직되었다. 그는 이후 궁중에서 소용되는 채소와 과일 등을 관장하던 관청인 사포서 별제와 사헌부 감찰 등을 거쳤고, 1656년(효종 7)에는 사옹^{司饔} 직장^{直長}(종7품)으로 있으면서 시장^{柴場}을 점검하는 업무를 담당하였다. 사옹은 궁중의 음식에 관한 일을 맡아 보던 관청이고 시장은 관청의 땔감 채취를 위하여 특별히 지정된 장소로 임준은 그곳을 감독하는 일을 하였다.

그리고 같은 해 1656년(효종 7)에 부여현감^{扶餘縣監}(종6품)에 임명되었다. 이때 허목[2]은 임준을 전송하면서 축하하는 글을 써 주기도

---

1)『승정원일기』인조 26(1648) 10월 11일 기사 참조.

하였는데 허목의 막내아들인 도翻와 임준의 딸이 혼인하여 허목은 임준과 사돈 관계이다.

그 뒤에 임준은 공조 좌랑工曹 佐郎(정6품), 시전市廛과 도량형度量衡, 물가 등에 관한 일을 관장하던 평시서平市署의 영令(정5품)을 거쳐 사재감 첨정司宰監 僉正(종4품)이 되었다. 사재감은 어물魚物, 육류肉類, 식염食鹽, 소목燒木 등에 관한 일을 관장하던 관서이다. 또 그는 한성부 판관漢城府 判官(종5품), 호조 정랑戶曹 正郎(정5품), 형조 정랑刑曹 正郎 등을 거치며 꾸준히 승진하면서 관직에서 일했다.

3. 대흥현감(大興縣監)과 영천군수(榮川郡守)

1659년(현종 즉위년) 52세 때 대흥현감으로 부임하였다. 대흥은 현재의 충청남도 예산군禮山郡 대흥면大興面 지역이다. 대흥현감으로 재직할 때의 일이다.

당시 충청도관찰사로 재직하고 있던 이가 그 고을 어느 지역이 명당자리라는 말을 듣고 자기 집안의 묘소를 조성하고자 하였다. 그런데 그곳에는 이미 수십여 호의 민가가 있어서 묘소를 조성하면 꼼짝없이 쫓겨날 판이었다. 임준은 관찰사의 명을 듣지 않고 말하기를, "자신이 목민관牧民官이 되어 어떻게 이런 일을 할 수 있단 말인가" 하며 끝까지 자신의 뜻을 굽히지 않았다. 관찰사는 임준의 강경한 태도를 보고는 묘소 조성을 포기하였다.[3] 임준은 이처럼 법도를 강직하게 지켜 털끝만한 것도 자신의 누가 되지 않게 하였고 그렇게 하니 관리가 단속되고 백성이 편안하여 정치가 항상 주변에서

---

2) 허목(許穆, 1595~1682, 호는 미수(眉叟))은 후에 이조판서 우의정 등을 지낸 문신으로 이 당시에는 관직을 사양하고 있던 때이다.

3) 박세채(朴世采), 『남계선생집(南溪先生集)』 권77, 「영천군수임공묘지명(榮川郡守任公墓誌銘)」

의 평가보다도 훨씬 더 뛰어났다.

59세인 1666년(현종 7)에는 영천군수(종4품)로 나갔다. 영천은 경상북도 영주시榮州市와 영풍군榮豐郡 지역이었다.

그 지역에는 장씨張氏 성을 가진 토호가 어떤 사람과 송사를 벌여왔는데 이전 관장은 그의 세력을 두려워해서 법을 왜곡하여 그가 승소하는 것으로 판결하였다. 임준은 부임한 후 그 사건을 처음부터 다시 조사하여 장씨 성을 가진 토호가 거짓으로 이 일을 벌였고 또 그가 자신의 세력을 이용하여 주변에 힘을 쓰지 못하게 하였다는 것도 밝혀내었다. 이 사건이 상급 부서인 경상감영으로 이첩되자 관찰사는 임준이 공정하고 정확하게 판결한 것을 보고 기뻐하며 '그대의 공평과 명찰明察이 아니었다면 내가 그 속임에 넘어갈 뻔하였다.'고 하였다.[4]

그러나 그는 고을 행정에 경제적인 정책을 운용하는 것에는 찬성하지 않았다. 그는 인근 고을의 관장들이 물화物貨를 교역하여 백성들을 도와준다는 말을 듣고는 '관장이 자신의 경비를 절약하고 요역徭役을 가볍게 하면 백성의 힘이 저절로 펴질 것인데 그런 방법으로 백성들을 이롭게 해준다면 궁극적으로는 아마도 손실이 더욱더 많을 수도 있을 것이다.'고 하였다. 그는 물자를 확보하여 백성들을 그냥 도와주는 경우에 생길 수 있는 부작용을 염려하였던 것으로 보인다.

그런데 영천에서도 용궁에서처럼 조정에 진상하는 방물方物과 관련된 문제가 또 생겼다. 당시 지방 관장이 임금께 방물을 진상할 때는 황국黃菊의 꽃무늬를 놓아서 짠 돗자리인 황화석黃花席으로 봉해야 하는 것이 관례였다. 그런데 임준이 그 황화석을 납부하지 않았다고 하여 사헌부에서는 임준을 처벌해야 한다고 상소한 것이다.[5]

---

4) 앞의 「묘지명」

결국 임준은 그 책임을 물어 해임되었고 그 뿐 아니라 매로 볼기를 맞는 태형笞刑 50대의 벌까지 받았다. 그는 관직에 대한 뜻을 모두 접고 고향인 황해도 평산으로 돌아갔다.

임준은 두루 다니며 사교적인 활동을 하는 성격이 아니었기에 한성漢城에서 관직생활을 했을 때도 공무가 아니면 밖에 나간 적이 없었다. 그에 대해서 '더불어 노니는 사람은 대부분 행실을 방정하게 닦아 이름이 난 사람들'이었다고 하였는데 이는 그가 자신과 뜻이 맞는 극소수의 인사들, 특히 그의 수학적인 재능을 이해하고 인정해 주는 인사들과 주로 교유하였다는 것을 의미한다고 할 수 있다. 그렇다 보니 그의 이름을 아는 이가 적었고 관직의 추천을 받을 기회도 없었다.

이후 그는 매우 가난하게 살았다. 평산 고을의 관장들도 임준이 뛰어난 능력이 있음에도 불구하게 곤궁하게 사는 것을 안타깝게 여겨 임준의 이름을 인사 담당 행정부서인 이조吏曹에 누차 상신上申하기도 하였지만 인맥이 없었던 터라 별 소용이 없었다.

임준은 1675년(숙종 원년)에 향년 68세로 세상을 떠났다. 슬하에 아들 임원구任元耉와 2녀를 두었다.

4. 『신편산학계몽주해(新編算學啓蒙註解)』를 저술하다

임준은 관장으로서보다 수학자로서 더 큰 역할을 하였다. 비록 그가 당시 관직생활을 하는데 유리한 경서 등의 분야보다 수학에 더욱 심혈을 기울여 현실생활에서는 매우 곤궁하게 지내긴 했지만 그는 조선의 수학사에 있어서 매우 중요한 위치를 차지하고 있는 인물이다.

---

5) 『승정원일기』 218책(탈초본 11책) 현종 11(1670) 1월 3일.

당시 사대부들은 일정 수준의 수학을 공부하였다. 장원莊園을 경영하기 위해서는 토지 면적도 알아야 하고 수확량도 확인해야 했으며 또 소작인들로부터 도지賭地를 받는 것도 계산해야 했다. 관장官長들의 경우에도 마찬가지였다. 관할하는 지방의 곡물 생산량과 부과해야 할 세금 등을 계산할 수 있어야 했다. 그러니까 이들이 공부한 수학은 생활수학이라고 할 수 있을 것이다.

중국 산학서『九章算術』을 주해한『九章術解』南秉吉(1820~1869). [ⓒ한국학중앙연구원]

그런데 임준은 현대의 시각으로 보았을 때 학문으로서의 수학, 전문가로서의 수학을 한 것이다. 그에 대한 기록을 보면 '구장산술九章算術을 잘하여 어느 하나도 궁구하지 않은 것이 없어 초연超然히 들어맞았으므로 다른 학자들이 끝내 따라가지 못하였다.'[6]고 하였다.

『구장산술』은 우리나라 산학算學에 큰 영향을 미친 중국의 고대 수학서인데 내용으로는 여러 형태의 토지의 넓이를 구하는 법인 방전方田, 여러 형태의 토지의 넓이로부터 변이나 지름의 길이를 구하는 방법인 소광小廣, 일차 연립 방정식을 푸는 문제인 방정方程, 직각 삼각형에 관한 문제인 구고句股 등의 문제가 있다.

그의 수학실력은 주변에도 많이 알려져 있었는데 이 당시 역시 수학에 조예가 깊었던 김시진(金始振, 1618~1667)의 발언에서도 그러한 정황을 잘 알 수 있다. 김시진은 전라도관찰사와 경상도관찰

---

6) 앞의「묘지명」

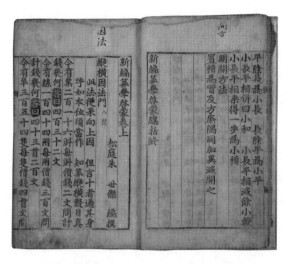

『신편산학계몽(新編算學啓蒙)』 [©국가유산청]

사, 형조참판, 예조참판 등을 역임한 고위 관료였는데 당시 임진왜
란과 병자호란으로 조선 산학이 쇠퇴하고 산서算書도 많이 없어진
것을 안타깝게 여겨 수학책을 편찬하고자 준비하고 있었다. 당시에
는 중국 원나라 수학자인 주세걸朱世傑이란 사람이 지은 『산학계몽
(算學啓蒙)』이란 책이 중요한 수학교재였는데 김시진은 이 『산학계
몽』을 중간重刊하면서 그 책 서문에서 임준의 도움을 받은 내용을
소개하고 있다.

　내가 평소에 많은 산서를 수집 하여 서재에 간수하고 있었는데
한 책에 결손 된 부분이 있었다. 그래서 대흥현감인 임준에게 보여
주었다. 그는 수학에 못 푸는 문제가 없는 사람이다. 그는 한번 보
더니 곧 손으로 그림을 그려가면서 문제를 풀어 빠진 부분을 모두
채워 넣었는데 나중에 다른 초본抄本을 찾게 되어 그 부분을 대조
해 보니 맞지 않는 문제가 없었다. 이렇게 하여 이 책을 펴낸다.

이렇게 준비하여 김시진은 1660년(현종 1)에『산학계몽』중간본을 간행하였고 임준 자신도 그동안 연구한 자료를 바탕으로 하여 1662년(현종 3)에『신편 산학계몽주해(新編 算學啓蒙註解)』를 편찬하였다.

그런데 이『산학계몽』권말에는 '망해도술望海島術'[7]에 대한 내용이 소개되어 있다. 현종顯宗이 동궁東宮 시절이었을 때[8] 이 책을 공부하다가 뒤에 나오는 망해법望海法을 보고 그것에 대해 좀 더 알고 싶어 하였다. 송시열宋時烈은 평소에 임준의 수학실력을 잘 알고 있었던 터라 그를 추천하였는데 어떤 사정이 있었는지는 알 수 없지만 아쉽게도 두 사람의 만남은 성사되지 못하였다.

임준에 대한 수학 상의 평가는 앞에서 말한 김시진의『산학계몽』중간본 서문에도 이름이 있을 뿐 아니라 최석정(崔錫鼎, 1646~1715)이 편찬한『구수략(九數略)』에 나오는 '고금산학자古今算學者' 명단에도 그 이름이 실려 있으며 조태구(趙泰耇, 1660~1723)가 편찬한『주서관견(籌書管見)』의 '동국명산법東國明筭法'에도 임준의 이름이 나온다.

이렇게 수학사에서 중요한 위치를 차지하고 있지만 정작 임준 자신은 상황을 다르게 받아들인 것 같다. 그는 만년에 항상 말하기를 "사서四書 등 여러 경전은 비교하자면 마치 사람에게 필요한 곡식이나 고기와 같아서 하루라도 보기를 빠뜨려서는 안 된다. 한스럽게 나는 일찍 문정門庭(가르침의 요지)을 잃어 널리 보려고만 하다가 결국 얻은 바가 없었다."[9] 하면서 향리의 후진들을 훈계하였다고 한다.

임준은 수학에 뛰어난 재능을 보였으나 당시 상황에서 그것이 생활을 보장해 주지는 못하였다. 그래서 사서 등을 보아야 하는데 자

---

7) 바다 가운데 있는 섬을 뭍에서 보고 그 거리를 헤아리는 계산법. 측량술.
8) 현종은 1649년에 왕세자로 책봉되었고 1659년에 왕위에 올랐으므로 그 사이로 추정할 수 있음.
9) 앞의「묘지명」

신이 '가르침의 요지'를 잃었다고 하는 것은 사서 외에 수학을 공부한 것이 실생활에는 도움이 되지 않았음을 의미하는 것이라 생각할 수 있다. 아마도 현실적인 어려움을 겪으며 약간의 회한의 의미가 담겨있는 발언이라 생각할 수 있을 것이다.

서필원 徐必遠
지방 재정을 축내는 서원書院 문제를
공론화公論化 하다

· 생존연대 : 1613년(광해군 5)~1671년(현종 12) 향년 59세
· 자 : 재이(載邇)
· 호 : 육곡(六谷)
· 시호 : 정의(貞毅)
· 본관 : 부여(扶餘)[1]

· 부 : 서운기(徐雲驥)
· 모 : 전주(全州) 이택민(李澤民)의 딸
· 배 : 전주(全州) 이성간(李成幹)의 딸
· 계배 : 전주(全州) 이이현(李頤賢)의 딸

■ 1. 관직 진출 과정

　서필원은 1613년(광해군 5)에 아버지의 유배지인 평안도 이산
군理山郡[2]에서 태어났다. 서필원의 할아버지는 서용갑徐龍甲인데 그
의 서제庶弟인 서양갑徐羊甲[3]이 영창대군永昌大君의 옥사獄事로 인해 화
를 입게 되자 일문一門이 모두 연루될 수밖에 없었다. 그래서 조부인
서용갑과 부친인 서운기가 모두 이산군으로 유배되었으며 서필원의

---

1) 부여 서씨(扶餘徐氏)의 시조는 백제 의자왕의 아들인 서융(徐隆)이라고 함.
2) 평안북도 초산(楚山) 지역의 옛 지명.
3) 서필원에게는 서종조부(庶從祖父)가 된다.

어머니도 귀양살이하는 남편을 따라가서 지냈고 서필원은 그곳에서 태어난 것이다.

비록 유배지에서 지냈지만 서필원은 공부를 게을리 하지 않았고 8살 때는 근처 산사山寺에 가서 독서를 하였다. 어느 날 관찰사가 절에 행차한다는 말을 들었다. 그는 벽에다가 '풍진은 정처 없고 땀은 운림에 거칠게 있네[風塵蹤跡, 汗穢雲林(풍진종적, 한예운림)]'라고 써 놓았다. 관찰사가 그것을 보고 누가 쓴 것이냐고 물었다. 그 절의 스님이 서필원이 쓴 것이라 하니 기특하게 여겨 다과상을 내오게 하여 먹으라고 하였다. 그런데 다과상이 높아서 먹기가 어렵자 어린 서필원은 방석을 몇 개 더 달라고 하여 포개놓고 자리를 높여 앉아서 음식을 먹었다. 관찰사가 허허 웃으며 '이 아이가 훗날 내 자리에 앉게 될 것 같네'라 하였다.

10세 되던 1622년(광해군 14)에 부친이 유배지에서 세상을 떠났다. 그리고 이듬해에 서양갑 문제의 진상이 밝혀지면서 일가족이 모두 고향인 은진恩津으로 돌아왔다. 서필원은 17세에 이성간의 딸과 혼인하였는데 그의 나이 35세 되던 해에 부인 이씨가 딸과 생후 1개월 된 아들을 두고 세상을 떠났다. 이듬해 여름 서필원은 전주 이이현의 딸과 재혼하였다.

그는 36세인 1648년(인조 26) 8월에 문과에 급제하여 여러 관직을 거치다가 40세인 1652년(효종 3) 2월 8일에 정언(정6품)으로 임명되었으나 '거리낌 없이 당파를 두둔하였다'[4] 하여 2월 11일에 체차되었고 그는 은진 육곡六谷으로 돌아가 지냈다. 현재의 논산시 가야곡면 육곡리이다.

---

4) 『효종실록』효종 3년(1652) 2월 11일.

『육곡유고(六谷遺稿)』. 조선 후기의 문신·학자, 서필원의 시가와 산문을 엮어 1865년에 간행한 시문집. (좌)서례중육진혁막제조 부분. [ⓒ한국학중앙연구원]

2. 충청도관찰사(忠清道觀察使)

이듬 해 봄에 서필원은 수찬修撰(정6품)이 되었고 이후 이조좌랑(정6품)과 부교리(종5품)와 이조정랑吏曹正郎(정5품)을 거쳐 44세 되던 1656년(효종 7)에 충청도관찰사가 되었다.

관찰사로 부임한 후 서필원은 충청도의 여러 문제를 살펴보았는데 충청도가 당면한 문제가 여럿 있지만 그 중에서도 서원書院과 수군水軍의 문제가 가장 심각하다고 생각하였고 그 폐단을 바로잡을 계책을 구상하여 상소를 올렸다.[5] 그 중 수군의 문제에 대해서는 많은 사람들이 그 문제점을 알고 있고 또 수긍하였으므로 논란의 여지는 없었다.

그러나 서원의 문제는 달랐다. 서원의 문제는 각 지역의 유림儒林들과 재지사족在地士族들부터 또 성리학을 삶의 기본 철학으로 삼고 있는 조정의 중신들까지 관련되는 굉장히 복잡한 문제였다. 그래서

---

5)『효종실록』1657년(효종 8) 4월 29일.

그동안 서원의 문제를 절감하고 있던 사람들도 쉽게 거론하기 어려웠던 것이다. 그렇게 민감한 문제를 서필원이 들고 나온 것이다.

서원은 향촌의 유림들이 선현先賢을 제향祭享하고 유생들을 교육시키고자 세운 사학私學 기관으로 순수한 민간 기관이었다. 그러므로 국가가 관여할 필요가 없는 기관이었다. 그러나 서원이 지닌 교육 및 향사적享祀的 기능이 국가의 인재양성과 교화정책敎化政策과도 깊이 연관되어 있다는 점도 분명 있었다. 따라서 조정에서는 조야의 존경을 받을 수 있다고 판단되는 인물을 제향하는 서원의 경우에는 특별히 그 서원의 명칭을 부여한 현판懸板과 서적·노비 등을 내렸다. 이러한 특전을 부여받은 국가공인의 서원을 사액서원賜額書院이라 했다.

그런데 사액서원이 아닌 비非 사액서원들의 경우 그 운영은 순전히 민간의 재정으로 해야 하는 것이 원칙이었다. 그럼에도 지역 유지有志 등이 주축이 되다 보니 그 지역의 전답이나 노동력 등을 알게 모르게 슬며시 사용하는 경우도 많았다. 그리고 해당 지역 관장들은 유림들이나 지역의 유지 등을 의식하여 묵인해 주고 있었는데 그러한 것이 결국은 지방재정을 상당히 축내고 있었던 것이다. 서필원은 이러한 서원의 문제점들을 조목조목 지적하며 다음과 같은 세 가지 사항을 건의하였다.

첫째, 서원과 향사鄕祠 중에서 서원으로 짓기 부족한 것은 향사로 강등하고, 향사의 대상 인물도 적절치 못한 경우에는 즉시 철거케 하십시오.
둘째, 비록 그 도학道學이 서원에 합당하다고 하더라도 한 도 안에 서원을 중복하여 건립하지 못하게 하며,
셋째, 이제부터 서원이나 향사를 세우려고 하는 자에 있어서는

그 행적을 갖추어 입궐하여 아뢰게 한 다음 이를 묘당에 하문하여 여러 의견이 일치해야만 허락하게 하소서. -『효종실록』1657년 (효종 8) 6월 21일

　　서필원이 이 상소를 올리자 조정에서는 물 끓듯 의견이 분분하였다. 그가 서원의 존재 의미 자체를 부정하고 있다고 극력 반대하는가 하면, 일부 관료 특히 서원문제를 관장하는 기관인 예조의 관리들은 서원의 중요성을 간과한 것이 아니고 그 해로운 점만을 지적한 것이라고 동조해 주기도 하였다.
　　서필원 자신도 이들 세 가지 사항을 건의하면서 모두 받아들여질 것이라고 생각한 것은 아니었을 것이다. 서원의 문제는 문중의 후손들과 지역의 유력 가문들이 연계되어 있기 때문에 기존에 있던 서원을 없앤다는 것이 대단히 어려운 일이라는 것을 그 자신도 잘 알고 있었을 것이기 때문이다.
　　그가 기대한 것은 세 번째 제안이었다. 즉 앞으로 서원을 새로 세우고자 할 때는 조정에 알려서 심사를 받게 하자는 것이었고 그리고 조정 관료들이 이에 대한 심사를 하게 되면 이 서원의 문제는 자연히 공론화될 수 있을 것이라 기대한 것이다.
　　그의 기대대로 효종 8년 9월 25일에 조정에서는 현재 서원에서 제향하는 인물 중에서 부적절하다고 한 몇몇 사람에 대한 논의가 있었다.

　　효종이 물었다.
　　"그들은 어떤 행적이 있었기에 부적절하다 하는가"
　　찬선贊善인 송준길이 아뢰기를, "민망하여 감히 어전에서 말씀드리기 어렵습니다."

하니, 효종이 이르기를,

"말해 보도록 하라."

하였다. 송준길이 머뭇거리며 대답하지 못하자, 민정중이 아뢰기를,

"은미하게 저질러진 악행이라서 비록 분명하게 말씀드릴 수는 없으나 유추해 짐작할 뿐입니다."

하니, 효종이 이르기를,

"그렇게 행적이 민망한 사람이라면 당초에 왜 서원을 세워 제사를 지냈단 말인가?"

하자, 송준길이 아뢰기를,

"일찍이 혼조昏朝(광해조) 때 그의 후손들이 당시 권세가들과 결탁하여 세웠다고 합니다."

라 대답하였다.

이에 효종은 대신들과 의논하여 부적절한 서원들은 모두 헐어버리라고 명하였고 이후 서원을 새로 창건하고자 할 때에는 조정의 허락을 받아야 한다는 규정을 법적으로 제도화 시켰다. - 1657년 (효종 8) 9월 25일

이듬해인 1658년(효종 9)에 서필원은 윤선도尹善道의 논척을 당하게 되자 사직소를 올리며 외직을 청하였고 그날로 배천군수白川郡守[6]로 발령받았다. 그런데 그가 배천군수로 부임할 무렵 당시 영돈녕부사領敦寧府事인 김육(金堉, 1580~1658)[7]이 세상을 떠났다.

김육은 영의정으로서 대동법大同法 시행을 진두지휘하였던 인물

---

6) 배천은 황해도 연백 지역의 옛 지명.
7) 김육의 손녀는 당시 세자빈으로 효종과 김육은 사적으로는 사돈관계가 되며 당시 세자빈이었던 김씨는 후에 현종비 명성왕후이며 숙종의 어머니가 된다.

이었다. 대동법은 각 지방의 특산물을 공물貢物로서 바치는 대신 미곡米穀(쌀)이나 삼베, 무명 등의 직물, 혹은 돈으로써 세금을 내도록 하는 조세제도이다. 당시 조정에서는 이 대동법을 전국적으로 한꺼번에 시행하는 것은 무리가 있다고 판단하여 도별로 순차적으로 시행하고 있었다. 충청도에서는 1657년(효종 8)에 시행하였는데 그 효과가 비교적 긍정적으로 나타났다.

그 다음에는 전라도에서 시행하려고 하였는데 전라도는 대토지를 소유한 사족士族이 많아서 시행하는 데에 어려움을 겪었다. 가호家戶별로 받던 공부貢賦를 토지 결수結數 즉 토지 면적을 기준으로 받는 것으로 바뀌게 되니까 대토지 소유주인 지주들에게 불리하였기 때문이다.

그때 김육은 78세 고령이었고 건강도 좋지 않았다. 그는 자신이 생전에 그 일을 다 할 수 없다는 것을 잘 알았고 그래서 자신을 대신하여 전라도에서 대동법을 시행할 수 있는 인물을 찾았다.

그는 효종에게 전라도 관찰사로 서필원을 추천하였다. 김육은 서필원과 잘 아는 사이가 아니었는데도 그가 서필원을 추천한 데에는 두 가지 이유가 있지 않을까 추정해 볼 수 있다.

서필원은 충청도에서 대동법이 어느 정도 시행되고 있을 때 관찰사로 부임하여 일했기 때문에 대동법을 시행해 본 실무적 경험이 있었다. 그래서 김육은 전라도에서 대동법을 시행할 수 있는 인물로 서필원을 지목했을 가능성이 크다.

그리고 또 하나의 이유는 서필원이 충청도 관찰사 시절 서원 문제를 거론했을 때 보여 주었던 그의 성품 때문이었을 것이라 생각할 수 있다. 서원문제가 거론되었을 당시 영의정이었던 정태화鄭太和도 '만일 서필원이 아니면 이런 장계를 올리지 못하였을 것이다.'[8]

---

8) 『효종실록』 효종 8년(1657) 7월 8일.

고 하였을 정도로 그의 과단성과 결단력은 당시 조정에도 잘 알려져 있었다.

이처럼 김육은 서필원을 추천하면서 효종에게 그를 격려해 줄 것도 청하기도 하였다.[9]

> 호남의 일에 대해서는 신이 이미 서필원을 추천하여 맡겼는데, 이는 신이 만일 갑자기 죽게 되면 하루아침에 돕는 자가 없어 일이 중도에서 폐지되고 말까 염려되어서입니다. 그가 사은하고 떠날 때 전하께서는 힘쓰도록 격려하여 보내시어 신이 뜻한 대로 마치도록 하소서.

3. 전라도관찰사(全羅道觀察使)

효종은 김육이 거의 유언처럼 상소한 그 건의를 받아들여 막 배천군수로 부임했던 서필원을 전격적으로 전라도 관찰사로 임명하였다.[10]

전라도에 부임하였을 때 서필원은 많은 백성들이 곤궁하게 지내는 것을 보았다. 그는 백성들의 처지를 생각한다면 궁중에서부터 내핍생활의 본을 보여야 한다고 생각하였다. 그래서 그는 왕대비의 삭선朔膳을 감할 것을 청했다. 삭선이란 매월 초하룻날 각 도의 특산물을 정기적으로 왕실에 진상하는 물선진상物膳進上인데 감사, 병사, 수사, 절제사 등 각 도의 장관이 바쳤다.

그러나 왕대비에게 진상하는 음식을 줄이자는 청은 당시 상황으로 보았을 때 또한 보통 관료들이라면 하기 어려운 발언이었을 테

---

9) 『효종실록』 효종 9년(1658) 9월 1일.
10) 『효종실록』 효종 9년(1658) 9월 5일.

고 실제로 서필원은 이 발언으로 추고推考되었다.[11] 추고는 처벌 목적이라기보다는 징계와 경계, 경책警責 등 정신 차리도록 꾸짖기 위한 조치였다. 그는 이처럼 왕에게 직언을 잘하기로 이름이 나서 그 시대 이상진(李尙眞, 1614~1690) 등과 함께 '오직五直'[12]이라 불렸다 한다.

서필원은 행정을 펼치는 데 있어서 '변통變通'을 중요하게 생각하였다. 변통이란 '형편과 경우에 따라서 융통성 있게 일을 처리하는 것'을 의미한다. 그는 전라도에 심각한 흉년이 닥치자 백성들을 구제하는 방책으로 공천公賤(관노비)이 소牛를 바치고 양민 되는 것을 허용해 줄 것을 청하였고 이를 허락받았다.[13] 흉년으로 굶주리고 있는 백성들에게 큰 도움을 줄 수 있다고 생각한 것이다.

그 후에 그는 또 다시 백성들의 진휼賑恤을 위해 중죄인에게 속미贖米(벌 대신 바치는 곡식)를 받고 석방한 일이 있었는데그것은 공정성에 위배되는 것이라고 하여 문제가 되었고 결국 그는 전라도관찰사에서 파직 당하였다.[14] 현대의 시각에서 보면 '보석금保釋金'의 성격이라고도 할 수 있는 정책이었지만 당대에는 받아들여지기 어려웠던 것 같다.

4. 함경도관찰사(咸鏡道觀察使)

서필원은 병조참의(정3품)를 거쳐 51세인 1663년(현종 4) 11월에 함경도관찰사가 되었다. 그는 함경도의 날씨가 추워서 다른 지역에서와 같은 일반적인 농사는 어렵다고 판단하였고 대신에 백성들에

---

11) 『승정원일기』 1658년(효종 9) 12월 5일.
12) 5명이었던 것으로 보이는데 다른 세 사람은 확인하기 어렵다.
13) 『효종실록』 효종 10년(1659) 3월 19일 기사 참조.
14) 『효종실록』 효종 10년(1659) 윤 3월 27일.

게 실질적인 생업수단을 보급해 주어야겠다고 생각하였다. 함경도는 일찍 서리가 내리고 기후가 춥지만 그래도 함경도의 남쪽 지역에서는 목면을 재배할 수가 있었다. 그러나 당시 함경도에는 목화를 재배하는 백성들이 그리 많지 않았고 그래서 목화씨를 구하는 것이 매우 어려웠다. 서필원은 임금에게 올린 치계馳啓에서 '목면木綿의 종자를 보내주시면 백성들에게 씨 뿌리고 심는 법을 가르치고 공들여 가꾸도록 권장하겠다고 하면서 목화씨 보내주기를 청하였다. 조정에서는 평안도관찰사에게 평안도의 목화씨 수십 석을 모아들여서 그것을 접경지인 양덕현陽德縣[15]에 쌓아두면 함경도에서 그것을 거두어 가게 하라는 특명을 내렸다.[16] 이렇게 목화씨를 구하여 함경도 남쪽 지역의 백성들에게 보급하여 목화 농사를 짓게 하였다.

함경도에서도 서필원은 역시 '변통'의 행정을 시행하였다. 그는 함경도의 굶주린 백성들을 진휼하려면 재원財源이 있어야 하는데 그 재원을 마련하는 방안으로 '허통첩許通帖' 발행을 건의하는 상소를 올렸다. 허통이란 조선시대 서얼庶孼들에게 적용되었던 금고법禁錮法[17]을 풀어 과거에 응시할 수 있도록 허락하는 제도였고 이때 발행하는 증명서를 허통첩이라 했다. 조선시대에는 흉년이 들어 백성들을 진휼할 곡식이 필요할 때에 수시로 실시하였다. 서필원은 이러한 제도를 적극적으로 활용하여 백성들을 진휼하기 위한 재원으로 사용하고자 한 것이다.

도내에 허통을 받지 못해 과거 시험에 나아갈 수 없는 서얼들이

---

15) 평안남도 동부에 위치한 군으로 함경남도 영흥군과 접해있는 지역.
16) 『현종실록』 현종 5년(1664) 1월 29일.
17) 조선시대 양반의 자손이라도 첩의 소생은 관직에 나아갈 수 없게 한 제도.

곡식을 바치고 허통하는 체문帖文을 받고자 합니다. 전일 상평청常
平廳[18)에서 내려 보낸 것은 이미 모두 나누어주고 곡식을 받았는데
이외에도 허통첩을 받기를 원하는 자가 또 많다고 합니다. 백성들
을 구제하기 위해서 곡물이 매우 필요한 때입니다. 청컨대 상평청
으로 하여금 허통첩을 넉넉하게 만들어 보내게 하소서. -『현종실
록』현종 5년(1664) 5월 22일

　그의 청을 임금이 허락하였고 상평청은 1백 장을 더 만들어 보내
주었다. 이 역시 변통의 행정을 시행한 것인데 그는 그렇게 해서 확
보한 곡물을 도내의 굶주린 백성 1만 5천 3백여 인에게 무상으로
지급하여 구제하였다고 보고하였다.[19)

　서필원은 함경도 관찰로 있으면서 또한 국방의 중요성을 인식하
고 국경지방에 있는 육진六鎭의 상황과 시설을 자세히 살폈다. 육진
은 조선 세종 때 동북방면의 여진족의 침입에 대비하여 두만강 하
류 남안에 설치한 국방상의 요충지이다. 그는 육진지방을 두루 다
니며 각 지역의 상황과 앞으로 시행해야 할 방책 등을 꼼꼼히 기록
하였고 그 기록을 모아 1권의 책자로 만들었다. 그런데 얼마 안 되
어 5월에 자신이 함경도 관
찰사에서 교체되고 후임 관
찰사로 민정중閔鼎重이 오게
되었다는 소식을 들었다.

　서필원은 전에 민정중과
여러 차례 같은 부서에서 근
무한 일이 있었고 또 같이 어

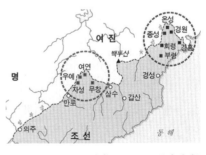

6진(六鎭). [©두산백과]

---

18) 흉년 때에 굶주린 백성들의 구제를 위한 비축곡물 및 자금을 관리하던 관서.
19)『현종실록』현종 5년(1664) 7월 14일.

사御使로 파견되어 업무를 수행한 일이 있었기에 그의 성격과 인품을 잘 알고 있었다. 자신이 충청도관찰사 시절 서원 문제를 거론하였을 때 민정중은 강하게 반대하였는데 그것은 민정중이 당시 조정의 거두巨頭로서 반대 입장을 표방한 송시열의 문인이라는 점을 감안할 때 충분히 이해할 수 있는 일이었다. 그리고 무엇보다도 중요한 것은 서필원이 민정중과 여러 차례 함께 공무를 수행하면서 그의 강직하고 곧은 성품을 잘 알고 있었다는 점이다. 즉 서필원 자신이나 새로 부임해 오는 관찰사나 모두 함경도 백성들의 삶을 우선시해야 한다는 것을 기본철학으로 삼고 있다는 것은 서로 공통된 것이라 생각하였다. 이처럼 신뢰하였기에 그는 자신이 기록한 그 책자를 관찰사직을 인수인계하는 날 후임인 민정중에게 주었다.[20]

서필원은 같은 해 10월 황해도관찰사를 제수 받고 부임하였다가 얼마 안 있어 체직되었고 1665년(현종6) 6월에 강화유수江華留守가 되었다.

그런데 2년 후인 1667년에 부인 이씨가 세상을 떠났다. 부인도 먼저 세상을 떠났고 또 그동안의 여러 업무 때문에 심신이 많이 지쳐 있었던 터라 그는 한양 수각교水閣橋[21]에 있는 집에서 지냈다. 그러면서 사직을 청하였는데 윤허를 받지 못하였고 오히려 이후 59세 때인 1671년(현종 12) 3월에는 병조 판서를 제수 받았다. 그러던 중 같은 해 6월에 감기에 걸렸는데 체력이 많이 떨어져서인지 이를 이겨내지 못하고 세상을 떠났다. 향년 59세였다. 전부인 이성간의 딸에게서 1남1녀를 두었고 계배인 이이현의 딸에게서는 자녀가 없었다.

---

20) 이에 대해서는 이 책 [20. 민정중] 항목 참조.
21) 수각교는 중구 남대문로4가 1번지 청계천 지류인 창동천에 있던 다리로 현 신한은행 남대문지점 앞이라고 함.

오정위 吳挺緯
화폐 사용의 편리함을 역설力說하다

· 생존연대 : 1616년(광해군 8)~1692년(숙종 18) 향년 77세
· 자 : 군서(君瑞), 서장(瑞章)
· 호 : 동사(東沙)
· 본관 : 동복(同福, 전라남도 화순)

· 부 : 오단(吳端)
· 모 : 청송(靑松) 심액(沈詻)의 딸
· 양부 : 오전(吳𣾀)
· 양모 : 진주 유근(柳根)의 딸
· 배 : 함양 박유공(朴由恭)의 딸
· 계배 : 김수검(金守儉) 의 딸

1. 관직 진출 과정

오정위는 24세인 1639년(인조 17)에 진사시에 합격하였고 30세인 1645년(인조 23)에 문과에 급제하여 정6품 관직인 병조좌랑과 정언을 거쳐 정5품직인 지평 등 문과 급제자들이 일반적으로 거치는 관직을 역임하였다. 그는 아버지의 사촌이며 자신에게는 당숙堂叔이 되는 오전吳𣾀에게 입양되어 그의 후사後嗣가 되었다.

2. 경기도사(京畿都事)

1660년(현종 원년)과 이듬해에 계속해서 심한 흉년이 들었다. 전국 각지에서 유랑하던 걸인들이 모두 한양으로 모여들어 경기지방이 가장 큰 곤란을 받았다. 조정에서 경기도의 문제를 담당할 관리를 찾는데 많은 사람들이 오정위를 추천하였다. 현종이 오정위를 불러 대처할 방안에 대하여 묻자 오정위는 "자기 토지가 있는 백성들에게는 우선 식량을 주어 구제한 다음에 천시天時를 잃지 않고 땅을 경작하게 하고 자기 토지가 없는 백성들은 마른 양식을 나누어 주어서 산으로 다니며 나물을 뜯어 팔아서 그것으로 생계를 이어가게 하면 좋을 것입니다."[1]라 하였다. 오정위의 이러한 방책으로 인해 기전畿甸 지방의 백성들이 많이 구제가 되었다.

3. 충청도관찰사(忠淸道觀察使)

1656년(효종 7)에 오정위는 만수전萬壽殿[2]의 역사役事를 감독한 공로로 동부승지同副承旨가 되었고 이어 병조·형조·호조·예조의 참의參議와 대사간 등을 역임하다가 1661년(현종 2) 12월 그의 나이 46세에 충청도관찰사를 배수拜受받았다.

오정위는 당시의 다른 관료들에 비해서 경제에 대한 관념이 투철한 사람이었다. 그는 부임하기 전에 미리 감영의 재정 상황을 알아보고 충청도에 왕실의 재정을 담당하는 내수사內需司[3]와 각 왕실 가족 소유의 염전이 많이 있음을 확인하였다. 그래서 그는 부임 차 현종에게 하직인사를 드리는 자리에서 청을 드렸다.

---

1) 『국조인물고』,「묘지명(墓誌銘)」[이관징(李觀徵)지음]
2) 효종이 인조의 계비인 장렬왕후(莊烈王后) 조씨를 위하여 건립한 대비전.
3) 내수사는 본래 면세의 특권을 부여받은 내수사전과 외거노비인 다수의 내수사 노비 및 염분(鹽盆)을 소유해 많은 재산을 보유하고 있었다.

충청도에 있는 내수사와 각 왕실 가족 소유 염전의 소금을 금년 동안만 특별히 충청도로 이급移給하는 것을 허락해 주신다면 그것을 무판貿販(시장에 나가 재물을 사고파는 일)하여 백성들의 진휼을 위해 쓸 수 있을 것입니다. -『현종실록』현종 3년(1662) 1월 9일

현종은 허락하면서 이어 '내사內司에 소속된 소금뿐 아니라 기타의 염분도 비국備局[4]에 말해 헤아려 쓰도록 하고 춘번春燔[5]도 충청도 백성들을 위해 쓰도록 하라'고 하였다. 오정위는 또 서산瑞山과 태안泰安의 염塩, 철鐵, 목면木綿 등도 백성들을 진휼하는데 옮겨 쓰도록 해 줄 것을 청하였는데 현종은 역시 해당 부서에 말하여 적절히 처리하라 하며 허락하였다. 그만큼 오정위에 대한 현종의 신임이 매우 두터웠다. 오정위가 관찰사를 제수 받은 후부터 하직인사를 드리기까지의 기간이 대략 20여일이었다. 그는 그동안 충청도의 상황, 특히 재정 상황을 살펴보았고 필요하다고 생각한 부분을 임금에게 요청한 것이다.

이렇게 준비하여 부임한 오정위는 백성을 유익하게 하는 방법으로 우선은 치수治水가 중요하다고 생각하였다. 그는 물이 흐르지 않고 물이 흥건하게 괴어 있는 지역을 모두 조사한 다음 토목사업을 시작하여 그 지역들이 서로 연결되어 물이 흐를 수 있게 하였다. 그렇게 하니 가뭄과 장마에 대비할 수 있게 되었다.

또한 도내에 방치되어 있는 방죽도 조사하게 하였더니 모두 백여 곳이나 되었다. 이들 제방들을 수리하고 개축하여 논밭에 물을 댈 수 있게 하였고 그래서 농경지 수백만 이랑이 늘었다. 호서 지방 백

---

4) 당시 국정 전반을 담당한 최고 관부.
5) 궁중으로 진상하는 도자기. 사용원 분원에서는 봄·가을로 1년에 두 번 춘번(春燔)과 추번(秋燔)으로 나누어 자기(瓷器)를 진상하였는데, 춘번은 6월에, 추번은 10월에 진상하였다고 한다.

성들에게 큰 이로움이 되었음은 물론이다. 이러한 토목사업을 벌이는 데는 당연히 경비가 필요한데 오정위가 부임할 때 임금에게 재정적인 후원을 요청한 이유가 여기 있었다. 그는 제수 받았을 때부터 이러한 사업이 필요하다는 것을 계산하고 있었던 것이다.

4. 개성유수(開城留守)

1664년(현종 5) 4월 오정위는 개성유수로 임명되었는데 그 과정에서 약간의 곡절이 있었다. 즉 개성유수를 제수 받기 한 달 전인 3월 18일에 오정위는 자급이 높아져 평안도관찰사로 제수되었었다. 그런데『현종개수실록』에는 오정위를 평안도 관찰사로 삼았다고 하는 기사를 소개한 후 뒤이어 다음과 같은 기사를 첨부하였다.

> 평안 감영에는 천류고泉流庫[6]의 부유함이 있고, 호조戶曹는 재부財賦(국가 재정의 원천이 되는 모든 세금)를 총괄하는 부서여서 세력이 있고 재물을 탐하는 사대부들은 있는 힘을 다해 도모하여 자신과 집안을 일으킬 발판으로 삼았다. 이 때문에 오정위의 형제와 숙질들이 서로 계속해서 이러한 관직을 차지하여 그의 집안이 모두 부유하였다. 대개 그 방법은 장사하는 사람들과 이익을 나누는 것인데 다른 사람은 그들이 운용하는 것을 보지 못했다고 한다. -『현종개수실록』현종 5년(1664) 3월 18일

실록에서도 거론한 바와 같이 당시 평안도관찰사는 부富를 쌓을

---

6) 조선시대 평양에 있었던 창고. 인조 원년(1623)에 설치하였는데, 중국 사신에게 대접할 물자와 중국에 들어가는 우리나라 사신에게 여비로 지급할 물건을 저장하였다.

수 있는 자리로 인식되어 많은 관료들이 선호하는 직책이었다. 그런데 오정위의 친형인 오정일(吳挺一, 1610~1670)이 1652년에 평안도관찰사를 역임한 일이 있었는데 오정위가 또 그 자리에 임명되자 부정적인 여론이 있었던 것으로 보인다.

어떻든 오정위는 평안도관찰사를 제수 받은 지 9일 후인 3월 27일에 노모의 봉양을 이유로 소장을 올려 체직을 청하였다. 오정위가 관찰사 직책을 포기한 것이 실록에 기록된 내용과 어떤 관련이 있는가 하는 것을 확인하기는 어렵지만 이러한 곡절을 거친 후 오정위는 송도유수松都留守를 제수 받았다.

그가 송도유수에 재직하고 있을 때의 일이었다. 왕실의 친척이 되는 이유李裕라는 사람이 있었는데 이유는 알 수 없으나 평소부터 오정위와 사이가 좋지 않았다. 그가 감찰 업무를 담당하는 사헌부 장령이 되자 오정위의 행적을 문제 삼아 상소를 올렸다. 그 내용은 송도에 유생들을 가르치는 교수인 석지형石之珩이란 사람이 부유한 상인과 결탁하여 글을 대신 지어주고 뇌물을 받은 일이 있어 논란이 된 일이 있었는데 송도유수인 오정위가 석지형을 위하여 변명을 해 주었다는 것이었다.[7]

이에 오정위는 아무런 변명도 없이 청문靑門 즉 도성문都城門 밖 안암安岩에 은거하였다. 이에 대해 현종은 사헌부·사간원에서 상소한 소장인 대장臺章을 조사할 것을 명하였고 조사 결과 아무런 내용도 밝혀진 것이 없었다. 그리고 현종은 '내가 이제 그 실상을 알았도다.'라고 하고 다시 관직을 내렸다.[8]

1666년에 오정위는 경기도관찰사가 되었다. 그런데 그는 이때도 당시 감찰업무를 담당하던 장령 등에 의해 공격을 당하였다.

---

7) 『현종실록』 현종 5년(1664) 11월 9일 기사 참조.
8) 앞의 「묘지명」

당시 대·소과大小科의 합격자를 발표한 후에 합격자들 집안에서는 급제를 축하하는 유가遊街도 하였고 문희연聞喜宴이라는 자축연을 벌이기도 하였다. 그런데 당시 재이災異가 심하여 조정에서 그러한 잔치를 금하였는데 경기도 관찰사 오정위가 당시 공조참판 등과 함께 문희연을 열고 손님들을 많이 부르고 풍악을 울리며 낭자하기 짝이 없었다는 것이다. 그래서 그들이 법을 무시하고 방자하게 한 짓이 정말 매우 놀랍고 이상하니 모두 파직시키라는 탄핵이었다.

현종은 처음에는 받아들이지 않고 추고만 하라고 하였는데 계속 며칠 동안 아뢰자 결국 오정위를 파직시켰다.[9] 그러다가 5년 후인 1671년(현종 12) 56세 때 다시 경기도관찰사가 되었다. 그는 조정에 종자로 쓸 벼와 진구賑救에 쓸 곡물을 얻어 각 고을에 옮겨 보내기를 청하였고 조정에서 강도江都(강화도)의 벼 7천 6백 석과 쌀 8천 석, 그리고 남한南漢(경기도 광주)의 쌀 6천 석을 각각 나누어 주었다. 이후 그의 계청啓請에 따라 남한의 쌀 8천 석과 강도의 쌀 6천 석을 더 주어 백성을 구휼하게 하였다.

5. 화폐의 중요성에 대하여 상소하다

오정위는 62세 되던 1677년(숙종 3)에 동지사冬至使로서 청나라 연경燕京에 다녀왔다. 그는 그곳에서 화폐를 사용하는 것이 경제 운용에 매우 편리하다는 것을 절실하게 느꼈고 돌아와서 임금에게 화폐사용을 적극 건의하였다. 전문錢文[10]은 천하의 일반에게 유통되는 화폐인데도 우리나라에서만 유독 쓰지 않으니 국내에서도 통행하게 하는 것이 좋겠다고 아뢰었다.[11]

---

9)『현종개수실록』현종 7년(1666) 3월 16일.
10) 화폐에는 반드시 글자를 써 넣기 때문에 전문이라 함.

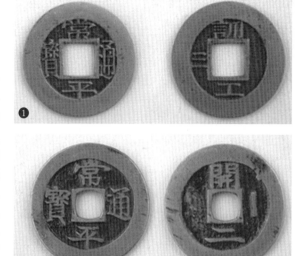

❶ 상평통보 당
일전 앞면(좌)과
뒷면(우), 조선후
기, 지름 2.6cm,
신수 12565. ❷
상평통보 당이전
앞면(좌)과 뒷면
(우), 조선후기,
지름 3.0cm, 신
수 12561. [ⓒ국
립중앙박물관]

화폐사용에 대한 문제는 17세기에 들어서 경제문제에 조예가 깊
은 여러 관료들에 의해 계속 제기되었다. 그들은 주로 중국에 사신으
로 가서 화폐의 유통이 경제 활성화에 매우 중요하다는 것을 알았고
그래서 화폐의 주조鑄造와 유통에 더욱 관심을 가지게 되었다.[11]

숙종 4년(1678) 1월 23일에 숙종은 대신과 비변사의 여러 신하가
모인 자리에서 화폐의 주조에 대한 의견을 주고받았고 참석한 신하
대부분이 화폐 유통의 필요성에 공감하자 드디어 숙종은 '상평통보
常平通寶'를 주조하여 돈 400문文을 은銀 1냥의 값으로 정하여 시중市
中에 유통하게 하였다.[12]

상평통보의 '상평'은 '상시평준常時平準'의 줄인 말이다. 유통 가치
에 등가等價를 유지하려는 의도와 노력을 반영한 용어라 할 수 있다.
화폐는 기본적으로 외형이 납작하고 둥근 가운데 네모난 구멍이 있

---

11) 앞의 「묘지명」
12) 『숙종실록』 숙종 4년(1678) 1월 23일 기사 참조.

는데 앞면에는 '상평통보'라는 글자가 적혀 있고, 뒷면에는 주조한 관청의 줄여 쓴 명칭, 천자문千字文 또는 오행五行 중의 한 글자, 숫자나 부호 등이 표시되어 있다.

오정위 역시 화폐사용에 대한 중요성을 인식하고 있었던 터라 이에 적극적으로 동참하였고 동전을 주조할 것을 적극 건의하였다. 당시 상황을 보면 다음과 같다.

> 임금이 대신과 비국 당상備局堂上을 인견하였다. 허적許積·오정위가 관서와 호남의 주전鑄錢하는 일을 가지고 청하니, 임금이 명하여 양도兩道의 감영과 병영에서 주전하도록 하였다. -『숙종실록』숙종 4년(1678) 6월 3일

> 좌참찬 오정위가 건의하기를, 전화錢貨가 통행된 이후로 백성들이 후생厚生의 길을 얻었으니, 주전鑄錢하는 일을 갑자기 정지해서는 아니 됩니다. 대내에서 만약 동철銅鐵을 내어 주청鑄廳에 내려준다면 아마도 모두들 기뻐할 것입니다.

숙종 역시 하교하기를,

> 돈은 한 나라에 유통되는 화폐이고 백성들 역시 즐겨 사용하니 계속해서 주조鑄造하면 성과가 많을 것이다. 그러나 동철은 국내에서 생산되는 것이 아니라서 작업을 정지하는 날이 많은데 지금 동철 1백 근斤을 내리니 주조에 보태는 밑천으로 삼으라. -『숙종실록』숙종 5년(1679) 1월 16일 기사 참조

이처럼 오정위는 동전 주조를 지속적으로 주장하였는데 이러한

사실이 항간에도 퍼져서『숙종실록』에도 오정위가 길거리를 지나가면 아이들이 손가락질하면서 '동전 냄새 나는 대감님[공취공경(銅臭公卿)]이다'[13]라고 하였다고 하면서 당시 상황을 소개하고 있다.

다음 해인 1680년 경신대출척庚申大黜陟이 일어났다.

이 사건으로 남인이 몰락하였는데 오정위 집안은 남인에 속하였기 때문에 그 화가 크게 미치었다. 오정위의 동생인 오정창(吳挺昌, 1634~1680)은 사형 당하였고 오정위 역시 유배당하였다. 그는 처음에는 무안務安으로 갔다가 다음에는 삭주朔州로, 그리고 다시 보성寶城으로 옮겨 다니며 10여 년 간 유배생활을 하였다. 1689년이 되어서야 기사환국己巳換局으로 풀려나와서 기로소耆老所에 들어갔다.

오정위는 동사東沙의 옛집을 수리하여 수목의 뿌리를 정리하고는 목상木牀 위에 짚자리를 깔고서 좌우에 거문고와 서책을 두고 날마다 그 속에서 편안한 마음으로 지냈다. 그러던 중 1692년(숙종 18) 3월에 감질感疾에 걸렸고 수일 만에 세상을 떠났다.[14] 향년 77세였다.

첫 부인에게서는 자녀가 없었고 계배인 김수겸의 딸 사이에 4녀를 두었다. 아들이 없어 형 오정일의 제7자인 오시만吳始萬을 양자로 취하였다.

---

13)『숙종실록』숙종 5년(1679) 1월 19일 기사 참조.
14) 이옥(李沃),『박천선생문집보유(博泉先生文集補遺)』권1,「행예조판서동사오공묘지명(行禮曹判書東沙吳公墓誌銘)」[이옥지음]

구일 具鎰
직접 판삽을 들고 논을 개간하다

· 생존연대 : 1620년(광해 12)~1695년(숙종 21) 향년 76세
· 자 : 중경(重卿)
· 작호 : 능평군(綾平君)
· 본관 : 능성(綾城, 전라남도 화순)

· 부 : 구인기(具仁墍)
· 모 : 여흥(驪興) 민헌(閔憲)의 딸
· 배 : 전의(全義) 이행진(李行進)의 딸

▌ 1. 관직 진출 과정

구일의 집안은 왕실과 혼척婚戚 관계에 있는 집안이었다. 구일의 할아버지는 구굉具宏인데 인조의 어머니인 인헌왕후仁獻王后의 오빠이고 그래서 구일의 아버지인 구인기(具仁墍, 1597~1676)는 인헌왕후의 조카이자 인조와는 사촌 간이 된다. 그래서 구인기는 인조임금이 잠저潛邸에 있을 때 서로 친하게 같이 공부하던 사이였고 1623년 계해년癸亥年 반정 때에 공로를 세워 정사공신靖社功臣 제3등으로 책록策祿되었다.

구일은 구인기의 외아들이었고 따라서 인조에게는 오촌 조카가된다. 구일은 후에 아버지 구인기가 별세한 후인 1678년(숙종 4)에규례에 따라 작위를 승습承襲받아 능평군綾平君에 봉해졌다.[1]

구일은 23세인 1642년(인조 20)에 진사시에 합격하였고, 25세인 1644년에 세마洗馬[2]를 거쳐 27세인 1646년에 공신의 적장자嫡長子로서의 대우를 받아서 품계가 올라 와서별제瓦署別提[3]가 되었다. 28세에 공조좌랑工曹佐郎으로 임명되기도 하였으나, 계속해서 외직으로 근무하던 부친 구인기를 따라다니며 시봉해야 했기 때문에 부임할 수가 없었다. 1656년(효종 7)에 이르러 금부도사禁府都事(의금부의 종5품)에 임명되었다.

2. 횡성현감(橫城縣監)

1658년(효종 9) 39세 때 구일은 횡성현감(종6품)으로 부임하였다. 횡성에 부임하여 지역 곳곳을 둘러보던 그는 농사를 짓지 못하고 묵히고 있는 땅이 많은 것을 보았다. 그리고 개중에는 도랑을 내서 물길만 잘 내 주면 충분히 전답으로 만들 수 있는 땅이 상당히 많이 있다는 것도 알게 되었다. 그리하여 구일은 그 지방의 아전들과 백성들과 상의한 후 도랑을 뚫어 물길을 내기로 하고 공사를 시작하였다.

이튿날 물길을 내기 위하여 도랑을 뚫는 공사를 하려고 현장에 갔던 고을 아전들과 백성들은 모두들 놀랐다. 구일 현감이 평복 차림으로 공사 현장에 나왔던 것이다. 공사가 시작되자 그리고 그는 백성들과 함께 직접 판삽版鍤[4]을 들고 같이 작업을 하였다. 이렇게

---

1) 구인기는 1645년에 능풍군(綾豐君)에 봉해졌다.
2) 정9품직으로 동궁을 모시고 경호하는 일을 맡아보았음.
3) 와서(瓦署)는 조선시대 기와공장을 관장한 관청이며 별제(別提)는 여러 관서의 정·종6품 관직을 말한다.
4) 도랑을 파거나 담장이나 성 등을 쌓는데 사용하던 틀이나 가래 등의 도구. 판(版)은 흙을 쌓을 때 흙이 무너지지 않도록 양쪽에 대던 틀이고, 삽(鍤)은 긴 자루 끝에 날을 세우고 양편에 줄을 매어 한 사람은 자루를 잡고 양쪽의 두 사람

횡성현감 구일을 위해 주민들이 세운 송덕비. '관개 이민 몰세 불망비'(灌漑 利民 沒世 不忘碑). [ⓒ횡성군 문화관광과]

물길을 뚫어 물을 댄 결과 버려졌던 땅들이 기름진 논으로 바뀌었고 거기에서 많은 쌀을 수확할 수 있게 되었다.

이 일은 조정에 보고가 되어 1661년(현종 2)에 구일은 수리水利를 잘한 공으로 종6품에서 4품으로 초서超敍[5)]되었다. 이에 감동한 횡성의 백성들은 감사의 표시로 송덕비頌德碑를 세웠다. 횡성 지역 백성들이 이렇게 감동한 이유는 그가 현감이기도 했지만 왕실과 가까운 인척이자 공신의 아들이기 때문이기도 했다.

구일의 전임 현감은 이단하(李端夏, 1625~1689)였는데 그는 1657년(효종 8)에 횡성현감으로 부임하였다가 이듬해 모친상을 당하여서 중도에 사직하였다. 그는 구일이 횡성에 와서 논을 개간했다는 말을 듣고 다음과 같은 명銘을 지었다.

이 줄을 잡아 당겨 흙을 퍼내는데 사용하던 가래 등의 도구.
5) 품계를 뛰어넘어 임용함.

구일 현감이 나를 대신해서 횡성에 부임하였다. 수리사업을 통해서 관개灌漑를 잘 하여 수천 경頃의 전답을 개간하였고 백성들의 생활에 큰 도움이 되었다. 현縣 의 백성들이 그 공을 기리면서 비석을 세우고자 하였고 나 이단하에게 비명을 써 달라고 하였다. 생각해 보면 나 자신은 횡성에서 제대로 한 일이 없지만 부끄러움을 무릅쓰고 쓴다. - 횡성현감 구후 일(橫城縣監具侯鎰) 관민전비명(灌民田碑銘)

1669년(현종 10) 봄에 구일은 홍양영장洪陽營將에 임명되었는데, 그해 가을 부친의 병환이 위독하여 아들을 보고 싶어 하였으므로, 임금이 이 소식을 듣고 특별히 구일로 하여금 집으로 돌아가 모시도록 명하여 해직이 허락되었다. 그리고 이듬해인 1670년(현종 11)에는 선전관宣傳官에 임명되었다가 장단부사長湍府使로 나갔다.

구일은 활을 잘 쏘았다. 49세 때인 1668년(현종 9)에 다달이 보는 시험인 삭시朔試 활쏘기 대회에서 1등을 하여 현종이 전시殿試를 바로 볼 수 있게 하라고 명하였고 또 1686년(숙종 12) 기사에도 구일의 활쏘기 실력에 대한 기사가 있다.

임금이 춘당대春塘臺 장전帳殿으로 나아가서 문사와 무사들의 시험을 보이고 이내 문무의 여러 신하와 종신宗臣들에게 사후射侯할 것을 명하였다. 총융사摠戎使 구일은 4발, 훈련대장訓鍊大將 신여철申汝哲은 3발을 맞히니 임금이 자못 흔쾌해 하며 모두 가자加資 하라고 명하였다. -『숙종실록』 숙종 12년(1686) 4월 5일

이때 구일의 나이 67세였으니 구일의 활 쏘는 실력은 출중하였던 것 같다.

3. 황해병마절도사(黃海兵馬節度使)

구일은 이후 몇몇 직책을 거쳐 1671년에는 황해병마절도사로 해주海州에서 재직하고 있었다. 그런데 구일의 관할지역인 서흥부瑞興府에서 살인사건이 벌어졌다.

사건의 전말은 이러하다.

1671년(현종 12) 11월 조대립趙大立이란 사람은 서흥에서 조세租稅를 받는 일을 맡아보던 아전이었는데 거둔 세금 중 일부를 훔쳐서 숨겼다. 서흥의 부사로 부임한 이우주李宇柱가 장부를 검토하는 과정에서 이 사실을 적발해 내었고 법에 따라 사형에 처하려고 하자 조대립은 달아나고 말았다. 관에서 빨리 체포할 것을 명하자 몇몇 포졸들과 관노官奴들이 조대립이 달아나 숨은 곳을 은밀히 염탐하여 함께 덮쳐 붙잡았는데 관아로 압송해 오는 도중 관문에서 5리가 좀 못된 곳에서 한 포졸이 패도佩刀를 뽑아 그의 포박한 줄을 끊어 주고는 큰소리로 '죄인이 달아난다.'고 외쳤고 그 사이에 조대립이 또 달아나고 말았다. 그것은 압송해 오던 포졸 중의 몇몇 사람들이 조대립과 인척관계였을 뿐만 아니라 세금을 훔치는 것에 서로 공모했었기 때문에 관계가 드러날까 두려워하여 일부러 풀어준 것이었다.

그런데 이 사건은 여기에서 끝나지 않았다. 며칠 후 서흥부사 이우주가 동지사冬至使를 따라 봉산鳳山에 갔다가 돌아오는 길에 차유령車踰嶺에 이르렀을 때에 조대립이 숨어 있다가 이우주에게 총을 쏘았고 급소를 맞은 이우주는 그 자리에서 죽고 말았다. 그리고 조대립은 그대로 달아나 버렸다.

아전이 부정을 저질렀다가 그 사실이 발각되자 상관인 부사를 살해한 이 사건에 조정과 관료 사회가 받은 충격은 매우 컸다. 현종은 서흥부에서 관장을 죽인 변은 매우 놀랍고 참혹하다고 하면서 변을 당할 때에 거느렸던 하인들은 병영兵營에 옮겨 가두어 엄히 다스리게 하고 주범을 붙잡는 자에게는 후하게 상을 준다는 뜻을 각도에 분부하여 잘 찾아서 기어코 잡게 하라고 명하였다.[6] 임금의 엄한 하명에도 불구하고 조대립은 끝내 잡히지 않았다. 그러자 그 과정에서 책임론이 거론되면서 당시 황해병마절도사를 맡고 있던 구일도 그 책임에서 자유로울 수 없었다. 결국 이 때문에 구일은 파면되었다.

그 후 56세 때인 1675년(숙종 1)에 현종의 뒤를 이어 왕위에 오른 숙종은 구일을 특별히 한성부우윤漢城府右尹[7]으로 임명하였다. 이에 대해 언관言官들이 가로막아 반대하자 숙종은 "일찍이 선왕께서 살아계실 때 직접 성교聖敎를 받기를, '구일은 훈공勳功을 세운 사람의 아들로서 사마시司馬試에 합격하여 출신出身한 사람이니 가히 발탁해서 쓸 만하다.'고 하셨는데, 한성부우윤에 임명한 것은 성교를 따랐을 뿐이다. 더구나 이번 특진은 그 사람됨을 자세히 알려고 하는 일이니 갑자기 한 일이 아니다."라 하면서 언관들의 논의를 중단시켰다.[8]

4. 포도대장(捕盜大將)으로 임명되다

그 후 구일은 포도대장에 임명되었다. 게다가 오위도총부五衛都摠府의 총관摠管을 겸한 자리여서 그 책임이 막중하였다. 그런데 구일에게 또 난처한 사건이 생겼다.

1679년(숙종 5) 2월에 당시 영의정이었던 허적許積의 서자인 허견許堅이란 자가 민간 백성의 아내를 납치한 사건이 일어났는데 이 사건으로 해서 당시 장안이 매우 시끄러웠다. 당시 허적 편에 있던 관

---

6) 『현종실록』 현종 12년(1671) 11월 11일.
7) 한성부의 행정과 사법, 치안을 관장하던 직책으로 판윤(判尹, 정2품) 1명과 종2품직인 좌윤(左尹)과 우윤(右尹)이 1명씩 있었다.
8) 박세당(朴世堂), 『서계선생집(西溪先生集)』 권14, 「한성판윤구공묘표(漢城判尹具公墓表)」

료들은 허견의 죄를 면탈免脫시키려고 온갖 수단을 다 써가며 회유하고 협박하였지만 구일은 조금도 굴하지 않고 수사를 진행시켰다. 그러자 반대편 사람들은 구일을 모함하였고 같은 해 3월에 결국 영남의 김해金海로 귀양 갔다가 겨울이 되어서 사면되어 돌아왔다. 이때 허견의 문제에 대해 상소를 올렸던 남구만(南九萬, 1629~1711) 역시 거제巨濟로 그리고 다시 남해南海로 유배되었다가 10월이 되어서야 특별히 방면되었다.

61세 때인 1680년(숙종 6)에 한성부판윤 겸 총융사判尹兼摠戎使로 특배特拜되었으며, 67세 때인 1686년(숙종 12)에는 앞에서도 거론했던 바와 같이 춘당대春塘臺 시사試射 즉 활쏘기에서 적중的中이 많았으므로, 정헌대부正憲大夫에 오르고 비국備局의 일을 겸하게 하였다.

그런데 구일의 나이 69세 때인 1688년(숙종 14) 10월 6일 사헌부에서는 능평군綾平君 구일의 파직을 청하는 상소를 올렸다. 이유인즉 이때 인조의 계비繼妃인 장렬왕후莊烈王后가 승하昇遐하였는데 구일이 자기 집에서 외손녀의 혼례를 행하고 늦게 곡반哭班에 나오는 바람에 성복成服하는 데 미치지 못하였다는 이유에서였다. 이에 숙종은 종중추고從重推考(경고의 의미)만 하라고 하였다.

그러나 다음 해인 1689년(숙종 15) 2월 26일에 사헌부에서는 또다시 이전 장렬왕후 승하 때의 일을 들어 절도絶島에 정배定配해야 한다고 계속 상소를 올렸다. 숙종은 사헌부의 건의를 따르지 않고 관직만 삭탈하라 하고는 한양성 밖으로 내보내어 살게 하라 하였고 그리하여 구일은 송추松楸에 나와 살았다.

그 후 다시 몇몇 직책을 받았으나 구일은 노환老患으로 모두 사양하였고 1695년(숙종 21) 11월 옛 집에서 향년 76세를 일기로 세상을 떠났다. 슬하에 3남 2녀를 두었다.

유병연 柳炳然

'진충보국盡忠報國'네 글자를
등에 문신文身으로 새기다

· 생존연대 : 1625년(인조 3)~1681년(숙종 7) 향년 57세
· 자 : 문숙(文叔)
· 시호 : 충의(忠毅)
· 본관 : 진주(晉州)

· 부 : 유충걸(柳忠傑)
· 모 : 전주(全州) 이원영(李元英)의 딸
· 배 : 칠원(漆原) 윤형일(尹衡一)의 딸

■ 1. 관직 진출 과정

유병연은 1625년(인조 3) 공주公州에서 태어났다. 24세 때인 1648년(인조 26)에 무과에 합격하여 선전관宣傳官에 임명되었다. 선전관은 임금의 시위侍衛나 임금의 명을 전달하는 업무 등을 담당하는 관직으로 용맹하면서도 무재武才가 있어야 했으며 맡은 업무가 중요했던 만큼 무예와 병법을 끊임없이 연마해야 하는 직책이었다.

그는 무인으로서 활 쏘는 솜씨가 뛰어나서 춘당대시春塘臺試[1]에서 장원하여 홍주영장洪州營將에 승진 임명되었다. 홍주洪州는 충청남

---

1) 나라에 경사가 있을 때 실시된 과거시험인 경과(慶科)의 하나로 국왕이 창경궁 내 춘당대에 친림하여 보였기 때문에 '춘당대시'라고 하였다.

도 홍성지역의 옛 지명이며 영장營將은 각 도의 지방군대를 관할하는 정3품 관직이었다. 그 후 외직으로 흥양현감興陽縣監과 해미현감海美縣監 등을 역임하였는데 청렴하면서도 백성을 인정 있게 다스렸다는 평을 받았다.

흥양현감으로 있을 때 일이다. 흥양은 현재의 전라남도 고흥高興 지역인데 한 도적이 관청 곳간의 기와를 몰래 뜯어가려다가 곳간 아래로 떨어져 며칠을 나오지 못한 일이 있었다. 며칠 후에 발견되었는데 유병연은 그 도적을 보고 참으로 불쌍하다 하고 벌을 주긴 하였으나 쌀을 조금 주어 보내게 하였다. 그의 인간미를 엿볼 수 있는 일화이다.

2. 춘천방어사(春川防禦使)

그 후 44세 때인 1668년 3월에 유병연은 춘천방어사에 제수되었다. 방어사는 군사적으로 요긴한 곳을 방어하기 위하여 둔 무관武官의 종2품 관직이다. 당시 춘천에는 흉년이 들어서 유병연은 열심히 그곳 백성들을 진휼賑恤하고 있었다. 얼마 후 도사都事[2] 강석빈姜碩賓이 춘천에 왔는데 이유는 모르지만 그곳에서 일하고 있던 진휼감색賑恤監色[3]들에게 형장刑杖을 마구 사용하면서 벌을 주는 상황이 벌어졌다. 유병연은 자기 휘하의 부하들이 자신도 모르는 사이에 매를 맞고 있다는 보고를 받고 관복도 갖추어 입지 못한 채 급히 평복 차림으로 현장으로 갔다. 그리고 거기에서 서로의 잘잘못을 따지는 과정에서 유병연이 도사 강석빈에게 모욕하는 말을 하였다. 강석빈 역시 32살 때에 문과에 급제하여 도사를 제수 받고

---

2) 관찰사를 보좌하는 종5품 관직.
3) 백성들의 구제를 담당하는 회계 책임자.

부임한 터라 유병연의 모욕적인 말에 자존심이 크게 상하였다. 그래서 강석빈은 상관인 강원도관찰사 이상일李尙逸에게 문제를 제기하였다. 당시 원주감영에 있던 관찰사는 이 일을 어떻게 처리해야 할 지 난감해 하다가 주변 사람들이 두 사람 다 그르다고 하자 두 사람 모두 파직시킬 것을 조정에 건의하였다. 결국 춘천부사 유병연과 도사 강석빈은 모두 파직되었고 이 일을 제대로 중재 조정하지 못한 책임을 물어 관찰사 이상일도 파직되었다.[4]

3. 북방과 남방의 방위업무를 담당하다

다음 해인 1669년(현종 10) 봄에 현종顯宗이 왕대비인 인선왕후仁宣王后(효종의 비)와 현종의 중궁인 명성왕후明聖王后와 같이 온양온천溫陽溫泉에 행차하게 되었다. 당시 포도대장이었던 이완(李浣, 1602~1674)은 임금 일행의 행차를 호위할 마대별장馬隊別將으로 유병연을 추천하면서 춘천에서 있었던 일은 유병연에게 잘못이 없었다고 해명해 주었다. 현종도 유병연에 대해서 다시 생각하게 되었고 이전보다 더욱 더 잘 알게 되었다.

유병연은 다시 임금의 신임을 얻어서 선천방어사宣川防禦使와 길주목사吉州牧使를 역임하였다. 길주목사로 있을 때는 수로水路를 새로 뚫어 논밭을 많이 개간하여 백성들이 농사를 지을 수 있게 하였고 선천방어사 때에는 정령政令을 다시 검토하여 기강을 확립하고자 하였다. 그러나 그러한 일련의 조치들을 불편하게 여기는 관리들도 있었고 그러다 보니 유병연을 참소하는 말을 가지고 죄상을 만들어 조정에 보고하는 관찰사도 있었다. 그래서 유병연의 안위가 위태한 적도 있었는데 당시 병조참판이었던 신여철申汝哲이 유병연은 강명

---

4) 『현종개수실록』 현종 9년(1668) 6월 19일, 같은 해 8월 8일 기사 참조.

剛明하고 염근廉謹한 사람이라는 것을 임금에게 강력하게 변호해 주었다. 신여철은 1672년 평안병사平安兵使를 역임하면서 유병연의 품성에 대해서 잘 알았고 있었던 것이다. 그 덕분에 유병연을 파직만 하는 것으로 일이 마무리 되었다.

유병연은 청렴하고 청빈하였다. 선천방어사와 길주목사에서 돌아왔을 때의 일이다.

이전에 유병연을 마대별장으로 추천했던 이완상공이 "이 사람이 집에 돌아오면 저녁 끼니도 어려울 것이다."라고 하면서 두어 곡斛[5]의 곡식을 미리 그 집에 가져다주게 하였다. 또 어느 날 밤에는 그의 집에 도둑이 들었는데 유병연이 나지막이 말하기를 "우리 집엔 그 솥 하나뿐인데 그걸 가져가면 어떡하는가?"[6] 하니 도둑이 그대로 두고 갔다는 일화도 있다. 이후 현종이 승하하고 숙종이 왕위에 올랐는데 숙종 역시 유병연을 계속 신임하여 오위도총부의 종2품 관직인 부총관副摠管에 서용敍用하였고 52세 때인 1676년(숙종 2)에는 치안에 있어서는 총 책임자라 할 수 있는 포도대장으로 임명하였다. 그만큼 왕실의 신임이 두터웠던 것이다.

그리고 그 다음해인 1677년(숙종 3)에 전라수사全羅水使로 임명되었다. 수사는 수군절도사水軍節度使의 약칭으로 각 도의 수군을 통솔 지휘하던 사령관이며 정3품 관직이다. 그는 부임한 후 참좌參佐(보좌하는 군사들) 즉 참모들과 상의하여 때때로 누선樓船에서 숙직하기도 하였는데 수사로서는 참으로 이례적인 파격적인 행동이었다. 참모들은 그곳 기후가 습하고 건강에 좋지 않다고 우려하면서 만류하기도 하였지만 유병연은 거기에 개의치 않았다. 이후 경기 지방 수군水軍

---

5) 곡은 약 20말 정도.
6) 이상(李翔), 『타우선생유고(打遇先生遺稿)』 권5, 「부총관증판서유공행장(副摠管 贈判書柳公行狀)」

을 관령管領하는 종2품 관직인 경기통어사京畿統禦使를 역임하는 등 주요 무관직을 역임하였다.

그런데 유병연은 홍양현감으로 있을 때부터 토질土疾로 고생을 하였다. 토질이란 담痰이 뭉치고 가슴이 아파서 옆으로 돌아눕지 못하는 병인데 폐질환의 일종이다. 그래도 그동안은 그렇게 심하지 않았는데 점점 조금씩 심해지더니 결국 1681년(숙종 7) 2월에 세상을 떠났다. 향년 57세였으며 슬하에 2남 2녀를 두었다.

그런데 유병연이 사망한 후 염습殮襲을 진행하는 과정에서 주변에 있던 사람들이 매우 놀라는 상황이 벌어졌다. 그의 염습을 하기 위해서 시신을 닦으려고 유병연의 몸을 돌려 눕히는 순간 그의 등에 '진충보국盡忠報國(충성을 다하여 나라의 은혜를 갚는다)[7]'라는 네 글자가 먹물로 문신이 새겨져 있었던 것이다. 그리고 이러한 사실은 주변에 널리 퍼져 많은 사람들이 알게 되었다. 그리고 당시 사람들은 유병연의 문신을 보면서 악비岳飛를 떠올렸다. 악비는 중국 송나라 신하로 호가 무목武穆인데 그는 등에 '진충보국' 문신을 한 인물로 유명했다. 그리고 당시 주변 사람들이 더욱 놀라워했던 것은 유병연 뿐 아니라 유병연의 조부인 유형柳珩도 같은 문신을 했다는 사실이다.

유형은 임진왜란 때 남해현감南海縣監으로 이순신의 두터운 신망을 받았던 인물로 노량해전에서 이순신을 도와 싸웠는데 전투 중에 그 자신 몸에 세 발의 탄환과 다섯 발의 화살을 맞아 부상을 입었으면서도 전사한 이순신李舜臣을 대신하여 전투를 지휘했던 무신이다. 이후 조선시대 삼도수군통제사, 경상도병마절도사, 평안도병마절도사 등을 역임하였다.

이에 대해 송시열宋時烈은 유병연의 비명碑銘에서 '등에 물들인 것

---

7) 이상(李翔)이 지은 유병연의 행장에는 '정충보국(貞忠報國)'이라 되어있다. 앞의 「행장」 참조.

충의공 유병연(柳炳然)과 그의 부인인 칠원 윤씨의 합사 묘지명을 탑본첩으로 장황한 것임. [ⓒ국립중앙박물관]

은 악무목岳武穆이 하였던 것인데 대대로 가풍家風으로 삼은 것을 나는 유병연공에게서 처음 보았다.'라 하였고 유병연 보다 약간 후대의 문신인 도암陶庵 이재李縡는 이들을 가리켜 '중국에는 천고에 한 사람의 무목武穆만이 있었는데 우리나라에는 한 집안에 두 무목이 있다.'고 평하였다.

그 후 약 110년이 지난 후인 1796년(정조 20) 8월 9일에 조정에서는 유형과 유병연에게 시호를 내리는 문제가 논의되었다. 이 자리에서 신하들이 "고 통제사 유형과 고 훈련도정 유병연은 조부와 손자로 모두 송나라 신하 악비岳飛의 일처럼 '진충보국' 네 글자를 등에 문신을 했었고 문정공文正公 이재李縡가 칭한 바 '중국에는 천고에 한 사람의 무목만이 있었는데 우리나라에는 한 집안에 두 무목이 있다.'는 말은 또한 그를 드러내 빛낸 명언입니다."라 아뢰었다.

정조正祖는 이 말을 듣고 "유씨 집안에는 어쩌면 그리도 충신과 명장이 많은가."[8]라고 감탄하면서 증영의정贈領議政 유형에게 '충경忠景'이라는 시호를, 형조판서 유병연에게는 '충의忠毅'라는 시호를 내렸다.[9]

---

8) 『정조실록』 정조 20년(1796) 8월 9일.
9) 『정조실록』 정조 20년(1796) 10월 16일.

민정중 閔鼎重
벼랑길을 다니며 작은 군막과 보루를
두루 순시巡視하다

· 생존연대 : 1628년(인조 6)~1692년(숙종 18) 향년 65세
· 자 : 대수(大受)
· 호 : 노봉(老峯)
· 시호 : 문충(文忠)
· 본관 : 여흥(驪興, 경기도 여주)

· 부 : 민광훈(閔光勳)
· 모 : 연안(延安) 이광정(李光庭)의 딸
· 배 : 평산(平山) 신승(申昇)의 딸
· 계배 : 남양(南陽) 홍처윤(洪處尹)의 딸

1. 관직 진출 과정

민정중은 22세 때인 1649년(인조 27) 4월 문과에 장원壯元으로 합격하였다. 곧바로 5월에 인조가 승하하고 왕위에 오른 효종은 2년 후인 1651년(효종 2) 6월에 응지應旨 상소를 올리라는 명을 내렸다. 응지 상소란 임금이 신하들에게 여러 가지 국가의 정책에 대한 의견들을 제출하라는 명령을 내리는 것으로 국정 운영을 위해서 신하들의 의견을 듣고자 하는 취지였다. 그리고 이때의 발언에 대해서는 책임을 묻지 않는 것이 통례였다. 이때 민정중은 오위五衛에 속한 종6품 관직인 부사과副司果 직책에 있었다.

그는 당시 높지 않은 관직에 있었지만 평소에 절감하고 있었던 여러 가지 문제를 8가지로 정리하여 상소를 올렸다. 지적한 점이 여러 가지이지만 민정중은 특히 외직外職의 중요성을 강조하였다. 한 마디로 말해 외직 관장은 중앙에 자리 잡지 못한 사람들이 할 수 없이 밀려서 가는 곳이 아니라는 점이었다. 백성을 사랑하는 임금이라면 성품이 방정하고 능력이 뛰어난 인재를 가려 뽑아 관장으로 임명해야 한다는 내용이었다.[1] 젊은 선비로서는 상당히 과감한 상소였다.

그런데 효종은 이 상소를 가상히 여기고 특별히 호피虎皮를 하사하며 칭찬하였다. 효종은 민정중의 상소를 보고 그의 강직함을 보았던 것으로 보인다. 그래서 같은 해 7월에 효종은 민정중을 사법부 성격인 사간원의 정언으로 제수 하였고 그리고 이듬해인 1652년(효종 3) 2월에는 전라도 암행어사로 제수하였다. 민정중의 나이 25세였음을 생각할 때 상당히 파격적인 발탁이라 할 수 있다.

효종은 민정중 등을 암행어사로 파견하면서 당부하였다.

한 고을의 행·불행은 전적으로 관장에게 달려 있다. 만약 탐욕을 부리면서 백성을 학대하는 자가 있거든 친소親疏에 구애받지 말고 사실대로 보고하고 민간의 폐단도 자세히 살피도록 하라. 그리고 종전의 어사들처럼 불공정하고 엄격하지 못하다는 말을 듣거나, 돌아오기에 급급한 나머지 주변 사람들로부터 들은 것만 가지고 대충 책임만 때우려고 하지 말라. —『효종실록』효종 3년(1652)2월 9일 기사 참조

이에 민정중은 젊은 나이였지만 임금의 기대에 부응하여 어사로

---

1)『효종실록』효종 2년(1651) 6월 6일.

서의 임무를 잘 수행했던 것으로 보인다. 그가 어사로서의 임무를 충실하게 수행한 것으로 판단할 수 있는 이유는 그 다음에도 여러 관료들에게서 어사로서 추천을 받았다는 점에서 알 수 있다.

즉 이듬해 또 충청도에 어사를 파견하고자 하였는데 임금이 조정 중신들에게 후보를 추천하라 하자 영의정 정태화鄭太和는 민정중과 홍처대와 홍위洪葳를, 좌의정 김육金堉은 민정중과 홍처대와 이천기 李天基를 천거하였다.[2]

그렇게 하여 복수 추천을 받은 민정중과 홍처대(洪處大, 1609~1676) 는 1653년 9월에 다시 충청도 암행어사로 파견되었다. 당시 민정중 은 25세, 홍처대는 44세였다.

그런데 홍처대는 개인적으로 민정중에게 처숙부가 되었다.민정 중의 첫 부인인 신씨는 1646년에 20세의 나이로 세상을 떠났고 그 후 민정중은 홍처대의 형인 홍처윤(洪處尹, 1607~1663)의 딸과 재혼 하였다.

이 당시는 대동법을 시행하기 시작한 때였으므로 효종은 암행어 사인 홍처대와 민정중을 따로 특별히 불러서 봉서封書를 주면서 호 서 지방의 대동법이 편리한지에 대해서도 탐문하게 하였다.[3]

민정중은 또 1655년 12월에는 서필원과 함께 평안도 어사로 파 견되었고 1658년 2월에는 경상우도慶尚右道[4] 어사로 다녀오는 등 여러 차례 어사로서의 임무를 수행하였으며 이후 동래부사東萊府使 도 역임하였다.

---

2) 『효종실록』효종 3년(1652) 8월 26일.
3) 『효종실록』효종 3년(1652) 9월 16일.
4) 낙동강을 경계로 서쪽 지역이며 한양 궁궐에서 바라볼 때 우측이므로 우도(右道) 라 함.

3. 함경도관찰사(咸鏡道觀察使)

효종이 승하하고 현종이 등극한 후 민정중은 대사간大司諫, 승지承旨, 대사성大司成 등을 역임하고 37세인 1664년(현종 5) 6월에 함경도 관찰사를 제수 받았다. 그런데 당시 함경도관찰사는 서필원이었다.

서필원과 민정중, 두 사람은 나이 차이가 꽤 큰 편이었지만[5] 좋은 인연과 악연이 얽혀있던 사이였다. 우선 두 사람은 여러 차례 같은 직책에서 같은 임무를 수행했었다. 민정중이 24세 때인 1651년에는 서필원과 함께 언론 담당 기관이었던 사간원의 정6품 관직인 정언으로 일했고 28세 때인 1655년에는 임금의 자문 역할을 하던 홍문관에서 민정중은 교리校理로, 서필원은 부교리副校理[6]로 근무하였다. 또 같은 해 12월에는 서필원과 민정중 두 사람이 함께 평안도 어사로 파견되어 같은 어사 임무를 수행하기도 하였다. 이 당시의 어사 파견과정을 보면 흥미롭다.[7]

그리고 2년 후인 1657년(효종 8)에 서필원은 충청도 관찰사로 나갔고 그곳 충청도 내의 서원書院 철폐를 건의하였다. 당시 민정중은 부응교副應敎 직책에 있었다. 부응교란 홍문관弘文館 소속으로 임금의 자문諮問에 응하는 종4품 관직이었는데 서필원의 서원 철폐 건의에 대하여 강하게 반대하였다. 당시 송시열 등 정통 성리학자들이 강하게 반대하였는데 송시열의 문인이었던 민정중으로서는 당연하다고도 할 수 있다. 또한 민정중의 동생인 민유중(閔維重, 1630~1687. 후에 인현왕후의 친정아버지가 된다)은 서원 철폐문제를 거론하며 서필원

---

5) 민정중은 서필원 보다 15살 아래이다.

6) 교리와 부교리 모두 종5품 관직.

7) 처음에는 담당 부서에서 서필원과 민정중을 황해도 어사로, 권대운과 박세성을 평안도 어사로 추천해 올렸는데 효종은 막판에 평안도와 황해도의 어사를 서로 바꾸라고 명하였다. 아마도 보안을 위해서 전격적으로 바꾼 것으로 추정할 수 있다.(『효종실록』 효종 6년(1655) 12월 22일 기사 참조)

을 파직시켜야 한다는 상소를 올리기도 하였다.

이러한 일련의 사건들 때문에 민정중은 서필원의 후임으로 부임하는 것이 매우 부담스러웠다. 그래서 현종에게 사양의 뜻을 표했는데 그러나 저간의 상황을 잘 알고 있던 현종은 '꺼림직 하게 생각하지 말고 얼른 부임하여 임무를 잘 수행하라'[8]고 독려하였다.

신구新舊 감사가 임무를 교대하는 교구지일交龜之日에 민정중과 서필원이 만났다. 약 9년 만이었다. 교구交龜란 감사監司나 병마절도사兵馬節度使, 수군통제사水軍統制使 등이 교체될 때 거북 모양의 병부兵符나 인신印信을 서로 인수인계 하던 것을 말하며 대개 도道 경계 지역에서 이루어졌다. 이때 서필원은 민정중에게 관인官印과 함께 책자 하나를 주면서 살펴보고 취사取捨해서 행하면 좋겠다는 뜻을 전하였다. 민정중은 정중하게 그 책을 받았다.[9]

그리고 민정중은 함흥 감영으로 부임하였다. 부임하고 보니 가장 시급한 문제가 국방문제로서 당시 국경 지역이었던 육진六鎭의 문제였다. 육진 지역은 북쪽지역의 오랑캐 즉 여진족들과 국경을 마주하고 있는 중요한 요새였는데 국경이 맞닿아 있다 보니 여진족 사람들이 간간이 조선 땅에 들락거리는 경우가 있었다. 그런데 당시에는 그 빈도수가 부쩍 늘어서 육진 지역의 병사와 백성들은 전례 없는 일이라고 하면서 불안해하였다. 그래서 국경 지방 여진족과 맞닿은 곳에 살고 있던 백성들은 매우 두려워하면서 성안으로 들어와 살았다. 그런데 백성들이 살지 않으면 영토는 밀릴 수밖에 없었고 민정중은 관찰사로서 그냥 보고만 있을 수는 없었다. 민정중은 불안해하는 백성들을 안심시키고 그리고 국경을 굳건하게 지켜야 하는 책임을 지니고 있었다. 함흥감영에서 육진까지는 천 여

---

8) 『현종실록』 현종 5년(1664) 윤6월 3일.
9) 이 책 [16. 서필원] 항목 참조.

리였는데 그는 그곳으로 가서 북쪽 여진족의 움직임을 예의주시하면서 그에 대비하였다.

그는 우선 보병과 수레를 위용 있게 나열하고 두만강 일대에서 대규모로 사냥 훈련을 하면서 군대를 정돈하였다. 그리고 순시巡視를 부지런히 하였다. 두만강 변에 늘어선 보루[堡]를 빠짐없이 순시하였을 뿐만 아니라 마부도 주저하는 산간 지방의 아슬아슬한 잔도棧道10)도 모두 순시하면서 군사들을 격려하였다. 이것을 보고 백성들은 상당히 안정되었다.

또한 민정중은 무기를 보강할 수 있도록 조정에 청하였다. 병기 중에서는 조총鳥銃이 가장 시급하다고 보고 남방南方의 조총 수천 자루와 납으로 만든 총알인 연환鉛丸을 마련하기 위한 가목價木11) 등을 조정에 요청하였다.

그리고 민정중은 전임 관찰사인 서필원이 준 책자를 보았다. 거기에는 육진의 문제와 그에 대한 방책들이 많이 기술되어 있었다. 민정중도 서필원과 여러 차례 같이 일한 바가 있어 나라와 백성을 위한 그의 충심을 잘 알고 있었다. 그 역시 서필원과 마찬가지로 그동안의 사적인 감정은 생각하지 않았고 그가 전임 관찰사로 재직하면서 제시한 방안을 많이 시행하고자 노력하였다.

다음 민정중이 당면한 문제는 논밭을 측량하는 양전量田 문제였다. 당시 조정에서는 대동법을 시행하기 위하여 양전을 실시하고 있는 중이었는데 이 양전문제는 그리 간단치가 않았다.

민정중은 국가의 방침대로 함경도 내의 모든 전답의 면적을 측량하였다. 그는 함경도를 남도와 북도 그리고 회령會寧 이북 및 삼수三水·갑산甲山 등의 지역으로 나누어 측량하게 하였고 그 결과 모두 6

___
10) 잔도란 험한 벼랑에 낸 벼랑길을 말한다. 충북 단양에 '잔도길'이 있다.
11) 물건 값으로 치러 주는 무명.

만 5천 6백결[結]이라고 보고하였다. 그런데 함경도 지방 특히 그 중에서도 북쪽 변방은 땅은 넓은데 사람은 없어서 오래도록 개간하지 않고 묵히는 땅이 상당히 많았다. 그리고 또 토질도 척박하였다. 그런데 민정중이 원칙대로 새로 측량하니까 전답 규모가 늘어났고 자연 세금도 더 많이 부과되었다. 당연히 함경도 백성들의 원성이 높아졌다.

이에 대해 실록에도 '북도는 토질이 척박한데 양전을 한 뒤에 요역徭役과 부세賦稅가 전보다 가중되었으므로 백성들이 불편하게 여겼다'고 기록하고 있다.[12]

민정중도 그러한 점을 모르지 않았지만 그렇다고 양전을 원칙대로 안 할 수는 없었다. 다만 그는 양전은 원칙대로 하되 함경도는 토지가 척박하고 고을마다 사정이 달랐기 때문에 대동법을 똑같이 시행하기는 어렵다고 판단해서 군현의 실정과 토지의 등급에 따라 형편에 맞게 세액을 부과하도록 하는 '대동상정법大同詳定法'을 건의하였고 1666년(현종 7)부터 시행하도록 하였다.[13]

함경도관찰사의 임기는 2년이었는데 양전하는 데 시일이 더 소요되었으므로 민정중은 1년을 더 유임하였다.

그가 함경도관찰사 직책을 마치고 떠나올 때 유림儒林들을 비롯한 그곳의 원로들과 송별연을 가졌다. 술잔이 몇 순배 오고 간 후 원로들이 말하였다.

"감사님의 기상氣象은 오로지 가을이나 겨울 같기만 하고 봄이나 여름 같은 맛은 모자랍니다."고 하였다. 그동안 민정중도 백성들이 자신을 원망하고 있다는 것을 모르지 않았다. 그러나 관찰사로서 국가의 정책을 시행하다 보면 어쩔 수 없이 강력하고 엄격하게

---

12) 『현종실록』 현종 8년(1667) 7월 8일.
13) 『숙종실록』 숙종 18년(1692) 6월 25일 민정중의 '졸기'

시책을 추진할 수밖에 없는 상황도 있는 것이다. 그때 그는 술에 좀 취해 있었으나 일어나 그들을 향하여 절을 하였다.[14] 민정중의 그 절에는 관장으로서 짊어질 수밖에 없는 고뇌가 서려 있었다고 할 수 있다.

이후 그는 내직으로 들어와 형조판서 공조판서 등을 역임하다가 42세 때인 1669년(현종 10) 10월에 동지사冬至使로 북경에 다녀왔다. 그런데 이때 민정중으로서는 뜻하지 않게 관직생활에 누累가 되는 사건이 생겼다.

민정중과 친하게 지내는 친구이자 선배 중에 김징(金澄, 1623~1676) 이란 사람이 있었는데 그는 민정중이 동지사로 청나라에 간다는 말을 듣고 당시로서는 상당히 귀한 표피豹皮옷 즉 표범 가죽옷을 선물하였다. 그런데 그 후 김징이 전라도관찰사로 나가있던 중 그가 여러 관료들에게 뇌물을 주었다는 뇌물사건이 터지면서 김징이 민정중에게 표피 옷을 준 일까지 드러나고 말았다.

당시 조정 신하들 중에는 중국에 사신으로 가는 경우에 선물을 주는 것이 관행이라고 변호해 주는 사람들도 많았고 현종도 개인적인 친분으로 받은 것이니 개의치 않겠다고 했으나 민정중은 스스로 견디기 어려웠다. 그는 그동안 관직생활을 하면서 원칙을 지키며 청백하게 살았다고 자부하였고 또 주변에서도 그렇게 인정하였다. 실록에서도 '삼가 살피건대, 민정중이 본래 청백하다고 자부하였으니, 비록 당론에 병폐가 있기는 했지만 또한 한 시대의 명사라고 할 만하였다'[15]라고 하며 그의 청렴함을 인정하고 있다.

이러한 그의 생활 태도에 대해서는 개인적인 자료이긴 하지만 민정중의 조카이며 민유중의 아들인 민진원閔鎭遠이 쓴 「유사(遺事)」도

---

14) 앞의 '졸기'
15) 『현종실록』 현종 11년(1670) 6월 5일 기사 참조.

참고할만하다.

> (민정중과 민유중) 두 형제분이 식사를 하시는데 밥상을 보니 반찬이 나물국에 새우젓과 김치뿐이었다. 그런데도 두 분은 마주 앉아서 매우 맛있게 드셨다. (중략) 당시 두 분의 관직이 상당히 높았음에도 찬품饌品(반찬 수)이 이처럼 변변찮았고 그럼에도 그것을 편안하게 여기셨다' -「유사」17조 [종자진원(從子鎭遠)]

이처럼 안팎에서 청렴하다는 평가를 받고 있었고 그 자신 또한 그렇게 자부하고 있었던 터라 그 상황이 스스로 견디기 어려웠고 그래서 그는 곧바로 사직하고 고향인 충주忠州로 낙향하였다. 그리고 그 후 현종이 여러 차례 효유曉諭하며 불렀으나 계속해서 관직에 나오지 않았다.

그런데 경기지방에 전염병이 돌았고 위급한 상황이 되었다. 민정중은 그것을 알고는 계속 사양할 수는 없다고 생각하여 1671년 한성부 판윤이 되어 진구賑救에 나섰다. 그는 날마다 진휼하는 곳에 가서 구휼하였는데 당시 전염병이 막 창궐해서 백성들 가운데 죽는 자들이 계속 이어졌고 동료 당상관 중에서도 전염병에 걸려 죽는 경우도 있었다. 민정중 역시 그 사이에 바람을 쐬었다가 병이 나서 두통이 극심해졌는데 자신의 병을 알리지 않고 푸른 두건으로 이마를 꽁꽁 싸맨 채 구휼에 힘을 다하였다.[16]

이후 병조판서와 우의정, 좌의정 등을 역임하였는데 그의 나이 62세인 1689년에 '기사환국己巳換局'으로 정치적인 지형이 돌변하여 인현왕후가 그 해 5월 4일에 폐출되었다. 인현왕후의 친정아버지인 민유중閔維重은 2년 전에 이미 세상을 떠났고 인현왕후의 큰아버지

---

16) 앞의 「유사」

인 민정중도 무사할 수는 없었다. 그는 같은 해 7월에 삭탈관직 되었고 평안도 벽동碧潼17)으로 유배되어 위리안치 되었다. 그리고 그렇게 지낸지 3년 만인 1692년(숙종 18)에 유배지에서 세상을 떠났다. 그의 나이 65세였다. 슬하에 1남 1녀를 두었다.

2년 후인 1694년(숙종 20) '갑술환국甲戌換局'으로 복관復官되고 이후 '문충文忠'이란 시호가 내려졌다.

---

17) 평안도 북부 압록강(수풍호) 연안에 있으며 중국과 마주보는 국경지역이다.

서문중 徐文重
공정한 재판을 위해 '판례집判例集'을 편찬하다

· 생존연대 : 1634년(인조 12)~1709년(숙종 35) 향년 76세
· 자 : 도윤(道潤)
· 호 : 몽어정(夢漁亭)
· 시호 : 공숙(恭肅)
· 본관 : 달성(達城, 대구)

· 부 : 서정리(徐貞履)
· 모 : 경주 이시발(李時發)의 딸
· 양부 : 서원리(徐元履)
· 양모 : 청풍(淸風) 김육(金堉)의 딸
· 배 : 용인(龍仁) 이후산(李後山)의 딸

1. 관직 진출 과정

서문중의 아버지 서정리는 달성위達城尉 서경주徐景霌와 정신옹주貞愼翁主[1]의 아들이다. 그런데 서정리의 사촌형인 서원리에게 후사가 없어서 서정리의 둘째 아들인 서문중이 서원리의 양자가 되었고 양어머니는 청풍 김육의 딸[2]이었다. 서문중은 24세인 1657년(효종 8)에 생원시에 합격하였다. 그런데 다음 단계인 문과시험

---

1) 선조(宣祖)와 인빈(仁嬪) 김씨 사이의 딸.
2) 김육의 2남 4녀 중 셋째 딸이다.

서문중의 초상화: 서문중 초상은 조선시대 시복본 전신좌상 가운데
높은 예술성을 보여주는 뛰어난 작품으로 평가된다. [©국가유산청]

을 준비해야 하는 시기에 연달아 친부모와 양부모 상을 당하였다.
26세 때인 1659년(효종 10)에 친어머니인 이씨가 돌아가시고 2년
후인 1661년(현종 2)에는 양어머니인 김씨가 돌아가셨으며 또 2년
후인 1663년(현종 4)에는 양아버지인 서원리가, 그 이듬해인 1664

년(현종 5)에는 친아버지인 서정리가 돌아가셨다. 5년여 동안 연속해서 상을 당하였기 때문에 그는 26세부터 근 8년 동안 상례를 치러야 했다.

40세 때인 1673년(현종 14)에 동몽교관童蒙敎官[3]을 시작으로 42세 때인 1675년(숙종 원년)에는 천거薦擧로 사재감司宰監 주부主簿[4]가 되었으며 45세에 이천부사利川府使(종3품), 47세에 상주목사尙州牧使(정3품)를 역임하였다. 그리고 같은 해 가을에 문과에 장원으로 합격하였고 다음 해인 1681년(숙종 7)에는 광주부윤廣州府尹(종2품)으로 부임하였다.

1682년(숙종 8)에 숙종은 서문중을 경상도관찰사로 제수하고자 하였다. 그런데 주변에서 승진이 너무 빠른 것 아니냐는 시각들이 있었다. 서문중은 주변에서 자신의 빠른 승진을 비판하는 여론들이 있음을 의식하고 사양하고 부임하지 않았다. 그 뜻을 알고 숙종은 서문중을 승지로 제수하였는데 승지는 승정원의 정3품직으로 왕의 지근거리에서 왕명의 출납을 담당하는 업무를 담당하는 중요한 관직이었다.

서문중은 승지로 있었던 1년 내내 결근을 하지 않았다. 실제로 당시에 그는 결근하지 않는 사람으로 유명하여 실록에도 '서문중은 특히 각근恪謹하게 봉직奉職하였는데 더운 날이나 비 내리는 날도 가리지 않아 당시 사람들에게 칭찬받았다.'[5]고 기록할 정도로 성실하게 근무하였다.

서문중의 성실성은 책을 대하는 태도에서도 나타난다. 그는 책을 몹시 좋아하여 젊어서부터 늙도록 하루도 책을 보지 않을 때가

---

3) 조선 시대에 서울의 사학(四學)과 각 지방에서 학동들을 가르치던 종9품의 관직.
4) 사재감은 궁중에서 쓰는 생선과 고기, 소금, 땔나무, 숯 따위를 공급하던 관아이고 주부는 해당 관서의 문서를 담당하던 종6품 관직이다.
5) 『숙종실록』 숙종 35년(1709) 1월 6일 '판중추부사 서문중의 졸기'

없었다고 하며 특히 사서史書를 좋아하여 역대의 사적은 꿰뚫지 않은 것이 없었다. 특히 서문중은 독서를 할 때면 늘 '차기문자箚記文字'를 기록하였는데 '차기문자'란 메모를 말한다. 그는 늘 메모하는 것이 습관이 되어서 책을 보다가 요점이라고 생각되거나 의심나는 대목이 있으면 바로 바로 적어 두었다. 그리고 세월이 흐르면서 그것이 쌓여 권질卷帙이 되었다.

그는 이러한 차기문자를 기록하는 습관을 바탕으로 하여 후에 경상도관찰사로 근무할 때는 수군水軍, 보군步軍의 군액軍額 및 군량, 병기 등을 조목별로 열거한 『해방지(海防誌)』를 편찬하여 찾아보기 편리하도록 하였고 의정부에 재직할 때는 각 지방의 성지城池, 토전土田, 호구戶口, 곡물, 전함, 봉수, 진보鎭堡, 우역郵驛, 군대 등을 조사해 『군국총부(軍國摠簿)』를 저술하기도 하였다.

서문중은 승지로 재임하는 동안 경연 석상에서 진계進戒하기도 하고 때로는 조야朝野의 소송사건에 대하여 임금의 자문에 응하면서 자신의 견해를 피력하기도 하였다. 숙종은 이 기간 동안 서문중의 관료로서의 자질을 주의 깊게 지켜보고는 주변 사람들에게 "내가 승정원承政院에서 서문중을 일 년간 지켜보았는데 쓸 만한 인재라는 것을 알았다."[6]라고 여러 차례 말하였는데 그것은 다음 인사에서 일어날 수 있는 논란을 미리 차단시킨 것이라고 할 수 있다.

2. 경상도관찰사(慶尙道觀察使)

실제로 숙종은 다음 해인 1683년(숙종 9)에 서문중을 경상도 관찰사로 제수하였다. 그의 나이 50세 때였다.

영남은 지역이 넓고 고을도 많아서 부임해 보니 소장訴狀이 구름처

6) 『국조인물고(國朝人物考)』, 「시장(諡狀)」 [이진망(李眞望)지음]

럼 쌓여 있었고 중대한 옥사도 2백 건이나 밀려 있었다. 서문중은 이렇게 된 이유가 심리하는 관서에서 제대로 심리를 하지 않은 탓이라는 것을 알았다. 즉 옥사에 얽힌 백성들의 억울함을 알면서도 법조문을 편의적으로 해석하여 판결하지 않고 미루어 놓았던 것이다.

서문중은 밤낮없이 쉬지 않고 심리를 하고 재판을 하여 판결을 내려주었다. 특히 형사상刑事上의 송사訟事인 옥송獄訟은 더욱 신중하면서도 신속하게 판결해 주어서 억울하게 옥살이를 하지 않도록 하였다. 서문중

『조야기문(朝野記聞)』 조선 후기 숙종 대 서문중이 조선 왕조의 역사를 기사본말체의 형식으로 정리한 야사서의 한글 번역본. [ⓒ한국학중앙연구원]

은 또한 관아에서만 송사를 처리한 것이 아니고 경상도 변방은 물론 관내에 있는 해도海島까지 직접 돌아다니면서 수군水軍들과 관련된 소송 문제와 법률적인 문제를 해결해 주었다.

서문중이 판결을 내리면 판결을 받는 당사자들은 그 판결이 적정하다고 하여 승복하고 억울하다고 여기지 않았다. 그것은 서문중이 법에 대한 지식도 해박하였지만 법을 집행함에 있어 법의 기본 정신을 늘 생각하면서 공정한 판결을 내려 주었기 때문이었다.

그는 법을 집행하면서 늘 인간성에 근간을 두었고 그래서 인간으로서의 최소한의 권리를 침해하는 경우에 대해서는 시정을 요청하는 상소를 올렸다.

어느 지역에서인가 죄인을 문초하는 자리에서의 일이었다. 그곳에 한 죄수가 심문을 받고 있었는데 그 자리에 그의 아내와 자식이

함께 불려 나와 남편과 아버지에 대하여 증언하게 하는 것이었다. 서문중은 그들의 입장이 참으로 딱하고 생각했다. 그래서 이 문제에 대하여 상소를 올렸다.

그 백성들이 남편과 아버지에게 죄가 없다고 진술하면 국법에 어긋나게 되는 것이고 죄를 실토하여 법으로 죽게 되면 강상綱常에 어긋나게 됩니다. 그것은 왕자王者로서 정치를 하기 위하여 형벌을 내리는 기본 정신과 맞지 않습니다. 중외에 포고하여 법의 본의에 따르게 하심이 마땅합니다." - 『국조인물고』, 「시장」

즉 죄수를 신문하는 현장에 가족을 증인으로 부르는 것은 법의 본의에 어긋나는 것이라고 본 것이다. 또 도망한 죄수가 있었는데 죄수를 잡지 못하자 관아에서는 그 아들을 오래도록 구금하고 있었다. 서문중은 이에 대해서도 "인조仁祖께서는 '도망한 죄수의 자제子弟나 질손姪孫을 가두지 말라.'고 하교하신 일이 있습니다. 지금은 죄수가 도망하면 곧바로 그 아들을 구금하는데, 이는 성교聖敎의 뜻이 아닙니다."라 하였다.[7]

그는 또 사형 집행 수가 점점 늘어나는 것에 대해서도 우려를 표하는 상소를 올리기도 했다. 조선시대에는 사형 죄인에 대한 최종 심리 및 판결을 위하여 국왕에게 세 번 아뢰는 '계복啓覆'이라는 제도가 있었다. 사형에 있어서는 신중하게 판결하자는 의도이다. 그래서 계복을 했다는 것은 사형을 집행하였다는 뜻이다.

서문중은 이 문제에 대하여 '인조 때는 즉위 후 부터 6년 동안 계복한 사람이 8인이고 효종 때는 즉위 후 4년 동안 단죄한 자가 16인이었는데 금상今上(숙종을 일컬음) 때는 3년 만에 계복한 자가 41인

---

7) 앞의 「시장」

이었습니다.'라 하여 당시 상황을 거론한 다음 이처럼 사형수가 늘어난 원인이 어디에 있는지 살펴야 한다는 점을 아뢰었다.

　　이는 비단 민심이 사나워져서 법을 가볍게 여겨서 만이 아니라고 생각합니다. 아마도 법령이 점점 치밀해져서 백성들을 더욱 옭아매게 되어 그렇게 된 것이 아니겠습니까? 형벌이 적정하게 시행되지 못하면 백성들은 손발을 둘 곳이 없게 된다고 합니다. 이것은 법을 제정한 본의에 어긋나는 것입니다. -『국조인물고』,「시장」

　　숙종은 서문중의 이 건의를 가납^{嘉納}하고 해당 부서로 하여금 그 취지를 적극 반영하여 채택하도록 하였다.

3.『수교집록(受教輯錄)』편찬을 건의하다

　　서문중은 여러 관직을 거치면서 소송 사건을 많이 접하였고 또 다른 지방의 관장들의 재판 관련 문제에 대해서도 다방면으로 듣게 되면서 두 가지 문제점을 생각하였다.

　　하나는 지방 관장들이 법에 대해서 너무 모른다는 것이고 또 하나는 비슷한 범죄라도 관장에 따라서 그 판결 내용이 너무나 다르다는 것이었다. 이렇게 되면 백성들은 불만을 가지게 될 것이고 판결을 다시 해 달라고 소송을 또 하려고 하게 된다. 그는 법조문을 명확하게 하여 공정하게 재판을 하고 판결을 내려야 소송이 남발되지 않을 것으로 생각하였다. 이러한 문제를 깊이 인식하고 있던 서문중은 경상도 관찰사를 마치고 다시 내직으로 들어와 승지로 재직하게 되었을 때 숙종에게 진언을 올린다. 당시 실록의 기사는 다음과 같다.

그때 승지 서문중이 아뢰기를,

"외방의 군읍에 율서律書가 갖추어 있지 않고 수교受教에 이르러
서는 더욱이 캄캄하여 관장이 법조문을 들어 증거 하지 못하고 대
다수 억측으로 결단하고 있는 실정입니다. 또한 외방에서 옥송이
빈번한 것은 율문律文이 명확하지 못한 데서 연유합니다. 『대전속
록(大典續錄)』과 열성조列聖朝의 수교를 모아서 인쇄하여 널리 배포
하게 하소서." - 『숙종실록』 숙종 8년(1682) 11월 16일

수교란 조선시대 국왕이 특정사안에 내린 법적인 성격을 지닌 명
령이다. 당시 법전으로는 성종 때 간행하여 시행하고 있는 『경국대
전(經國大典)』과 이후 법령을 수정, 보완하여 1492년(성종 22)에 편찬
한 『대전속록(大典續錄)』이 있었으며 또 1542년까지 시행한 법령을
수정 보완하여 1543년(중종 38)에 편찬한 『대전후속록(大典後續錄)』
이 있었다. 서문중은 『대전후속록』 이후부터 당시까지의 법령을 정
리할 것을 제안한 것이고 숙종은 그 의견을 받아들여 의논하도록
명하였다.

이렇게 하여 1682년(숙종 8) 11월에 승지 서문중의 발의로 법령
집의 편찬을 시작하였다. 김수항金壽恒, 김수흥金壽興, 남구만南九萬 등
이 영의정으로서 이어서 총괄 지휘하였으며 이익李翊, 조사석趙師錫,
서문중徐文重, 윤지완尹趾完, 최석정崔錫鼎 등이 중심이 되어 각 도 및
관청에 내려진 수교·조례 등을 모아 작업을 진행하였다. 이렇게 서
문중의 제안으로 편찬하기 시작한 『수교집록』은 16년 동안의 작업
을 거쳐 숙종 24년인 1698년에 완성되었다.

『수교집록』은 판례집 성격의 자료집이라 할 수 있다. 『대전후속
록』 이후 약 150년 동안 새로운 조례와 규식規式이 많이 나왔으나
법전으로 편찬된 바가 없었는데 각 도 및 관청에 내려진 수교와 조

례 등을 모두 수집하여 간단명료하게 편집하여 판례로서 정리한 책이었기 때문에 각 관청이나 관장들이 편리하게 준용遵用 할 수 있는 법전이었다. 그리고 이 책은 1746년(영조 22)에 간행된『속대전(續大典)』편찬의 기초가 되었다.

『수교집록』은 전국 각 관장들에게 배포되었는데 제주도에 보낸 상황을 살펴보면 다음과 같다.

> 제주목사가 급히 장계를 올리고,『대전속록(大典續錄)』과『무원록(無冤錄)』[8] 등 율문에 관한 책을 얻으려고 요청하였는데, 영의정 서문중이(수교집록) 책판冊板이 있는 곳에 시켜서 인쇄해 보내도록 청하였다. -『숙종실록』숙종 26년(1700) 2월 17일

숙종은 서문중의 법전에 대한 해박한 지식을 평가하여 1687년(숙종 13)과 1694년(숙종 20) 2차례 형조판서를 제수하였다.

4. 어영대장(御營大將)과 훈련대장(訓練大將)을 역임하다

서문중은 법에 대해서 뿐만이 아니라 군사제도와 그 운영에도 밝았다. 이러한 능력 때문에 서문중은 문신으로서는 이례적으로 어영대장御營大將과 훈련대장訓練大將을 역임하였다. 그런데 그는 판서와 정승 등을 역임하면서 또 어영대장과 훈련대장 등의 직분을 수행하면서 엄청난 압박감을 느꼈던 것으로 보인다. 그가 후에 그 직책에서 물러났을 때 그는 주변 친지들에게

---

8) 중국 원나라 때 왕여(王與)가 지은 법의학서로 조선에서는 세종의 명에 의하여 주석을 단『신주무원록(新註無冤錄)』이 편찬되어 사용되었고 이후 정조의 명으로 번역과 해설을 붙인『증수무원록언해(增修無冤錄諺解)』가 편찬되었다.

대장 직은 본래 사대부가 맡을 직책도 아니고 또 나는 거기에 합당한 사람도 아니오. 그런데 전후 9년간을 삼군三軍을 통솔하다 보니, 부절符節[9]이 오는 것을 보면 마치 가시가 등에서 돋는 것 같고 군복을 입은 무사를 대하면 귀신바가지(鬼朴)를 보는 것 같더군. 또 정승이 된 뒤에는 놀랍고 두려움이 더욱 심하여 담장을 뛰어넘어 도망이라도 가고 싶었지. 이제 거기에서 벗어나서 포졸이나 군관이 오지 않으니 우리나 새장에서 벗어난 것 같다오" -『국조인물고』,「시장」

라 하여 관직에서 벗어난 홀가분한 심정을 술회하고 있다.

서문중은 경제적으로 매우 부유하였다고 하는데 이후 모든 직책을 내어놓고 금천衿川(현재의 서울 금천구 지역)으로 물러나와 집을 새로 짓고 노후의 계획을 세웠었다. 그런데 관직을 또 제수 받게 되어 1689년에는 안변부사安邊府使를 지내고 또 동지부사冬至副使로 차출되어 북경에 갔다가 왔으며 1692년(숙종 18)에는 또 강릉부사江陵府使로 나갔다.

그러다가 1709년(숙종 35) 정월에 병에 걸렸다. 처음에는 대수롭지 않게 생각했었는데 결국 그로 인해 회현방會賢坊의 사제私第에서 세상을 떠났다. 향년 76세였으며 슬하에 3남 2녀가 있다.

---

9) 돌이나 대나무 옥 등을 둘로 갈라 하나는 조정에 보관하고 하나는 사신의 신표(信標)로 사용하던 것.

김필진 金必振
치수治水를 잘하여 수해를 미리 예방하다

· 생존연대 : 1635년(인조 13)~1691년(숙종 17) 향년 57세
· 자 : 대옥(大玉)
· 호 : 평옹(萍翁), 풍애(楓崖), 야당(野塘)
· 본관 : 경주

· 부 : 김남중(金南重)
· 모 : 전주 이세헌(李世憲)의 딸
· 배 : 권온강(權溫姜, 안동 권우(權堣)의 딸)

▌ 1. 관직 진출 과정

김필진은 어려서부터 성격이 매우 침착하였다고 한다. 그리고 성장하면서 부지런히 공부하였을 뿐만 아니라 기억력이 뛰어나서 약관의 나이에 현재의 대학이라 할 수 있는 성균관成均館 선발 시험에서 세 번이나 장원을 하였다. 당시 김필진보다 1살 위인 식암 김석주(息庵 金錫胄, 1634~1684)[1]는 당시 머리가 비상하기로 유명했고 문장 또한 뛰어나다는 평을 받았는데 성균관의 유생들 사이에서는 김필진의 실력도 그에 못지않다는 평가가 많았다.

24세 때인 1657년(효종 8) 진사시험 때 1등(1등급이라 할 수 있음)으

---

1) 본관은 청풍이고 김육(金堉, 1580~1658)의 손자이며 김좌명(金左明, 1616~1671) 의 아들이다. 사촌 여동생이 후에 현종비인 명성왕후가 된다.

『풍애유고(楓崖遺稿)』 조선 후기의 문인, 김필진의 시·서(序)·제문·언행록 등을 수록한 시문집. [ⓒ한국학중앙연구원]

로 5명을 선발하였는데 수석은 김석주가 차지하였다. 당시 진사는 100명을 선발하였는데 1등 5명, 2등 25명, 3등 70명으로 구분하였다. 그때 채유후蔡裕後가 대제학으로서 시험을 주관하였는데 김필진의 답안지를 보고는 매우 칭찬하고 장원으로 뽑으려고 하였다. 그러나 다른 시험관들의 강력한 제지로 밀렸다고 한다.

이에 대해 김필진의 행장을 쓴 조카 김주신(金柱臣, 1661~1721)은 당시의 상황에 대해 '모관某官이 강력하게 김석주의 글을 밀었고 채유후는 웃으면서 제공諸公들의 의견을 따르겠다고 하였다.'[2]고 기록하고 있고 박세당朴世堂 역시 김필진의 묘갈墓碣에서 '채유후가 여러 논의에서 밀렸다[3]라 기록하고 있다. 이러한 기록으로 볼 때 진사시험을 채점하던 당시의 상황이 안팎의 문사文士들 사이에서 화제가 많이 되었던 것으로 보인다. 필진은 진사시험에는 합격했으나 이후

---

2) 김주신(金柱臣), 『수곡집(壽谷集)』 권7, 「숙부통훈대부행성천도호부사풍애김공행장(叔父通訓大夫行成川都護府使楓崖金公行狀)」

3) 박세당(朴世堂), 『서계선생집(西溪先生集)』 권10, 「성천부사김군묘지명(成川府使金君墓誌銘)」

관직으로 진출할 수 있는 문과 시험에는 여러 차례 응시하였으나 번번이 실패하였다.

35세 되던 1669년(현종 10)에 음사蔭仕로 빙고별검氷庫別檢이 되었다. 음사는 가문의 후광으로 진출하는 경우도 말하지만 생원이나 진사 등에게 주던 관직을 일컫기도 한다. 김필진은 진사시험에서 5등 이내에 드는 우수한 성적으로 합격하였기 때문에 빙고의 별검으로 임용될 수 있었을 수도 있다. 빙고氷庫는 얼음 관련 업무를 담당하던 관서이고 별검別檢은 정·종8품 관직이지만 녹봉祿俸이 없는 무록관無祿官이었고 대신 1년을 근무하면 품계가 올랐다.

김필진은 4년 후에 정6품 관직인 호조좌랑戶曹佐郎으로 옮겼는데 이것이 처음으로 제대로 된 관직이라 할 수 있었다. 그리고 그해 겨울에 예안현감禮安縣監에 임명되었으나 당시 큰아들 김개신金介臣이 세상을 떠났을 때라서 부임하지 않았다.

그 이듬해에 다시 무주현감茂朱縣監을 제수 받고 부임하였다. 그런데 부임한 지 얼마 되지 않았을 때 무주의 가호家戶가 늘어서 현縣에서 부府로 승격되었다. 당시 천호戶 이상 되는 고을은 도호부都護府로 승격시켜 도호부사都護府使를 파견하는 것이 규례規例였다. 그런데 도호부사는 3품직을 받은 관리가 담당해야 했는데 김필진은 종6품 관직인 현감縣監으로 품계가 미달되어 결국 해임되어 돌아오게 되었다. 돌아올 때 그의 심정은 매우 착잡할 수밖에 없었을 것이다. 그 후 함흥판관咸興判官으로 2년 간 있다가 병이 나 사임하고 돌아왔고 통천군수通川郡守로 임명되었으나 건강이 좋지 않아 부임하지 않았다.

그리고 50세 때인 1684년(숙종 10) 3월에 성천부사成川府使로 임명되었다. 그는 역시 병이 많다는 이유로 사양하였는데 바로 한 달 전에 평안도관찰사를 제수받은 유상운(柳尙運, 1636~1707)이 그 이야기를 듣고는 "애석하게도 그대는 백 년간에 다시 올 수 없는 벼슬을 사양하였소."[4]라고 하였다고 한다. 성천成川은 평안도에서도 번창하고 화려한 지방으로 손꼽히는 지역이었기 때문에 그렇게 말한 것이라 생각할 수 있다.

그러나 김필진이 성천부사를 사양한 것이 정말 건강 때문일 수도 있겠지만 관찰사 유상운의 지휘 하에 있게 되는 것이 마음에 걸렸을 수도 있다. 즉 자신보다 1살 아래인 유상운은 1666년에 문과에 급제하여 종2품 관직인 평안도관찰사로 부임하였는데 자신이 성천부사로 부임하면 그의 지휘 하에 있게 되는 것이다. 실제로 김필진에 대한 기록을 보면 그가 과거에 급제하지 못하고 떨어진 뒤로 포부를 펼치지 못하여 자주 개탄하곤 하였다고 하였다. 무주에서 품계 미달로 해임되었던 것도 그에게는 잊을 수 없는 아픈 기억이었을 것이다. 그리고 그 이듬해에 또 영월군수寧越郡守에 임명되었으나 또한 부임하지 않았다.

2. 원성현감(原城縣監)

52세 때인 1686년(숙종 12) 가을에 원성현감에 임명되었다. 현감은 종6품직으로 부사나 군수보다 더 낮은 직급이었다. 그렇지만 김필진은 그동안 여러 차례 외직을 사양하였었기 때문에 마음도 편치 않았고 또 관료로서의 도리도 아니라고 생각해서 애써 부임하였다.

원성현은 함경도 예원현預原縣[5] 지역이다. 원성은 고을 관아가 물에 가까워 옛날부터 제방을 쌓아 범람을 막아왔는데 김필진이 부임한 이듬해인 1687년(숙종 13) 여름에 큰비가 사흘간 계속해서 내렸다. 그러자 물이 제방을 뚫고 촌락으로 들어와 하루아침에 백여 채

---

4) 앞의 「묘지명」
5) 함경남도 정평군(定平郡)의 옛 이름으로 원성(原城)이라고도 한다.

의 집이 떠내려갔다. 김필진은 급히 현상금을 걸어 헤엄을 잘 치는 사람을 구하여 물에 빠진 사람들을 구조하게 하였고 그래서 많은 사람이 목숨을 건졌다. 물이 빠지자 김필진은 붕괴된 제방을 개축하는 문제를 논의하였다.

그런데 그곳의 아전들과 백성들은 "올해 같은 홍수는 항상 있는 것이 아닌데 굳이 개축할 것까지는 없지 않겠습니까."라고 하였다. 공사를 벌이면 고생할 것을 꺼려하는 것 같았다. 그러나 김필진은 "지금 개축하지 않으면 다음에도 반드시 금년처럼 물난리가 날 것이오."라고 하면서 그들을 설득하여 제방 개축공사를 시작하였다. 날마다 백성들과 승려 등 2천 명을 동원해 7일간 돌을 운반하여 제방을 쌓았는데 이전보다 상당히 높이 쌓았다. 이때 한 노인이 장정 한 명을 데리고 제방 아래로 가서 그 장정으로 하여금 뒤로 팔짱을 끼도록 한 뒤에 또 다른 장정으로 하여금 손바닥을 밟고 어깨로 올라가 서도록 했다. 그랬더니 제방의 높이가 그 올라선 사람의 눈썹 높이에 왔다. 백성들이 크게 기뻐하면서 "제방이 처음보다 더 높아졌으니, 뒤에 큰비가 와도 걱정 없이 편안히 잘 수 있겠습니다."고 하였다. 그 후로 원성지방에서는 수해를 입지 않았다.

그리고 큰 홍수가 났었기 때문에 그 해 원성지방에서는 농사가 제대로 되지 못했다. 그래서 그곳에 사는 만여 명의 백성들은 관청에서 식량을 도와주기를 애타게 바랐다. 김필진은 함경도 관찰사에게 공문을 보내 조정에 요청해 주기를 청했고 그리하여 곡식 2천석과 돈 14만 냥을 받아 원성현의 백성들에게 나누어 구휼하였다. 그래서 원성현의 백성들이 모두 혜택을 받아 살아날 수 있었다.

정약용도 『목민심서』에서 김필진이 원성현에서 했던 제방공사와 백성 구휼문제에 대해 높이 평가하고 있다.[6]

---

6) 『목민심서』 공전(工典) 6조 제2조 천택(川澤), 진황(賑荒) 6조 제1조 비자(備資).

또한 원성현에서는 이러한 일도 있었다. 고을 사람 중에 이인李仁이라는 사람이 있었는데 그는 어머니에게 불효했다는 이유로 고발되어 먼 곳으로 귀양 가 있었다. 그의 아버지인 이상익李尙翼이 관청에 자주 나와서 아들의 억울함을 호소하였지만 당시 불효죄는 매우 중한 죄였으므로 관에서는 다시 심리하지 않았다.

김필진은 현감으로 부임한 후에 그 아버지가 계속해서 아들의 억울함을 호소하는 것을 보고 재심再審을 하기로 하였다. 그래서 전에 이인의 불효를 증언한 자들을 조사해 보니 거의 20여 명이나 되긴 하지만 이들은 모두 이인의 집안 사정을 잘 알지 못하는 사람들이었다.

김필진은 조사한 결과를 관찰사에게 논보論報[7] 하였다. 그 논보에서 김필진은 '관대함이 법률에 우선하고 교회敎誨가 형벌에 우선해야 함'을 지적하면서 '이인 부자父子에게 은혜를 베푼다면 오히려 인륜을 강조하고 풍속을 더욱 돈독히 할 수 있을 것'이라고 하였다.

관찰사는 이 논보를 보고 "이 사람은 정말 옛날 현명한 관리의 기풍이 있다."고 감탄하면서 조정에 보고하여 이인이 결국 사면을 받게 하였다. 이에 대해서도 정약용은 '인서仁恕로 정사를 하여 아래에 억울한 일이 없도록 한 바가 대부분 이와 같았다[8]'고 하면서 백성들의 문제에 대한 김필진의 해결 능력을 높이 평가하였다.

김필진은 외직으로 4현縣, 4군郡, 2부府에 임명되었으나 그중 여섯 번이나 사양하고 부임하지 않았다. 그의 조카인 김주신은 김필진의 행장에서 '작은 아버지가 큰 그릇과 뛰어난 재주를 지녔으나 하위직에만 머물렀고 전직轉職할 때마다 민망하게 여겨 부끄러워한 것 같았다'고 기록하였다.

---

7) 조사한 내용을 상부에 보고하는 것.
8) 『목민심서』 예전(禮典) 6조 제3조 교민(敎民).

1689년(숙종 15) 기사년己巳年에 장희빈 아들의 세자 책봉 문제로 서인西人의 영수領袖 송시열宋時烈 등이 사사賜死되는 '기사환국己巳換局'으로 남인南人이 권력을 장악하였다. 국가에 이러한 큰 정치적인 사건이 일어나자 김필진은 '나에게는 오히려 큰 다행이다.' 하면서 세상사에 뜻을 접고 은둔하였다. 은둔의 명분이 생긴 것을 오히려 다행으로 여긴 것이다. 그리고 병을 이유로 모든 것을 사절하고 한가롭게 살면서 시를 짓고 꽃을 가꾸면서 스스로를 달래며 세월을 보냈다.

그 뒤 조정의 인사 담당자가 대대로 벼슬해 온 집안의 명망 있는 사람을 추천하고자 김필진에게 연달아 영천榮川과 평창平昌 두 고을의 관장에 임명하려고 하자 그는 자제들에게 말하기를, "내가 지금 정신이 쇠약하고 머리털이 희어졌는데, 어떻게 다시 처자를 위한다고 녹록하게 사모紗帽를 쓸 수 있겠는가?" 하면서 모두 병을 이유로 사양하였다.

57세인 1691년(숙종 17) 가을에 다시 평시서平市署 영令9)에 임명되었으나 세 번이나 사양을 하였다. 그런데 여러 번 사양하자 '벼슬하지 않은 자들이 조정을 원망하여 비방한다.'고 주변에서 비난하는 말들이 들려왔다. 그러자 김필진은 "우리 집안이 본래 대대로 녹을 먹어 왔으니만큼 그러한 오명汚名을 받아서는 안 된다." 하고 갑자기 나가 하루를 근무하고 나서 다시 병을 이유로 사직하였다.10)

그리고 그해 겨울 12월에 57세를 일기로 집에서 세상을 떠났다. 5남 7녀를 낳았으나 많이 잃었고 5딸만 장성하여 시집보냈다.

김필진은 명문가 출신이었고 재능도 뛰어났으며 만사에 박식하

---

9) 평시서는 조선시대 시전(市廛)과 도량형(度量衡) 그리고 물가(物價)에 관한 사무를 맡아 보던 관청이고 영(令)은 평시서에 속한 종5품직이었다.
10) 앞의 「묘지명」

였고 글씨도 매우 잘 썼다고 한다. 그러나 대과에 급제하지 못하여 평생 우울한 생애를 보냈다. 그의 묘지명을 쓴 박세당은 다음과 같은 명銘을 썼다.

재주를 시험하지 못하고 관리로 끝마치고 말았도다.
관리가 즐거운 게 아니라 억지로 하였을 뿐이었도다.
그래서 고고하게 지내니 얽매여 누累된 바 적었도다.
뜻을 펼치지 못한 것을 옛날에도 슬퍼하였도다.[11]

이처럼 김필진 자신은 우울한 생애를 보냈다고는 하지만 정약용이 『목민심서』에서 행정을 잘한 사례로 3건이나 인용한 것으로 보아 김필진의 행정능력은 매우 뛰어났다고 할 수 있다.

김필진의 둘째 형 김일진金一振은 일찍 세상을 떠났고 그래서 김필진은 당시 5살이던 형의 아들 주신柱臣을 친아들처럼 길렀다. 인현왕후가 승하한 다음 해인 1702년에 김주신의 둘째 딸이 숙종의 세 번째 왕비인 인원왕후仁元王后가 되었다.

---

11) 才不試, (재불시)　　從于吏 (종우리)。
　　　吏非樂, (이비락)　　勉而已 (면이이)。
　　　攻偃蹇, (공언건)　　寡所累 (과소루)。
　　　志之屈, (지지굴)　　昔同悲 (석동비)。

이세재 李世載
녹봉祿俸만 챙기는 관리들을
실무부서로 보내다

· 생존연대 : 1648년(인조 26)~1706년(숙종 32) 향년 59세
· 자 : 지숙(持叔)
· 본관 : 용인(龍仁)

· 부 : 이하악(李河岳)
· 모 : 청해(靑海, 북청(北靑)) 이중로(李重老)의 딸
· 배 : 전의(全義) 이상진(李尙眞)의 딸

■ 1. 관직 진출 과정

이세재는 젊었을 때에는 과거에 여러 차례 실패하였었다. 그러다가 35세에 진사시험에 합격하였고 1694년(숙종 20) 47세[1]가 되어서야 비로소 문과에 급제하였는데 을과 1위이며 총 합격자 7명 중 2위였다. 당시 이세재의 급제가 '유명했다'고 하는데 아마도 늦은 나이에 과거에 급제하여 당시 관료사회에서 상당히 많이 화제가 되었던 것 같다.

---

1) 이의현(李宜顯)의 「경기관찰사이공신도비명(京畿觀察使李公神道碑銘)」『도곡집(陶谷集)』에는 49세로 기록되어 있으나 이덕수(李德壽)의 「경기관찰사이공행장(京畿觀察使李公行狀)」, 『서당사재(西堂私載)』 권12에는 갑술년(甲戌, 1694)이라 했고『국조문과방목(國朝文科榜目)』에도 숙종 20년(1694) 갑술년에 급제한 것으로 되어 있다. 갑술년은 1694년이고 이세제의 나이 47세 때이다.

급제한 해인 1694년 12월에 왕세자의 교육을 담당하던 세자시강원世子侍講院의 사서司書(정6품)를 제수 받았고 이듬해인 1695년에 사헌부 지평(정5품)이 되었으며 곧 이어 사간원 정언이 되었다.

그리고 49세 때인 1696년에 그는 동래부사로 나갔다. 그에 대한 기록인 비명碑銘에는 그가 '언론言論이 강직하여 강한 자를 피하는 일이 없어서 정권을 잡은 자들이 별로 좋아하지 않았고 그래서 멀리 동래부사로 나가게 한 것'이라 하였다.

이세재가 몸담고 있었던 사헌부는 지금의 감사원 역할의 기관이었고 사간원 역시 언론에 관계된 기관으로 두 기관 모두 당시 행정을 감찰하고 관리들의 위법을 찾아내는 일이었다. 따라서 이세재의 여러 지적들을 달가워하지 않는 관료들도 상당수 있었을 것이다. 그리고 그의 비명에 기록된 내용은 당시의 그가 처했던 상황을 말한 것으로 보인다.

2. 동래부사(東萊府使)

동래는 조선시대 왜인倭人들이 출입하는 관문關門이었다. 당시 기록들을 보면 당시 왜인들의 풍속에 대해 '속임수가 많고 성을 잘 내어' 왜인들을 상대로 한 임무를 수행하기가 매우 어렵다고 하였다. 이세재는 부사로 부임하면서 즉시 사방에 방문榜文을 내걸었는데 내용은 크게 두 가지였다.

첫째는 이미 왜인들과 맺은 약조約條는 잘 지킬 것이니 새 부사가 왔다고 해서 의심하거나 동요하지 말 것이며 둘째는 조선 백성들과 왜인 사이에서 통역을 담당하는 역관譯官들과 또 그 사이에서 장사를 하는 상인商人들은 농간을 부리지 말라는 것이었다. 그리고 그렇지 않을 경우에 엄히 단속할 것이라고 경고하였다.

왜인들은 이전부터 은자銀子(은으로 만든 돈)를 더 달라는 요청을 지속적으로 하고 있었을 뿐 아니라 무엇보다도 울릉도鬱陵島의 국경에 따른 분쟁 문제를 끈질기게 물고 늘어지고 있었다. 즉 당시 조선과 일본과의 교린交隣[2] 관계에 대한 문서인 서계書契[3]의 내용 중에 '우리 땅(조선)인 울릉도'라는 구절의 삭제를 요구하고 있었던 것이다. 이세재가 부임하자 왜인들은 또 다시 이 문제를 거론하였다. 이에 대해 이세재가 조목조목 근거를 들면서 거절하자 왜인들은 서로 약속이나 한 듯이 관문館門을 박차고 나갔다. 이세재는 국익을 위해서는 강경하게 대처해야 한다고 판단했다.

그는 조정에 그동안 왜인들과 내통하고 있던 상인商人과 역관譯官들을 목 베어 효시梟示할 것을 청하는 장계를 올렸는데 이것을 알게 된 상인은 두려워한 나머지 피를 토하고 죽었다. 또 왜인들에게도 먼저 문을 박차고 나간 죄를 물으면서 매일 공급하던 물자를 끊어 왜인들을 사신使臣으로 대우하지 않겠다고 통보하였다. 그러자 당황한 왜인들이 사과를 표하는 물품을 바치면서 속죄하기를 간곡히 청하였다.[4] 이 당시 동래부사 이세재가 울릉도와 관련하여 단호하게 대처하여 해결한 것은 대단히 중요한 의미가 있다고 할 수 있다.

3. 경상도관찰사(慶尙道觀察使)

51세 되던 1698년(숙종 24)에 이세재는 경상도 관찰사를 제수 받

---

2) 고려와 조선 시대 때의 외교 용어로 이웃 나라와 통교한다는 뜻이나, 중국과의 외교 관계는 사대(事大)라 하였고, 중국 이외의 주변국인 일본, 여진 등과의 외교 관계는 교린(交隣)이라 하였음.
3) 조선시대 일본과 교섭하던 공식 외교문서로 신임장(信任狀)과 입국사증의 성격도 겸하였다.
4) 이의현(李宜顯), 『도곡집(陶谷集)』「경기관찰사이공신도비명(京畿觀察使李公神道碑銘)」

왔다. 그는 3년 전에 지평의 신분으로 영남 지방의 경시관京試官[5]으로 간 일이 있었는데 당시 그는 오고 가는 연로沿路에서 들은 바 중에 시정是正이 필요한 사항들을 일을 끝마치고 돌아와 상소한 일이 있었다. 또한 동래부사를 햇수로 3년 역임하였다. 이렇게 민생 현장에서의 경험이 많았기 때문에 경상도의 여러 문제들을 많이 느끼고 있었고 백성들의 고충도 잘 알고 있었다. 그는 관찰사가 되자 그동안 생각하고 있던 여러 문제들을 개선하고자 시도하였는데 특히 두 가지 문제에 주목하였다.

첫째는 당시 군사들의 수효가 대폭 줄어들었다는 점이다. 그가 관찰사로 부임해서 조사해 보니 양인良人 신분의 장정인 양정良丁이 만여 명에 불과하였다. 그동안 군사들에 대한 관리가 잘 안되었기 때문에 군사들이 많이 줄었고 현장에서 업무를 수행해야 할 군사들의 수가 대폭 줄어들다 보니 남아있는 군사들의 부담이 커진 것이다. 이세재는 나라의 일로 이보다 더 급한 일이 없다 판단하고 군권軍權을 맡은 병마절도사兵馬節度使와 수군절도사水軍節度使에게 그 취지를 전하며 시행하고자 하였다.

우선 감영에 소속된 군사들 2천명을 일반 군사들인 양정良丁에 충원시켰다. 당시 양정은 여러 민생 현장에서 군역軍役의 의무를 담당했는데 그래야만 민생을 적절하게 운영할 수 있었다.

그런데 많은 군사들이 소위 '내직'이라 할 수 있는 감영에 소속되어 근무하는 것을 더 선호하였기 때문에 이세재는 감영에 소속된 군사들 2천명을 일반 군사들인 양정良丁으로 이동시켜 배치한 것이다. 그리고 감영을 지키는 역할은 좌우 병수사兵水使[6] 소속의 군사들이 하도록 하였다. 즉 인력을 재배치한 것이다. 또 감영에 소속된 관

---

5) 조선 시대 지방에서 치러지는 향시(鄕試)를 감독하기 위해 중앙에서 파견한 관리.
6) 종2품 무관직인 병마절도사와 정3품인 수군절도사의 합칭.

리들을 점검해 보니 일정한 업무는 담당하지 않고 녹봉만 받아가는 '용관冗官(할 일 없이 놀고먹는 관리)'들도 많았다. 이세재는 그들도 모두 실무 부서로 보냈다. 그리고 그동안에는 군포軍布, 즉 군적軍籍에 있는 사람이 복역하는 대신 바치던 삼베와 무명을 사적으로 유용하던 경우가 많았는데 그것도 바로잡고 그 군포는 공적인 수입으로 편입시켰다.

이러한 시책들을 행하자 감영 안팎에서는 당연히 반발이 심했다. 그러나 이세재가 이 시책에 따르지 않는 자들은 그에 상응하는 벌을 줄 수 있도록 조정에 계청啓請하자 반발은 어느 정도 수그러들었다. 그리고 이 시책을 어느 정도 시행하자 필요 없이 지출되던 예산을 가난한 백성들을 위하여 전용하여 쓸 수 있게 되어 백성들의 삶이 한결 편안하게 되었다. 이세재는 이러한 시책이 지속적으로 시행될 수 있도록 '법규'로 정하였다.

두 번째는 전정田政 문제였다. 전정이란 전세田稅에 관계되는 행정으로서 국가에서 백성들로부터 토지에 대한 조세를 받아들이는 것을 말한다. 그런데 토지 장부를 검토해 보니 토지의 경계는 불분명하였고 토호土豪들이 그 이利를 독점하고 있었다. 이세재는 경상도 관할 내에 있는 70주의 토지장부들을 모두 가져다가 열람하였고 각 지역에 관리들을 파견하여 현장에서 장부의 내용과 실제 전답들을 대조하게 해서 탈루된 땅과 숨겨진 땅들을 모두 찾아내었다. 또 중앙과 지방에서 발생하는 각종 세금의 수입과 지출 현황 등을 기록한 장부인 호조戶曹의 세안稅案을 모두 조사하여 실제 납부된 세금과 장부를 일일이 대조하여 바로잡았다. 그러자 1년여 만에 걷힌 세금이 이전에 비해 만여 석이나 더 많았다. 그동안 토호들이나 상인들이 탈루했던 세금이었다. 이세재는 이러한 수입을 바탕으로 하여 칠곡군의 가산면에 있는 가산성架山城을 증축하고 병기兵器를 단련하

칠곡 가산산성. 『가산축성석기(架山築城石記)』에 의하면 경상도관찰사 이명웅(李命雄)이 경상도 지역 중 가산을 포함하여 공산, 독음산을 도형으로 그려 바치며 산성을 차례로 수축하자는 상소를 올린 것이 계기가 되어 축조되었다. 외성은 1700년(숙종 26)부터 1701년(숙종 27)에 경상 관찰사 이세제의 장계에 따라 수축되었다. [ⓒ한국학중앙연구원]

는 등 국방의 문제에도 대비하였다.

이세재는 백성들을 위한 정사에서도 매우 공정하게 처리하였다. 백성들 중에 친척들끼리 서로 다투는 자들이 있으면 두 사람 모두 죄로 다스렸고, 남의 산에 몰래 장례를 치르거나 남의 선조의 묘소를 침해하여 서로 다투는 자가 있으면 당사자들 보다 먼저 그곳을 묘 자리로 정해 준 지관地官을 처벌하였다.

또한 당시에는 소를 함부로 도살하는 것도 큰 문제였다. 소를 함부로 도살하다 보니 소를 도둑맞는 경우도 많았고 또 사육하는 소도 점점 줄어들어서 백성들의 살림살이도 많이 어려워졌다. 당시 소를 사사로이 도살하면 법으로는 속전贖錢, 즉 돈이나 아니면 그에 상응하는 다른 물건으로 대신할 수 있도록 되어 있었다. 이처럼 가벼운 처벌이 문제라고 판단한 그는 소를 도살하는 죄를 치도율治盜律, 즉 도둑 다스리는 법률을 적용하는 것으로 바꾸었다. 즉 벌금형이 아니라 징역형으로 바꾼 것이었다. 그리고 자신이 관찰사로 재직하는 3년 동안 소고기를 먹지 않았다. 관찰사가 소고기를 먹지 않는다고 하는 소문은 관아 안팎에 모두 퍼졌을 것이고 이것은 아마도 법령 못지않게 큰 영향을 주었을 것이다. 이렇게 하니까 각 고을에서는 함부로 소를 잡지 못하였고 농우農牛를 교외에 방목하여 밤새도록 두어도 몰래 끌고 가는 사람이 없었으며 따라서 소도 많이 번식되어 농민들에게 큰 보탬이 되었다.[7]

정약용도 『목민심서』에서 '사사로이 우마牛馬를 도살하는 것은 금지해야 할 일이요, 돈을 바쳐 속죄하게 하는 것은 불가하다'[8]고 하여 이세재의 정책과 같은 의견을 제시하고 있다.

경주慶州에 도적떼가 일어난 일이 있었다. 조정에서는 놀라고 지나치게 염려하여 노련한 장수를 보내서 이들을 진압하고자 하였다. 이세재는 웃으며 말하기를, "이것은 이른바 새앙 쥐를 잡기 위하여 기아機牙가 달린 쇠뇌[9]를 발사하는 격이다." 하였다. 그리고 도적을 단속하지 못한 경주의 관원을 즉시 파면시킨 후 방榜을 붙여 '도적을 잡는 자가 있으면 큰 상을 내리겠다.'고 대내외에 알렸다. 그러자 도적을 사살한 자가 나타났고 또 생포해 온 도적이 또 백여 명이었다. 이세재는 도적 두목과 그들과 내통한 관리들은 처벌하였고 나머지 도적들은 그들의 명단을 적은 문서를 모두가 보는 앞에서 불태워 버리고 불문에 붙이니 경주의 도적 떼가 모두 진정되었다.[10]

이세재가 경상도관찰사로 있을 때 이런 일도 있었다.

---

7) 이덕수(李德壽), 『서당사재(西堂私載)』 권12, 「경기관찰사이공행장(京畿觀察使李公行狀)」
8) 『목민심서』 형전(刑典)6조 제5조 금포(禁暴).
9) 쇠뇌는 활에 쇠로 된 발사장치가 있어 그 기계적인 힘에 의해 화살을 쏘는 무기이고 기아는 톱니바퀴로 맞물려 구동되는 기계장치이다.
10) 앞의 「신도비명」

임진왜란 때 의병장으로 큰 활약을 했던 망우당 곽재우(忘憂堂 郭再祐, 1552~1617) 장군의 서손녀庶孫女가 현풍玄風에 살고 있었다. 그녀는 용모가 매우 아름다웠는데 당시 정혼定婚은 하였지만 아직 혼례를 치르지는 않고 있었다. 그런데 그 집에 간간이 물건을 팔러 다니던 총각이 그 딸을 보고는 사특한 마음을 품고 흉계를 꾸몄다. 그는 그 여자 유모에게 뇌물을 주면서 "나는 이 집 처녀 때문에 상사병이 생겨서 죽게 되었다오. 옛부터 상사병이 난 총각의 허리띠를 처녀의 자리 밑에 넣어 두면 살 수 있다고 하니, 내 목숨 좀 살려 주시오."라 부탁하였고 유모는 그 뇌물에 혹해서 그 부탁을 들어주었다. 이튿날 새벽에 그 장사꾼이 그 여자 집을 찾아가서 "어젯밤에 내 허리띠를 이집 딸 이부자리 밑에 빠뜨리고 왔는데 그것 좀 돌려주시오."라고 했다. 그 집에서는 깜짝 놀라 호통을 쳐서 쫓아 버렸는데 그 장사꾼은 포기하지 않고 관아에 호소하면서 증인으로 유모를 내세웠다. 그 유모는 이미 뇌물을 받은 터라 장사꾼의 말이 사실이라고 말하였다. 위증을 한 것이다.

관찰사 이세재는 이 사건의 전말을 듣고 허위임을 직감하였다. 그래서 두 사람을 따로 문초하였더니 예상했던 대로 진술이 엇갈렸다. 확증을 잡은 이세재는 두 사람을 엄하게 심문하여 자백을 받아내었고 곤장을 쳐서 유배를 보냈다. 그 다음 이세재는 그 딸과 정혼한 약혼자를 관아로 조용히 불러서 저간의 사정을 자세히 설명해 주어 오해가 없도록 하였다. 그리고 직접 택일擇日도 해 주고 혼수婚需를 장만하는 것도 도와주어 무사히 혼례를 치르게 해 주었다. 그 여인은 크게 감격하였고 이세재를 평생의 은인으로 생각하였다. 그리하여 후에 이세재가 별세하였다는 말을 들었을 때는 자리를 만들어 곡哭을 하고 3년 동안 심상心喪을 하였다. 심상이란 혈연관계는 아니라 하더라도 슬퍼하는 마음이 친 자손에 못지않은 경우 상복을 입지는 않지만 상중(喪中)과 같이 처신하는 행위를 말한다.[11] 이 이야기는 당시에 널리 퍼져서 백성들 사이에서 칭송이 자자하였으며 전설 같은 미담으로 전해졌다. 그리고 조선 후기 실학자인 이익(李瀷, 1681~1763)도 그의 저서인 『성호사설(星湖僿說)』에서 '감사가민녀(監司嫁民女', 즉 '감사가 백성의 딸을 시집보내 주다'라는 제목으로 이 이야기를 전하고 있다.

이세재는 문서를 보고 그 내용을 파악하는 능력이 뛰어났다. 즉 행정 능력이 뛰어났다고 할 수 있었다. 그래서 처리하기 어려운 문서가 책상에 산더미처럼 쌓여 있어도 빠른 시간 안에 모두 처리하였다. 그리고 송사(訟事)를 벌이다가 실패한 후 다시 이름을 바꿔 다시 송사하는 자가 있으면 반드시 발견해 내었고 또 범죄를 짓고 도망간 후에 모습을 바꾸고 다니는 자를 길에서 보면 곧바로 알아차렸다. 또한 암기력도 매우 뛰어났다. 문서를 한번 눈으로 본 뒤에는 수십 일이 지나도 항상 눈앞에 펼쳐져 있는 것처럼 환하게 알고 있어 끝내 잊는 일이 없었으며, 때로는 갑자기 따지기를, "너희들이 아무 일은 이렇게 하고 아무 일은 저렇게 하였으니, 어찌 감히 이럴 수가 있는가?" 하면, 모두들 서로 돌아보고 놀라며 황송해하고 복종해서 감히 함부로 행동하지 못하였다.[12]

이세재는 51세 되던 1698년(숙종 24) 10월부터 54세인 1701년 2월까지 약 2년 4개월간 경상도관찰사로 재직하였다.

4. 평안도관찰사(平安道觀察使)

같은 해 6월에 이세재는 평안도관찰사로 발탁되었다. 평안도 관

---

11) 앞의 「행장」
12) 앞의 「신도비명」

찰사로 부임하였을 때 그의 행정적인 능력은 더욱 익숙해지고 노련해졌다. 이세재는 평안도 관찰사로 부임했을 때도 역시 열읍列邑을 두루 순시하고 다니면서 민간의 여러 문제를 파악하였다. 특히 토호 거상들이 곡식을 숨겨두고 이익을 노리는 것, 즉 매점매석을 강력하게 단속하였다.

그는 도내에서 생산되는 곡물 수량을 모두 장부에 기록하여 문서로 작성하고 그리고 평안도 관할 42주의 인구를 계산해 보기도 하였다. 그는 1인당 소득을 계산해 본 것이라 할 것이다. 아마도 이세재는 한사람에게 돌아갈 수 있는 곡물의 양이 어느 정도인지 계산해 본 것으로 보인다. 물론 이러한 것이 현실적으로 가능한 일은 아니지만 대강의 양을 계산해서 행정에 참고로 할 수는 있었을 것이라 생각된다.

그리고 지방재정을 확충할 수 있는 방안을 모색하였는데 당시 백성들에게 곡식 다음으로 중요한 생필품인 소금에 주목하였다. 평안도 서쪽에는 섬이 많았는데 그 해도海島의 나무들을 베어내고 염전을 만들었고 거기에서 7천여 섬의 소금을 생산할 수 있었다. 그리고 옹기를 굽는 이들에게 항아리 1천여 개를 만들게 하고는 그 항아리들을 대동강 가에 늘어놓고 생산한 소금으로 장醬을 담갔다. 그리고 소금과 함께 이 장을 팔아서 지방재정을 충당하게 하였다. 그리고 가난한 백성들에게는 따로 장과 소금을 가구별로 식구 수를 계산하여 나누어 주었다. 이처럼 소금과 장과 항아리 등을 생산하여 유통시키니 경제도 대단히 활성화 되면서 지방 재정도 튼튼해졌고 그 혜택이 백성들에게 돌아갔다. 그리고 또 한편으로 백성들에게 곡식과 여러 가지 채소 씨앗 등을 공급해 주어서 경작하게 하여 식생활에 충당하게 하였다.

평안도는 청나라 사신들이 수시로 왕래하는 곳이었다. 그러다 보니 역관譯官들이 이들과 짜고 부정하게 이익을 착복하여 그 액수가 헤아릴 수 없이 많았다. 또한 청나라 사신들이 지나는 고을에서는 그들이 선호하는 명주明紬를 마련하느라 매우 고충이 많았다. 당시 상황에서는 청나라 사신들이 불만을 표하지 않도록 뇌물 성격의 선물을 줄 수밖에 없었던 것이다.

당시 이세재는 이러한 폐단을 인지하고 뇌물로 명주를 주지 못하도록 여러 고을에 강력하게 지시하였다. 당연히 청나라 사신들은 불만을 품고 반발하면서 외교적인 의례에 어긋나는 말도 서슴지 않고 하였다. 무례한 언사들을 늘어놓자 이세재는 곧바로 통역을 제대로 하지 못한 책임을 물어 당시 통역을 맡고 있었던 통사通事의 머리를 베어 청나라 사신들이 머물고 있는 용만관龍灣舘 앞에 매달아 놓았다. 그는 동래부사 때와 마찬가지로 외교 관계에 있어서 약하게 보이면 안 된다고 판단하였고 국익을 위해 결단을 내린 것이다. 이를 본 청 사신들은 매우 놀라고 두려워하면서 역관에게 말하기를 "너희 나라의 평안도 관찰사는 후일에 충절을 지켜 의리에 죽을 사람이구나. 어찌 두려워하고 존경하지 않을 수 있겠는가?" 하였다. 이로 말미암아 명주를 줄인 것이 거의 수만 필匹에 이르렀으며 이때부터 이것이 규례規例가 되어 더 이상 명주를 주지 않아도 되었다.

또한 평안도는 국방의 요충지였으므로 이세재는 국방을 튼튼히 하는 데도 심혈을 기울였다. 평양성 안에 돌을 많이 쌓아놓아 후일의 쓰임에 대비하게 하였으며 수만 섬의 곡식을 비축하고 그 가운데에 농기구도 저장해 두었다. 활을 잘 쏘는 군사들을 선발하여 매달 재주를 시험하고 잘하는 이들에게는 상품도 두둑하게 주었더니 무사들이 다투어 분발하고 병력이 충실해졌다. 이 또한 풍부한 지방재정 덕분에 가능한 일이었다. 휘하에 부하가 수백 명이었는데 그는 기억력이 매우 뛰어났으므로 그들 각각의 재주 있고 없음과 용맹함의 유무를 모두 알아서 부릴 적에 각각 그 임무에 마땅하게 하였다. 간혹 크게 노하고 꾸짖다가도 그 사람이 항변하면서 굽히지 않으면 곧 꾸짖던 것을 바꾸어 웃으며 말하기를, "네 말이 참으로 옳구나. 내가 따를 수밖에 없겠다." 하여 넓은 도량을 보이기도 하였다. 이 때문에 감복하는 사람들이 많았고 주위에 인재들이 많았다.[13)

56세 되던 1703년(숙종 29) 9월에 평안도 관찰사를 마치고 이후 경기관찰사와 형조참판을 역임하면서 행정적인 능력을 평가받았다. 1706년(숙종 32)에는 비변사備邊司 제조提調 물망에도 올랐는데 비변사란 군사는 물론 정치, 외교 등 일반 정무까지도 처리했던 매우 중요한 자리였다.

그런데 그 해 3월에 이세재는 아깝게도 세상을 떠나고 말았다. 행장에는 '폭질暴疾'이라고만 되어 있어서 자세한 병명은 확인하기가 어렵다. 이세재는 아들이 없었고 양자로 이의룡李宜龍을 두었는데 이의룡 또한 아들이 없이 일찍 죽어 종인宗人의 아들 이보철李普喆을 양자로 삼았다.

---

13) 앞의 「신도비명」

박태유 朴泰維
마패馬牌에 표시된 대로만
역마驛馬를 지급하다

· 생존연대 : 1648년(인조 26)~1686년(숙종 12) 향년 39세
· 자 : 사안(士安)
· 호 : 백석(白石)
· 본관 : 반남(潘南, 전라남도 나주)

· 부 : 박세당(朴世堂)
· 모 : 의령(宜寧) 남일성(南一星)의 딸
· 배 : 경주(慶州) 김하진(金夏振)의 딸
· 계배 : 해주(海州) 정직(鄭)의 딸

1. 관직 진출 과정

박태유는 아버지 박세당(朴世堂, 1629~1703)의 임지인 평강平康에서 태어났고 19세인 1666년(현종 7)에 진사시에 합격하였다. 그해 여름에 박태유는 역병疫病에 걸렸는데 완쾌되지 않은 상황에서 어머니 남씨 부인도 같은 역병에 걸렸다. 박태유는 자신도 건강을 회복하지 못한 상태에서 잠도 제대로 자지 못하고 20여 일 동안 어머니 병 수발을 하였다. 어머니는 끝내 여러 자식들을 남겨둔 채 돌아가셨고 박태유는 슬픔을 못 이겨 점점 수척해지더니 거의 목숨을 부지하지 못할 지경에까지 이르렀다.

그 후 아버지 박세당은 광주 정씨光州鄭氏 정시무鄭時武의 딸과 재혼하였는데 정씨부인도 1678년(숙종 4)에 병들어 몸져누운 지 수개월 만에 세상을 떠났다. 박태유는 이때도 새어머니를 정성껏 간병하고 애통해 하였는데 이러한 이유로 박태유는 건강이 좋지 못했고 평생 고질병으로 고생하였다.

34세인 1681년(숙종 7)에 태릉참봉泰陵參奉에 제수되었는데 태릉은 중종中宗의 계비繼妃인 문정왕후文定王后의 능이며 참봉은 종9품직이다. 그리고 같은 해 가을에 문과에 급제하였다. 그 해 8명을 선발하였는데 탐화探花 즉 3등이었다. 그리하여 1682년(숙종 8)에 정8품 대교待教로 승진하고 성균관의 전적典籍으로 옮겼다가 병조좌랑兵曹佐郎(정6품)이 되었다.

2. 경기도사(京畿都事)

35세 때인 1682년(숙종 8) 6월에 경기도사를 제수 받았다. 도사란 직책은 기본적으로 해당 관서官署의 장관인 판서判書의 지휘 아래 있는 종5품 관직으로 상급자의 직무를 대행하기도 하였으며 특히 수령을 규찰하는 업무를 맡았다.

경기도사로 임명된 그 해 가을에 조정에서는 토지 조사를 실시하였다. 그래서 호조戶曹에서는 각 읍의 전표田標(토지 장부)를 걷어서 담당자들에게 실제 토지와 대조하여 보고하도록 하였다. 그런데 그 일을 맡은 경기도 각 지역의 관장들 중에는 실제로 현장에 나가지 않고 보고서만 올린 경우도 있고 또 나갔다 하더라도 임의로 한두 군데만을 조사하여 전체인 것처럼 보고한 경우도 있었다.

이에 박태유는 "조정의 명령을 받고도 현장에 나가서 직접 조사하지 않고 앉아서 보고서만 대충 작성하여 올리는 것은 용납할 수 없다." 하고는 보고서를 실제와 일일이 대조하여 검토한 다음 부실한 보고를 한 관장 5, 6인을 그 자리에서 파직시켜 버렸다. 그러자 경기도내 각 관장들이 깜짝 놀라며 술렁거렸다. 파직까지 시킨다는 것은 지나친 처사라 하면서 불만을 표시한 것이다. 그러나 박태유는 그러한 불만에 개의치 않고 일을 진행하였다. 그리고 그 과정에서 금년의 농사가 작년보다 못한데도 불구하고 전표에 나타난 수확량은 도리어 증가한 것으로 되어 있음을 발견하였다. 그것은 재해 때문에 농사가 잘 안 되었음에도 관장들이 그 실상을 제대로 보고하지 않았기 때문이라는 것도 알게 되었다. 수확량이 증가한 것으로 기록되어 있으면 백성들의 세금도 그만큼 많아지게 되므로 바로잡아야만 했다.

그래서 박태유는 이러한 조사결과를 근거로 하여 조정에 세미税米를 감해줄 것을 상소하였고 그 결과 봄 가을의 춘추세春秋稅의 반을 감면받았다. 경기도 내 백성들이 매우 기뻐하였음은 물론이다.[1]

박태유는 이처럼 성격이 강직하였다. 박태유의 아버지 서계 박세당(西溪 朴世堂, 1629~1703)은 아들의 이러한 성품이 늘 걱정이었다. 일반적인 인간관계에서도 이러한 성품은 어려운 법인데 하물며 관료사회에서야 어떻겠는가?

그는 1668년(현종 9)에 서장관書狀官으로 청나라를 다녀온 뒤로 당쟁에 혐오를 느껴 양주楊州 수락산水落山 석천동石泉洞에 은거하며 학문 연구에만 힘을 쏟고 있었다. 그러면서도 당시의 정치적인 상황을 생각할 때 태유와 태보 두 아들의 안위가 늘 걱정이었다. 이때 박세당의 둘째 아들인 박태보朴泰輔도 1677년(숙종 3)에 24세 나이로 장원으로 급제하여 관직 생활을 하고 있었다.

---

1) 박태보(朴泰輔), 『정재집(定齋集)』 권4, 「조선고통훈대부행사헌부지평박군가장(朝鮮故通訓大夫行司憲府持平朴君家狀)」

아들이 토지 조사 보고를 부실하게 한 관장들을 파직시켰다는 소식을 듣고, 그리고 그 중에는 교하현감交河縣監도 있다는 말을 듣고 박세당은 걱정이 되어 아들에게 편지를 썼다.

내가 오늘 새벽 베갯머리에서 그 일을 생각해 보았다. 교하交河의 경우에 이미 몇 자字의 지번地番을 답험踏驗[2]했으며 그 가운데 차착差錯의 유무는 어느 정도나 되느냐? 교하 현감의 파출罷黜을 청할 때 그러한 착오 내용을 명시하는 것이 좋았을 것을 그랬다. 그리고 감사監司와 편지로 의논하는 것도 좋았을 텐데 하는 생각도 드는구나. - 「아들 태유에게 부치다[기자태유(寄子泰維)]」숙종 8년(1682) 10월 16일

즉 교하현감의 파직을 청할 때에 토지 몇 번지 몇 번지는 실제로 나가서 조사했고 그 이외는 하지 않았기 때문에 실제 얼마나 착오가 있었는지 구체적인 내용을 명기했으면 좋지 않았겠나 하는 것이었다. 또 그런 결정을 할 때는 혼자 하지 말고 경기감사와 상의해서 하는 것이 좋지 않았을까 하는 아쉬움을 나타낸 것이다. 박세당 역시 관직생활을 했었고 그래서 관료사회에서 어떻게 처신해야 관직생활을 순탄하게 할 수 있는지 잘 알고 있었기에 새벽 베갯머리에서 아들을 걱정하며 쓴 편지였다.

박태유는 36세 1683년(숙종 9) 5월에 정언正言으로 임명되었다. 정언이란 관직은 사간원의 정6품 관직으로 임금에게 간諫하는 일을 담당하는 직책이었는데 박태유는 정언이 되자 곧바로 몇몇 고위 관료들의 문제점을 지적하는 상소를 올렸다.

---

2) 손실답험(損實踏驗)의 준말로, 즉 토지의 위치나 토질, 그리고 농사가 잘 되고 못됨을 알기 위해 직접 논밭에 나가서 실지로 조사하는 것을 말한다.

호조판서 윤계尹堦는 직책을 수행함은 형편없고 흉년임에도 그 자식을 위해서 큰 집을 지어주고 잔치를 베푸는 등 사치가 극도에 달하였고 또 영부사領府事 김수흥金壽興은 외아들을 혼인시키면서 그 비용이 천금千金을 넘었다는 소문이 여항閭巷 사이에 자자하게 퍼져 있습니다. 또 예부터 국구國舅(왕비의 친정아버지)는 조정 일에 간여할 수 없다고 하였는데 여양부원군驪陽府院君 민유중閔維重은 권세 있는 자리에 있으면서 임금의 총애를 업고 방자한 행동을 꺼리지 않으니 마땅히 경계시켜서 국법을 두려워하게끔 하여 다시는 외정外政에 간여하지 말게 해야 합니다. - 『숙종실록』 숙종 9년 (1683) 6월 2일

이러한 상소가 올라가자 당사자들은 해명하느라 전전긍긍하였다. 윤계는 이로 인해 체직되었고 김수흥 같은 경우에는 아들을 혼인시킨 것은 맞지만 천금까지는 아니라고 해명하면서 그러나 물의를 일으켰으니 사직하겠다고 하면서 양주로 물러갔다.[3]

박태유 상소의 여파가 이처럼 만만치 않자 조정 관료들 사이에서도 여러 의견들이 오갔다. 박태유의 상소가 심했다고 하는 사람들도 있었고 그의 강직함을 인정해 주어야 한다는 의견도 있었다. 당시 우의정이었던 김석주金錫胄 같은 경우에는 '박태유는 성품이 본래 경개耿介[4]한데 전날에 올렸던 상소내용 중에 윤계尹堦와 같은 경우는 실상實狀보다 좀 과한 점이 있긴 하지만 다른 사람들은 말하기 어려운 것입니다.'[5]라 하여 변호해 주기도 하였다.

이처럼 박태유의 성격이 곧다고 긍정적으로 평가하는 관리들도

---

3) 숙종은 이후 김수흥에게 승지를 보내 위유(慰諭)하고 다시 한양으로 오게 하였다.
4) 지조가 굳어 세속과 구차하게 화합하지 않는 것.
5) 『숙종실록』 숙종 9년(1683) 윤6월 26일.

있었지만 그러나 관료사회의 속성상 부정적인 시각도 만만치 않게
있었음은 분명했다.

3. 고산찰방(高山察訪)

이처럼 조정의 논란이 커져서 그랬는지는 모르지만 숙종은 박태유를 고산찰방으로 제수하면서 즉일 발송發送을 명하였는데 당일로 가라는 것은 임금의 노여움이 있었다는 뜻이다. 정언이 된 지 2달도 채 안된 윤6월 26일의 일이었다.

고산高山은 강원도 북동부 안변安邊에 있는 역참驛站 중의 한 곳으로 동해 연안에 맞닿아 있는 곳이었으며 조선시대에는 함경도에 속했던 지역이었다. 그리고 찰방은 종6품직으로 역을 운영하는 역정驛政의 최고 책임자로서 역리驛吏를 포함한 역민驛民의 관리, 역마驛馬 보급, 사신 접대 등을 총괄하는 직책이었다. 박태유는 자신이 폄천貶遷[6]되었다는 것을 잘 알았지만 그는 직책이 미미하다 해서 절대 소홀하게 생각하거나 게으르게 하지 않았다. 오히려 자기가 맡은 일을 법에 어긋나지 않게 철저하게 챙겼다.

고산은 역참 즉 교통 요지이기 때문에 고위 관료들의 왕래가 많은 곳이었다. 고위 관료들은 공무公務로 인해 역마를 타야 할 경우에 '3마패, 4마패, 10마패'라고 쓴 마패馬牌를 제시하고 그 수만큼의 말을 제공받았다. 그런데 많은 경우에 관료들은 규정된 말 수보다 더 많은 말을 요구하였고 또 하인들도 많이 부리려고 하였다. 이렇게 법령이나 규정을 어기고 역마를 함부로 타는 것을 '남파濫把'라고 하였는데 이렇게 남파를 하면 그 역에 속한 백성들은 매우 고통을 겪을 수밖에 없었다.

---

6) 벼슬의 등급도 떨어지고 다른 먼 곳으로 발령되는 것.

박태유는 곧바로 장계를 올렸다. '본도의 관찰사와 도사都事가 기승騎乘(말과 수레)과 도역徒役의 다과多寡를 마음대로 하고 제한이 없으니, 마땅히 그 수를 헤아려 정해야 합니다.'[7]라는 내용이었다.

당시 함경도 관찰사가 도내를 순시하다가 그 장계 소식을 들었다. 그리고 그 내용이 자기를 지목한 것임을 알고는 곧바로 소장을 올려 사직을 청하였다. 그런데 이 장계를 접한 숙종은 박태유가 상관을 지나치게 능멸하는 행위라고 하면서 그를 평안도의 찰방으로 보내라 하였다.

박태유의 외삼촌인 약천 남구만(藥泉 南九萬, 1629~1711)[8]을 비롯하여 당시 조정에 있던 신하들이 박태유의 진심은 법을 지키는 데 있지 상관인 관찰사를 능멸하려고 한 것은 아니라고 적극 변호하여 그 지시는 취소되었다.

아버지 박세당 또한 이 일을 전해 듣고서는 걱정이 되어서 아들에게 장문의 편지를 썼는데 말미에 다음과 같이 썼다. 1684년(숙종 10) 4월 6일에 쓴 편지이다.

"내가 여러 소문을 전해 들었는데 함경 감사가 주변 사람들에게 '무슨 일을 좀 하려고 해도 박태유가 사사건건 제지를 하니 도대체 아무 일도 할 수가 없다'고 하소연 한다더구나. 이 세상이 처신하기가 얼마나 어려운데 이 일을 어찌하면 좋단 말이냐?"

아버지 박세당도 걱정할 정도로 박태유의 성격은 강했고 주변 사람들도 그의 그러한 성격을 상당히 두려워하고 부담스러워 한 것으로 보인다. 다음과 같은 일화가 그러한 상황을 잘 보여준다.

---

7) 앞의 「가장」
8) 박태유의 돌아가신 어머니 남씨는 남구만의 누나이다.

어느 날 함경도관찰사가 시종 하나를 데리고 가다가 물었다.

"너는 이 세상에서 무엇이 제일 무서우냐?"

"산에 있는 범이 제일 무섭지요."

"그렇지? 그런데 너는 범이 산 속에만 있는 줄 아느냐? 여기 관아에도 있다. 나는 여기 있는 범이 더 무섭다."[9]

하인 역시 관찰사가 말하는 '범'이 누구를 가리키는지 잘 알고 있었다. 관찰사조차도 이처럼 박태유의 존재를 두려워하였던 것이다.

박태유 자신도 자신의 성격의 성격을 잘 알았고 그래서 성찰도 했다. 그렇지만 그는 임금이 덕德이 결여되었다고 판단되거나 시정時政의 잘못된 것을 들으면 마치 자신이 그 근심을 감당해야 하는 것처럼 너무도 괴로웠고 그래서 표현을 안 할 수가 없었다. 당시 박태유의 그런 곧고 강직한 성격과 재능을 인정해 주는 사람들도 있었지만 질시하고 비난하는 사람들도 많았다. 어쩌면 그런 사람들이 더 많았을 수도 있다.

언젠가 한번 박태유는 동해 바닷가로 갔었다. 넓고 푸른 동해바다를 바라보면서 자신의 그 성격, 어찌할 수 없는 병통의 성격을 생각하며 깊은 고뇌에 잠겼다. 그리고는 글을 한 편 써서 동해에 던지면서 외쳤다.

"신이시여, 만약 이 박태유가 불충불효하고 부정부직不正不直하며 청렴결백하지 않고 저에게 주어진 직책을 소홀히 했다면, 신께서는 죽여주시고 그렇지 않다면 신께서는 마땅히 살려주소서."[10]

---

9) 앞의 「가장」
10) 앞의 「가장」

하면서 동해의 신神에게 절규하듯이 부르짖은 일도 있었다. 자신이 살면서 행했던 그 어떤 행동도 신 앞에서 부끄러움이 없음을 자부하면서도 한편으로는 그러한 자신의 성격이 현실과 상충되고 있는 상황에 대한 깊은 고뇌가 고스란히 드러나는 일화이다.

박태유는 젊어서 역병에 걸렸었고 또 채 낫기도 전에 어머니의 병수발과 어머니의 상喪을 치르면서 얻은 병이 고질병이 되었다. 그래서 평소에도 늘 건강이 좋지 못하였는데 고산의 차가운 날씨, 그리고 바닷가에 부는 질풍疾風과 안개 때문에 계속 건강이 좋지 못하였다.

38세 되던 1685년(숙종 11) 봄이 되자 병이 위중해져서 직책에서 면직免職되었고 들것에 실려 한양으로 돌아왔다. 1년여를 투병하다가 결국 이듬해인 1686년(숙종 12)에 39세를 일기로 별세하였다. 참으로 아까운 나이였다. 첫 부인에게서 1녀, 둘째 부인에게서 2남을 두었다.

박태유는 글씨를 참 잘 썼다. 글씨에는 타고난 재질이 있어 아우인 박태보가 형의 글씨에 대해 '그 붓놀림이 뼈대와 살집이 서로 조화를 이루어 매끄러운 숫돌의 광채가 나는 듯 하며 큰 글씨는 더욱 건장하고 작은 글씨는 더욱 생기발랄하다'[11]고 평하고 있다. 당시 여러 인사들이 비석이나 현판懸板에 박태유의 글씨를 받고자 했으며 또한 종이쪽지에 글자 하나라도 받으면 모두 보관하여 가보家寶로 삼았다.

현재 박태유의 필적인 '백석유묵첩白石遺墨帖'이 보물로 지정되어 수원역사박물관에 소장되어 있다.

박태유의 아우인 박태보(朴泰輔, 1654~1689)는 1677년(숙종 3) 24

---

11) 앞의 「가장」

세의 나이로 알성시謁聖試에서 장원을 한 인재였다. 숙종의 총애를 받았으나 인현왕후 폐위를 극력 반대하다가 국문鞠問을 받고 진도珍島로 유배 가던 도중 노량진에서 36세 나이로 숨을 거두었다. 숙종은 곧 후회를 하고 박태보를 이조판서吏曹判書에 추증하였다. 당시 많은 사대부들이 전도가 유망하던 두 아들을 먼저 보낸 박세당의 처지에 많은 연민을 느꼈고 그래서 애도하는 제문과 만사挽詞를 썼다.

　두 아들을 먼저 보낸 박세당의 심정은 어떠했겠는가? 그는 다음과 같은 시를 남겼다.

　　　　　늙은 이 몸 자식을 곡하노라니
　　　　　깊은 슬픔 쌓여 죽을 지경이네
　　　　　고통이 극심해 애가 끊어지건만
　　　　　울부짖는 소리 뉘라서 알아주랴
　　　　　목숨은 천명에 달린 법
　　　　　사랑과 미움과는 관계없고
　　　　　친소는 이미 정이 다르니
　　　　　골육은 끝내 사정을 생각하지
　　　　　은원의 이 세상 떠나갔으니
　　　　　아 누굴 위해서 다시 애도하랴[12]
　　　　　(후략)

---

12) 老人哭其子 (노인곡기자)　　至死蓄深悲 (지사축심비)
　　至死蓄深悲 (통극장단렬)　　呼號誰聞知 (호호수문지)
　　脩短命所施 (수단명소시)　　非係愛憎爲 (비계애증위)
　　親疏旣異情 (친소기이정)　　骨肉終念私 (골육종념사)
　　獨超恩仇地 (독초은구지)　　嗟悼復爲誰 (차도부위수)
　　(後略)
　　- 한국고전번역원, 강여진 (역)
　　『서계집(西溪集)』 권3 시(詩) 「석천록 중(石泉錄 中)」

『박태유 필적 백석유묵첩(朴泰維 筆蹟 白石遺墨帖)』[ⓒ수원박물관]
박태유 글씨書有六義 '서유육의書有六義'는 한자의 조자원리造字原理에 관한 기본
개념인 육서(六書 : 六義)란 점에서 이채롭다.

銀燭朝天紫陌長 (은촉조천자맥장)
禁城春色曉蒼蒼 (금성춘색효창창)

은 촛대 들고 조회 가는 길은 멀고
궁궐 안 봄빛은 새벽에 더욱 푸르구나

　이 서첩은 박태유의 서예적 면모를 충분히 보여주는 예로 필사한
연유나 시기, 글씨를 받은 사람의 이름 등이 적혀 있지는 않지만, 어
느 누구의 글씨학습을 위하여 써준 것으로 여겨진다.

이징명 李徵明
토호土豪들의 비리非理에 단호하게 대처하다

· 생존연대 : 1648(인조 26)~1699(숙종 25) 향년 52세
· 자 : 백상(伯祥)
· 본관 : 전의(全義)

· 부 : 이만웅(李萬雄)
· 모 : 달성(達成) 서경주(徐景霌)의 딸
· 배 : 청송(靑松) 심약한(沈若漢)의 딸

■ 1. 관직 진출 과정

이징명의 어머니는 서경주의 딸인데 서경주는 선조와 인빈 김씨 사이의 맏딸인 정신옹주貞愼翁主의 남편으로 달성위達城尉이다.[1]

이징명은 26세 되던 1673년(현종 14)에 진사가 되었고 의금부도사義禁府都事와 귀후서歸厚署 장례葬禮[2]의 6품 무록관無祿官인 별제別提에 제수되었다. 그리고 37세인 1684년(숙종 10) 문과에 급제하였다.

1685년(숙종 11)과 그 이듬해에 걸쳐 여러 지역에서 지진이 자주 일어났다. 당시에는 이러한 재이災異가 어떤 나쁜 일이 일어날 조짐

---

1) 그러므로 이징명의 외조모가 정신옹주이며 앞에서 거론한 [21. 서문중]은 이징명의 외사촌이 된다.
2) 사무와 물품에 대한 일을 맡아보던 곳.

이 아닌가 하는 생각을 하던 때였기 때문에 많은 사람들이 불안해 하였다. 당시 홍문관의 종5품 관직인 부교리로 있던 이징명이 상소를 올려 재이를 두려워할 것과 수성修省에 힘쓸 것을 논하면서 이것이 임금의 여자문제와 관련이 있는 것이 아닌가 생각된다고 하였다. 그리고 "신은 바라건대 성상께서 장녀張女를 내쫓아서 맑고 밝은 정치에 누를 끼치지 말게 하소서."라 하였다. 당시 숙종이 총애하고 있던 희빈 장씨를 말한 것이었다. 상소를 접한 숙종은 크게 분노하여 소리를 버럭 지르며 "너희들의 방자함이 어찌 이와 같으냐."라 하였고 이징명을 파직하고 서용하지 말라고 특별히 명하였다.

그때 조정에 있던 신하들은 임금의 위엄이 두려워서 떨며 모두들 사색死色이 되었으나 이징명은 대답하기를 더욱 간절하게 하고 조금도 흔들리지 않았다.[3]

그 후 인사 담당자들이 이징명을 내외직內外職에 의주擬注[4]를 하였으나 숙종은 낙점을 하지 않았었는데 한참 후에야 충원현감忠原縣監 (현재의 충주)으로 제수하였다.

당시 숙종 대는 인현왕후와 희빈 장씨 문제로 정치적으로 미묘한 문제가 많을 때였는데 이징명은 서슴지 않고 직언을 많이 하였다. 그리고 얼마 안 되어 1689년(숙종 15) 기사己巳년에 '기사환국'으로 정치적인 상황이 크게 변하였고 여러 신하들이 혹은 죽고 혹은 귀양을 가게 되었다. 그리고 이징명 역시 군산群山으로 귀양 갔다. 그의 나이 42세 때였다.

군산지역은 지대가 낮아 습하고 거칠어 장기瘴氣[5]가 많아서 견디기 힘들었지만 이징명은 깨끗하고 서늘하게 거처하며 귀양살이

---

3) 『숙종실록』 숙종 12년(1686) 7월 6일 기사 참조.
4) 관원을 임명할 때 세 사람의 후보자를 추천하던 일. 임금은 추천자 명단을 참조하여 결정하였으며 주의(注擬), 의망(擬望)이라고도 하였다.
5) 축축하고 더운 땅에서 생기는 독기(毒氣).

를 견디어 냈다. 그리고 그동안에 지인知人과 친구들에게 서신은 절대로 쓰지 않았다. 자칫 오해를 일으켜 지인과 친구들에게 누가 될까 우려했기 때문이다. 그리고 이때 이징명의 부인인 청송 심씨도 남편의 유배지인 군산으로 따라가 생활하였다. 당시 정치적으로 엄중한 경우가 아니면 가족이 따라가는 경우가 종종 있었다.[6] 그리고 1694(숙종 20) '갑술환국甲戌換局' 때 사면을 받고 6년 만에 돌아왔다.

2. 황해도관찰사(黃海道觀察使)

이듬해인 1695년 6월, 그의 나이 48세에 이징명은 황해도관찰사로 부임하였다. 그리고 그는 여기서 행정가로서의 능력을 십분 발휘하였다. 이 당시 황해도에는 큰 흉년이 들었고 백성들이 많이 굶주리고 있었다. 이징명은 우선 조정에 지원을 요청하여 곡식을 확보하고자 하였다. 즉 부임한 이듬해 1월에 강화부의 쌀 중 5천석을 보내달라고 요청하였고 4월에는 쌀 2천석과 콩 1천석을 요청하여 윤허를 받았다. 그리고 세금을 감면해 주어 당시 조세가 5두[五斗]였는데 그것을 감해주고 어장漁場의 세금도 감면해 주었다. 이런 조치를 취하자 백성들이 크게 기뻐하여 이징명이 군읍을 순행할 때면 도로에서 손뼉을 치면서 좋아하였다.

그러나 이러한 시책은 일시적인 것이고 식량문제 해결을 위해서는 무엇보다도 백성들 모두가 농사를 잘 지어 생산량을 늘려야 했다. 그리고 농사짓는 데는 소牛가 반드시 필요하였으므로 소가 있는 사람들로 하여금 소가 없는 백성들에게 빌려주게 하였다. 그리고 소를 빌려준 백성들에게는 관에서 포상함으로써 불만이 없도록 하였다.

---

6) 이 책 [16. 서필원] 항목 참조.

황해도 해주의 수양산성. [ⓒ평화문제연구소]

그리고 그는 지방 재정을 효율적으로 운용하였다. 우선 관아에서 사용하는 경비를 줄이도록 했는데 그는 자신의 생활부터 검소하게 하여 관찰사에게 올리는 조석의 식사에서 반찬 수를 줄이도록 했고 군읍郡邑을 순행巡行할 때 제공받는 음식도 줄이도록 했다. 그리고 자신이 받는 녹봉의 일부를 가난한 백성들을 진휼하는 데 보충하여 사용하였다.

또 하나 이징명이 황해도에서 주안점을 둔 것은 국방 문제였다. 황해도는 나라의 서문西門이라는 점을 생각했을 때 중요한 요충지라는 것을 인식하고 대비하고자 하였다.

나라를 방비하려면 우선 그곳의 지형을 알아야 하므로 이징명은 화공畵工으로 하여금 다섯 산성山城의 형세를 그리게 하였다. 즉 해주海州의 수양首陽과 은율殷栗의 구월九月, 서흥瑞興의 대현大峴과 재령載寧의 장수長壽, 그리고 황주黃州의 정방正方 산성이 그것이다. 그리고 그 그림을 책자로 만들고 도로의 원근을 비롯하여 속현屬縣과 백성들의 수효, 요새 등의 상황을 각성各城 아래에 낱낱이 적어서 살펴보기 편하게 하였다. 임기를 마치고 떠나갈 때 황해도 사람들이 말하

기를, "정치를 잘한 사람을 살펴보건대, 일백 년 이래로 공을 추앙하여 으뜸으로 삼는다." 하였다.[7]

황해도에서 1년 반 정도 재임한 후 이조참의吏曹參議로 내직으로 들어왔다

3. 평안도관찰사(平安道觀察使)

관찰사로서의 능력을 인정한 숙종은 1697년(숙종 23) 이징명을 다시 평안도관찰사로 제수하였다. 50세 때였다.

그가 9월에 제수 받고 10월에 부임해서 보니 논농사가 큰 문제였다. 당시 평안도는 논농사가 잘 안 되어 이듬해 뿌릴 볍씨도 부족한 상태였다. 그런데 이징명은 황해도에서 근무할 때 부지런히 각 지역을 순행하며 살핀 일이 있기 때문에 쌀이 많이 생산되는 곳을 잘 알고 있었다. 그래서 건의하기를 황해도의 황주黃州와 봉산鳳山, 재령載寧등의 고을에는 논곡식이 자못 풍년이 들었으니 그 고을의 벼를 옮겨다 종자種子로 삼게 하기를 청하고 대신 평안도에서 많이 나는 소미小米 즉 좁쌀을 대신 보낼 수 있게 청하였다. 즉 황해도의 쌀(볍씨 종자)과 좁쌀을 교환할 수 있도록 청한 것이다. 임금이 그 제안을 호조戶曹에서 검토하게 한 후 시행하도록 하였다.[8]

식량문제를 어느 정도 해결한 후에 이징명이 착수한 것은 토호들의 비리 문제를 다스리는 것이었다. 당시 평안도에는 호상豪商과 대고大賈가 많았다. 그들은 대개 중국과의 사私무역 등을 통하여 부를 축적한 상인들이었는데 그들이 관가官家의 재물을 제멋대로 빌려가고 꿔주고 하며 관아의 창고가 모두 비어 있었다. 관에서는 빈 문서

---

7) 이덕수(李德壽), 『서당사재(西堂私齋)』 권12, 「선부군행장(先府君行狀)」
8) 『숙종실록』 숙종 23년(1697) 11월 14일.

만 가지고 있으면서 관장이 조금이라도 조사하고자 하면 주변 사람들을 선동하여 비방하는 말이 난무하므로 역대 관장들이나 안찰하는 관료들이 자칫 오욕汚辱을 당하지 않을까 해서 모두들 손을 못 대고 있었다. 그러다 보니 정작 관아에서 도와주어야 할 백성들은 뒷전으로 밀려나 있었다.

이징명은 평안도관찰사로 부임하기 전부터 이런 상황을 파악하고 있었다. 그래서 그는 하직 인사차 숙종을 알현할 때에 한 가지 중요한 문제를 청하였는데 당시의 실록 기사는 다음과 같다.

> 평안도관찰사 이징명이 하직하니, 인견引見하고 면유勉諭[9] 하였다. 이징명이 본도本道(평안도)의 부채負債와 포흠逋欠[10]의 수량이 많은 자를 적발해서 효시梟示하여 여러 사람을 힘쓰게 하도록 청하자, 임금이 계문啓聞하여 처리하게 하였다. -『숙종실록』숙종 23년(1697) 10월 6일

이처럼 이징명이 엄한 처벌을 생각한 것은 그렇게 하지 않으면 뿌리 깊은 그들의 세력을 견제하기가 어렵기 때문이라 판단했기 때문이다. 이징명의 이러한 발언은 지역의 호족들에게 보내는 강력한 신호였다고 할 수 있다. 이러한 소문은 곧바로 현지에 전달되기 때문이다.

이징명은 부임한 후 예고한대로 조사에 들어갔다. 장부를 정밀하게 조사하였더니 듣던 대로 빚이 많은 자들이 많았는데 이들은 가난한 백성들이 아니고 지역 토호들이 대부분이었다. 이들은 작정하고 관곡을 빌리고는 숨기거나 돌려주지 않은 자들이었다.

---

9) 임금이 신하에게 권면(勸勉)하는 유지(諭旨).
10) 관가의 물건을 빌려가서 써 버리거나 숨기고서 돌려주지 않는 것.

그동안에는 많은 관장들이 그 지역의 토호들과 맞서기가 부담스러워 어떤 행정적인 제제를 가하지 않고 있다가 자기 재임기간이 끝나면 그대로 가 버리는 경우가 많았다. 그러나 이징명은 이에 단호하게 대처하여 토호들에게 부채와 포흠을 모두 납부하도록 명하였다. 부임하기 전부터 효수도 불사할 정도로 강력하게 대처할 것임을 예고했던 관찰사였기에 토호들은 모두들 곧바로 갚았다. 그래서 관아의 창고가 가득 차고 재물이 남아돌았다.

평안도에는 또 하나의 폐단이 있었는데 그것은 역관들의 농간이었다. 역관들이 상인들과 결탁하여 많은 비리를 저지르고 있었던 것이다. 당시 소역小譯(젊은 역관) 두 사람이 객사客使(청나라 사신)를 빙자하여 사사로 불법행위를 하다가 관찰사의 위엄을 두려워하여 도망하여 숨어 버렸다. 서리胥吏들이 잡지 못하고 있었는데 이징명은 현상금을 걸어서 체포하여 사형시켰다. 이러한 일련의 대책을 시행하자 몇 달 사이에 평안도의 분위기가 숙연해졌다.

평안도는 중국과 접해 있어서 왕래도 빈번하고 물자의 교역도 직·간접적으로 활발하였다. 당시 압록강 바깥 쪽으로 개시開市를 여는 문제에 대하여 당시 조정에서는 논란이 많았다. 개시란 조선시대 의주의 대안對岸인 중강中江[11]에서 열렸던 중국과의 공무역을 하던 국제 시장이다. 당시 여러 조정 대신들, 특히 중국 사신을 맞이하는 임무를 수행하는 원접사遠接使들은 실제 그곳에 가보았기 때문에 백성들의 심정이 모두 개시開市를 열어서 곡식을 무역할 것을 원한다는 것을 알고 임금에게 그렇게 진달하였다. 즉 사신이 왕래할 때에 쌀장수도 같이 가게 하여 사행使行에서 돌아올 때에 조선에서 가져간 여러 특산품을 미곡米穀으로 바꾸어서 가져오게 하면 백성

---

11) 의주(義州) 이북의 난자도(蘭子島)와 검동도(黔同島) 사이의 압록강(鴨綠江)을 이르는 말.

들의 기근을 해결하는 데 도움이 될 것이라는 것이었다. 사실 그것이 현실적인 방안이었다.

이징명은 처음에는 속으로 찬성하지 않았다. 사신 일행을 수행하는 일부 역관들이나 별장別將들이 물가를 고의로 폭등시키는 일이 있었기 때문이었다. 그러나 전체적으로 백성들에게 필요한 일임을 알고 개시를 여는 것을 허용하였다. 명분에 매이지 않고 합리적으로 판단한 것이다.

이처럼 이징명이 황해도와 평안도 두 곳에서 관찰사를 역임하였는데 행정적인 방향이 매우 달랐던 것에 대해 어떤 사람이 물었다.

"관찰사께서는 황해도와 평안도를 다 다스리셨지요? 그런데 황해도에서는 너그러우시다는 평을 들었는데 평안도에서는 엄격하시다고들 합니다. 그 이유는 무엇인지요?"

이징명은 대답하기를,

"황해도 지방의 사람들은 굶주림에 지쳐서 죽을 지경에 다다랐으므로 어루만져주는 것이 급하였지요. 그런데 평안도 지방의 풍속은 이利를 위하여 달려가기를 말 달리 듯하고 법에 저촉되는 것을 꺼리지 않으니 어찌 엄격하게 하지 않을 수 있겠습니까?" -「경기도관찰사이공신도비명(京畿道觀察使李公神道碑銘)」

지역의 상황에 따라 그에 맞는 적절한 행정을 펼쳐야 한다는 뜻이었다.

1698년(숙종 24) 8월에 이징명은 경기도관찰사가 되어 업무를 수행하고 있었으나 이전부터 앓고 있던 구질舊疾이 점점 깊어지고 있었다. 이듬해 2월 친한 의원이 올린 약방서藥方書도 물리치고 그는 마지막 준비를 하였다. 자제들이 하고 싶은 말을 하라고 청하자 말

하기를, '가슴 속이 편안하니 죽음을 슬퍼할 바가 아니다.'라 하고는
염습斂襲은 따로 하지 말고 시복時服[12]으로 염을 하고 관棺은 얇은 판
자를 사용할 것이며 평소부터 풍수설風水說을 좋아하지 않았으니 다
만 선산先山에 묻어 달라는 당부만 하였을 뿐이었다. 향년 52세였고
슬하에 2남 1녀를 두었다.

   이징명은 키가 크고 수염이 아름다웠다 하며 성격도 활달하고 쾌
활하여 익살스런 말도 잘 하곤 하였다 한다.

---

[12] 조정에서 공무를 할 때 통상으로 입던 의복.

이형상 李衡祥
고을의 아전衙前들,
그들도 나의 백성이다

· 생존연대 : 1653년(효종 4)~1733년(영조 9) 향년 81세
· 자 : 중옥(仲玉)
· 호 : 병와(瓶窩), 순옹(順翁)
· 본관 : 전주

· 아버지 : 이주하(李柱廈)
· 어머니 : 파평(坡平) 윤세구(尹世耈)의 딸
· 배 : 은진(恩津) 송지규(宋之奎)의 딸

1. 관직 진출 과정

이형상은 1653년(효종 4)에 인천 죽수리竹藪里 소암촌疎巖村[1]에
서 태어났다. 25세 때인 1677년(숙종 3)에 생원, 28세인 1680년(숙
종 6)에 문과에 급제하였고 32살 되던 1684년(숙종 10)에 종9품직인
승문원 부정자副正字[2]에 올랐다.

이때 조정에서 인사가 있었는데 한 대신이 이유는 알 수 없지만
어떤 관리를 등급을 뛰어넘어 특별승진을 시키고자 하였다. 인사이
동이 있는 경우 승문원에서 인사이동 임명장인 천장遷狀을 작성하게

---

1) 소암촌은 현재의 주안동 석바위 또는 동춘동 소암마을로 추정된다고 한다.
2) 경서(經書) 및 기타 문서의 교정을 맡아보던 직책.

되어 있었는데 이형상은 등급을 뛰어넘는 경우는 불가하다고 하면서 천장 작성을 거부하였다. 이형상은 의금부로 불려갔고 자기에게 주어졌던 고신告身[3]을 취소당할 수도 있는 상황이었지만 그는 물러서지 않았다. 숙종이 측근 신하를 통하여 이형상에게 서찰을 보내 의사를 타진하였으나 이형상의 뜻이 강경한 것을 알고는 '이형상 같은 자는 나도 그의 뜻을 굽히게 할 수 없다.'라고 하였고 결국 그 인사는 취소되었다.[4] 이형상의 강직한 성품을 짐작할 수 있는 일화이다.

그는 이처럼 권력에도 뜻을 굽히지 않았을 뿐 아니라 어느 쪽 붕당에도 가담하지 않았기 때문에 관료생활을 하는 데는 불리할 수밖에 없었다. 다음 일화가 당시 그가 처했던 정황을 잘 보여주고 있다.

이형상이 처음 관직에 올랐을 때, 당시 그와 교분이 있던 어떤 재상이 와서 말하기를 "근래에 여러 재상들이 그대의 재능이 쓸 만하다고는 여기지만 그대를 임금의 측근에 두면 임금의 마음이 그대에게 쏠릴 것이 걱정된다고 하면서 지방 수령으로만 보내려고 하더군. 그러니 그대가 높은 벼슬 하기는 힘들듯 하네."라 하였다. 당시 서인과 남인 두 붕당이 일진일퇴一進一退하고 있었는데 이형상이 어느 쪽에도 아부하지 않았기 때문에 이렇게 말한 것이다.

그러나 그는 정치적인 유불리를 떠나 어떠한 경우에도 원칙을 지키고 강직하였다. 다음과 같은 사건을 보면 그의 그러한 성품을 잘 알 수 있다.

1685년(숙종 11)에 그는 호조좌랑(정6품)으로 재직하고 있었다. 이때 동지사冬至使가 출발 준비를 하고 있었는데 중국에 공물로 가지고 가던 세폐포歲幣布의 길이가 해마다 조금씩 길어져 병자년(1636,

---

3) 조선시대 관원에게 품계와 관직을 수여할 때 발급하던 임명장.
4) 채제공(蔡濟恭), 『번암집(樊巖集)』 권40, 「가선대부경주부윤병와이공행장(嘉善大夫慶州府尹瓶窩李公行狀)」

인조 14)의 보포報布에 비해 길이가 9자나 늘어나 있었다. 이형상은 그렇게 늘어나다 보면 앞으로 더욱 더 감당이 안 될 것이라 생각했고 보포를 기준으로 하여 세폐포를 잘라버렸다. 그 자리에 있던 조정 신하들이 놀라 모두 안색이 변하였는데 이형상은 대신에게 '제 마음대로 세폐포를 자른 것은 훗날의 무궁한 폐해를 제거하기 위해서입니다. 보포를 함께 보내어 증거로 삼게 하고, 만약 이것 때문에 문제가 발생하면 수역首譯(통역의 우두머리)을 나라 팔아먹은 형률로 논하십시오.'라 하였다. 동지사 정사正使인 정재숭(鄭載嵩, 1632-1692)은 이형상의 말을 옳게 여겼고 그 후에 아무 일도 일어나지 않았다.

2. 광주경력(廣州經歷)과 성주목사(星州牧使)

34세인 1686년(숙종 12)에 광주경력에 제수되었다. 경력은 도사都事와 함께 부급府級의 주요관아에서 실무를 담당하던 종4품 관직이다. 이형상은 사람들 사이의 갈등을 조정하는 능력이 뛰어났었다.

생원에 급제하기 전 어머니를 모시고 인천에 살 때의 일이었다. 당시 지방 사족들이 유학자들의 명부인 『청금록(靑衿錄)』을 둘러싸고 싸움이 심해져서 원수 같이 지낸 지가 오래되었다. 어느 날 나이든 유림儒林 10여 인이 이형상을 방문하여 도움을 받고 싶다고 하였다. 이형상은 여러 차례 거절하였으나 계속해서 간곡하게 부탁하자 그 갈등을 조정해 주었는데 원망하는 사람이 없었다고 한다.

광주에 부임해서도 명석하면서도 한편으로 기울지 않게 공정하게 판결해 준다는 그의 조정자로서의 능력이 널리 알려졌다. 그러자 경기도 각 지역의 소송하는 사람들이 모두 광주로 달려와 판결해 주기를 청하였다. 당시 옥송을 벌일 때에는 재판을 청하는 원고가 관가에 '금시金矢'라고 하는 돈을 내게 되어 있었는데 소송하는 사람들이 많다보니 금시도 많이 들어왔고 이형상은 그 돈으로 조 5000섬을 구입하여 광주의 봄 기근을 해결하였다.

이형상은 옥사獄事를 다스릴 때면 주변 사람들에게 늘 말하기를 "죄인이라고 해도 어찌 사람마다 억울한 사연이 없겠는가, 그리고 죄인이라 해도 어찌 반드시 매번 매를 치는 가혹한 형벌을 내려야 하겠는가."라 하였다. 그리고 가벼운 죄를 지은 사람은 즉시 죄를 다스렸으나 무거운 죄를 지은 사람은 일단은 옥에 가두라 하고는 "나도 막 화가 났을 때에는 판결을 내리는데 중도中道를 얻기가 쉽지 않다네."라고 하면서 시간이 좀 지나 평정심을 찾은 후에야 비로소 판결을 내렸다.[5]

조선시대의 많은 관장들이 지역에 부임하여 다스리고자 할 때 직면했던 어려움이 그 지역 호족들과의 문제였다. 흔히 토호土豪들이라고 하는 이들은 그 지역에 오랫동안 살면서 지역 이권을 장악하고 있었는데 많은 경우 아전들과도 결탁을 하고 있었다. 그 지역에 부임했던 관장들 중에는 자신의 임기 동안 굳이 그들과 대립하여 싸울 필요가 있는가 하고 피하는 경우도 있었고 때로는 그들과 대립각을 세우며 격하게 충돌하기도 하였다.

이형상은 늘 말하기를 '백성이 나의 자식이라면 아전들도 나의 백성인데 어찌 너무 편협하게 억누를 필요가 있겠는가. 백성과 아전 모두를 편리하게 하는 방향으로 가는 것이 옳지 않겠는가.'라 하는 생각으로 행정에 임했다. 실제로 아전들도 관장과 백성 사이에서 업무를 수행하는 것이 결코 쉽지 않았고 이형상도 그것을 잘 알고 있었다. 그래서 그는 아전들을 단속할 때는 엄중함을 위주로 하였으나 엄중함 속에 온화함이 있었고, 백성을 부릴 때에는 온화함을 위주로 하였으나 온화함 속에 엄중함이 있었다. 엄격하게 하되

5) 앞의 「행장」

인仁과 덕德으로써 대한 것이다.

광주를 다스릴 적에, 아전으로서 재물을 잘 훔친 주흥周興이란 자가 있었다. 고을 백성들이 모두 죽이기를 바랐고, 상급기관인 경기도 감영에서도 속히 사형에 처하라고 지시하였다. 이형상도 죄인의 진술서인 공초供招를 받아보고 죄상을 조사해 보니 사형을 시킬 수밖에 없는 죄였다.

사형 날짜가 얼마 남지 않았을 때 이형상은 그 주흥이란 자를 불렀다. 불러서 보니 도적이라고 하기엔 용모가 너무도 단정하였고 또 공초에 한 그의 서명을 보니 필력이 단순한 도적의 솜씨가 아니었다. 또 주변의 아전들로부터 그의 아버지가 아들의 도벽 때문에 같이 죽자고 아들을 끌고 강물 속으로 뛰어들려고 했던 것이 한 두 번이 아니었다는 말도 전해 들었다. 이형상은 '그를 교화하지 못할 것도 없지 않겠는가.'라 생각하고는 감영에 자신의 의도를 보고한 뒤에 다시 그를 불렀다.

이형상은 부드러운 태도로 "네 아비가 너의 도벽 때문에 너를 끌고 강물로 뛰어들려 하다가 눈물을 흘리면서 차마 하지 못한 것이 여러 번이었다고 들었다. 네가 만약 부모가 키워 준 은혜를 생각한다면 은혜를 갚지는 못할망정 어찌 차마 늙은 아비의 속을 이처럼 썩이고 애타게 하느냐." 하며 여러 가지로 타일렀다. 그동안 자신을 죄인으로 다그치던 관리들만 대하다가 부드럽게 타이르는 이형상을 보고 주흥은 마음이 많이 움직였다. 주흥이 아뢰기를, "죽을죄를 지었습니다. 한번만 저를 용서해 주신다면 반드시 마음을 고쳐먹겠습니다." 하며 회개하는 빛을 보였다. 이형상은 그를 곧 옥졸로 편입시키고 자신의 곁에서 근무하도록 하면서 잠시도 떠나지 못하도록 명령하였다. 그리고는 찬찬히 그를 관찰하였는데 처음에는 도벽盜癖에 마음이 흔들려서 그랬는지 얼굴이 벌겋고 눈동자가 튀어나왔으며 정신과 마음이 서로 결합되지 못하는 모습을 보였다. 그러다가 어느 정도 시일이 지나니까 기운이 차츰 가라앉고 눈동자도 점점 안정되었다. 이형상은 그를 관인官印을 맡아 관리하는 지인知印으로 승직시키고, 또 얼마 뒤에 형리刑吏로 진급시켰는데 마침내 청렴하고 근면한 아전이 되었다.[6]

이형상은 1690년에 동래부사로 부임한 일이 있었는데 그 때도 인과 덕으로써 개과천선을 하게 한 일이 있었다.

당시 동래에는 이름이 족곤足昆이라는 도둑이 있었는데 현상금을 걸면서까지 체포하고자 했으나 실패하자 그 아버지를 잡아왔다. 당시에는 연좌의 죄를 물었기 때문이다. 이형상은 그 아버지의 생김새가 도둑질을 하는 아들을 둔 것 같지 않게 착하게 생긴 것을 보고는 주변 사람들에게 말하기를,

"아들이 도둑질했다고 해서 그 나쁜 아들 때문에 그 아버지를 차마 가혹하게 때리지 못하겠구나."

하고, 곧 풀어 주었다.

며칠 뒤에 어떤 사람이 등에 동판銅版을 지고 와서는

"저는 관아에서 현상금을 걸고 찾고 있는 족곤입니다. 관아에서 저의 아버지를 처벌하지 않고 용서해 주었다는 소식을 듣고 감동하여 사형을 받기 위해 스스로 왔습니다."

하였다. 이형상이 말하기를,

"등에 짊어진 것은 무슨 물건이냐?"

하니, 족곤이 아뢰기를,

"이것은 도둑질한 물건인데 지금 사형을 받기 위해 오는 길이므로 관아에 가져왔습니다."

---

6) 앞의 「행장」

하였다. 이때 어사가 마침 동래부에 도착했다가

"이 사건을 어떻게 처리할 것인가?"

하고 묻자 이형상은

"이 사람이 선善을 향해 나아왔으니 죄를 주고 싶지 않습니다."

하고 곧 그를 풀어 주었고 마침내 족곤은 양민이 되었다. 어사가 이 사실을 돌아가서 보고하였다.[7]

이형상은 광주廣州에 부임하였을 때 처음 관직에 부임하는 관리들이 흔히 그렇듯이 모든 일을 다 열심히 하리라 마음먹었었다. 그런데 광주를 거쳐 다음 해에 성주목사로 부임하여 업무를 수행하면서 자신이 모든 일을 다 할 수는 없다는 것을 깨달았다. "내가 처음에 포부를 크게 가졌었지만 사람의 능력과 총명함에는 한계가 있다. 어차피 내가 다 할 수는 없는 일, 나는 큰 방향을 제시하면 되고 작은 일은 각 담당자들에게 맡기는 것이 현명한 일이다."라 판단하였다.

이때부터 그는 시책의 큰 방향만 제시해 주고는 관아의 문을 활짝 열어서 백성들을 비롯한 여러 손님들이 동헌에 자유롭게 드나들 수 있도록 하였다. 그리고 그들에게 싫증을 내거나 번거로워하는 기색을 보이지 않고 다정하게 대해 주었다. 그리고 관아에 온 백성들이 하소연하는 고충은 각 담당 관리들과 아전들로 하여금 해결해 주게 하였고 자신은 중요한 문제만 처리해 주었다.

3. 금산군수(錦山郡守)와 경주부윤(慶州府尹)

1689년(숙종 15)에 금산錦山 지역 사람들이 상소문을 올렸다. 내용인즉 덕유산德裕山을 중심으로 활동하는 도적들이 팔도의 도적들과

---

7) 앞의 「행장」

세력을 연합하여 큰 세력이 되고 있다는 내용이었다. 조정에서는 사안의 중대성을 감안하여 누구를 금산군수로 보낼 것인가 하는 문제를 논의하였는데 모두들 이구동성으로 이형상을 추천하였다. 조정에서 빨리 현지에 부임하라고 명하였는데 이형상이 금산군수로 온다는 소식이 전해지자 많은 도적들이 뿔뿔이 흩어져 도주하였고 나머지 잔존 도적들도 그 힘이 약해져 이후 다시는 도적이 나타났다는 보고가 올라오지 않았다.

숙종 20년(1694)에 갑술환국으로 정국이 바뀌면서 이형상을 꺼리는 사람들이 많아지자 그는 어머니를 모시고 강화도로 들어가 살았다.

1699년(숙종 25)에 또 많은 도적들이 경주 운주산雲住山을 중심으로 하여 횡행하는 일이 있었다. 대낮에도 인근 민가들을 노략질하여 백성들이 불안에 떨고 있었다. 이러한 보고를 받은 조정에서는 급히 논의하여 역시 이때도 이형상을 경주부윤에 제수하였다. 이형상이 경주부에 도착하자 관아 사람들은 새로 부임하는 부윤이 도적을 토벌하기 위해서 군졸들을 동원하리라 예상하고 지시를 따르기 위하여 대기하고 있었다. 그런데 이형상은 모두의 예상과는 달리 목패木牌를 만들게 한 다음 한쪽 면에는 '기찰譏察(검문)' 두 글자를 새기고 다른 면에는 '사使' 자와 관인官印을 새겼다. 그리고 새긴 글자에는 붉은 물감을 칠해서 잘 보이게 한 다음 장교將校 한 명, 아전 한명, 병졸 한 명으로 하여금 그것을 장대에 걸고 하루 종일 경주 경내境內와 인근의 시장을 돌아다니게 하였다. 이렇게 하기를 한 달 남짓, 도적 잡는 일을 맡은 토포사討捕使가 와서 말하기를, "조정에서는 도적을 깊이 우려하여 특별히 공을 파견하였는데 공께서는 목패만들고 시장을 돌아다니게 하고 계시니, 목패를 든 자들이 과연 도적을 몇 명이나 잡아들였습니까?" 하였다.

이형상은 "목패를 들고 다니게 한 것은 도적을 잡기 위해서가 아니라 도적을 흩어지게 하려 한 것이오. 내가 여기에 부임하기 전에 도적질을 당했다는 신고가 들어온 것이 몇 건이며 내가 부임한 후에는 몇 건이나 되오?" 하고 물었다.

토포사가 한참 있다가 "공께서 부임하기 전에는 하루에 최하 4, 5건이었는데 요즘에는 아직 한 건도 없습니다."고 대답하였다.

이형상은 말하기를, "이 도적 떼는 원래부터 도적이 아니오. 추위와 굶주림을 견디지 못해서 무리를 모아 입에 풀칠이라도 하려고 도모한 자들에 불과하오. 그리고 도적 떼가 약탈을 하고자 할 때는 반드시 시장에 모여서 의논하는데 지금 목패를 든 자들이 시장을 돌아다니고 있으니까 도적들이 겁을 먹고 감히 모여서 의논하지 못하고 있는 것이오. 그들이 모여서 도적질을 의논하지 못하고 있다면 그들은 필시 지금쯤은 자기네 본고장으로 돌아가 농사를 짓고 있을 것이오. 농사를 짓고 있다면 바로 선량한 백성이라 할 수 있는데 어찌 그들을 꼭 잡아서 죽이는 것만이 능사란 말이오?" 하였다. 이에 토포사가 깊이 감복하고 돌아갔으며, 도적들은 그대로 저절로 흩어졌다.[8]

4. 제주목사(濟州牧使) 그리고 영광군수(靈光郡守)

1700년(숙종 26)에 이형상은 경상도 영천永川 금호강琴湖江가 성고城皐라고 하는 곳에 '호연정浩然亭'이란 정자를 짓고 은거하고 있었는데 49세 때인 1701년(숙종 27) 겨울에 제주 목사에 제수되었다. 1702년 3월에 제주도에 도임하였는데 동성同姓 간의 혼인이라든가 처妻를 두고 또 처를 취하는 것, 남녀가 함께 목욕하거나 여자가 나

---

8) 앞의 「행장」

물소중이. 소중이는 '소중기', '속옷'이라고도 하며, 물질할 때 입는 것과 달리 어깨 걸이가 없이 입었던 속옷의 일종이다. 물소중이는 '물옷', '해녀 옷' 등으로 불리기도 했으며 물(水), 소(小), 중이(中衣, 袴衣)의 합성어이다. 즉, 물소중이는 물속에서 착용하는 작은 홑바지, 홑 속옷이라는 의미이며 가슴 부위를 가리는 부분이 연결되어 있다. 1702년(숙종 28)에 제주 목사였던 이형상(李衡祥)이 해녀의 수중 작업복을 권장한 기록이 있다. [ⓒ사진: 국립해양박물관/ 해설: 한국학중앙연구원]

체로 있는 것 등을 조례條例로 만들어서 금지하였다. 또 고高, 부夫, 양良의 삼성사三姓祠를 세웠고 신당神堂과 사찰 등은 많이 없애고 유교를 권장하였다.

우황牛黃은 귀하게 쓰이는 약재인데 제주도에서는 민가에서 우황이 생겼을 때 관에서 취했기에 담당자의 주머니가 자못 두둑하였다. 어느 날 그곳에 파견된 종9품 벼슬의 의원醫員인 심약審藥9)이 몇 개의 우황을 가지고 감영에 들어왔다. 이형상은 "백성의 소에게 우황이 생겼으면 그것은 당연히 소 임자의 것인데 어찌 관에서 관여하는가." 하고는 종전의 법을 고쳐 버렸다.

당시 제주도 대정현大靜縣에는 오시복吳始復이란 이가 희빈 장씨의 무고巫蠱의 옥사에 연루되어 귀양 와 있었는데 이형상이 그를 옹

9) 궁중에 바치는 약재(藥材)를 검수하는 직책.

호하는 발언을 하였다고 하여 제주목사에서 파직되었다. 이형상은 1703년 3월 파직되어 6월에 제주를 떠났는데 그가 돌아오는 행장行裝에는 아무 것도 없고, 단지 백록담 가에서 저절로 말라 죽은 박달나무로 만든 거문고 1장張과 시를 써 놓은 책 몇 권뿐이었다고 한다. 그가 제주도에 머물렀던 기간은 15개월 정도로 그리 길지 않은 기간이었지만 그가 제주도의 사회·경제·군사(국방)·교육 등 각 부문에 끼친 영향은 매우 컸다.

2년 후인 1705년(숙종 31) 겨울에 이형상은 또 영광군수靈光郡守에 임명되었다. 이해는 크게 흉년이 들었고 이형상의 부임 시기도 늦었다. 그런데도 이형상은 쌀 4000섬을 확보하여 진휼함으로써 백성들이 기근이 든 해라는 것을 실감하지 못할 정도였다.

영광의 풍속은 사람이 죽으면 산에 임시로 빈소殯所를 만들고 그후에 장례를 치렀다. 그런데 살림이 어려워 몇 년이 지나도록 장사를 지내지 못한 사람들이 당시 400명이 넘는다는 것을 알고 이형상은 그들에게 필요한 물품을 마련해 주어서 장례를 치르게 해 주었다. 또 혼기婚期를 놓치고 시집가지 못한 처녀를 조사해 보았더니 386명에 이르렀고 역시 이형상은 혼수를 마련해 주어서 혼례를 치르게 하였다.

영광에 부임한 다음 해인 1706년에 휴가를 얻어서 잠시 영천 호연정에 다니러 갔다. 그런데 공교롭게도 그 사이에 어사가 와서 관아의 행정을 점검하였는데 어사는 이형상이 영광에서 백성들을 혼인시키고 또 장례 치러준 것을 그리 대단하게 평가하지 않았고 그래서 임금께 이형상이 "일을 처리하는 능력이 듣던 바와는 거리가 멀고 매우 실망스럽다."고 보고하면서 파직할 것을 청하였다. 그래서 이형상은 휴가 나온 사이에 파직을 당하였다. 그 후에 그 어사직을 수행했던 그 관리는 사람들을 만날 때마다 자신이 이형상을 미워하여 파직하게 한 일이 잘못된 처사였음을 후회했다고 한다.

이형상은 제주목사와 영광군수를 역임하다가 두 곳에서 모두 임기를 채우지 못하고 중도하차 하게 되자 다시는 세상에 나가지 않겠다고 결심하였다. 그리하여 여러 직책을 제수 받았으나 모두 부임하지 않았고 호연정에서 은거생활을 하면서 이후 20여 년 동안 한양에는 한 발자국도 걸음을 들여놓지 않았다. 그리고 학문 연구에만 몰두하였다. 그 사이 1719년에 부인 송씨가 70세를 일기로 세상을 떠났다.

이후 숙종이 승하하고 영조가 왕위에 올랐다. 영조 4년(1728) 3월에 이인좌李麟佐의 난[10]이 일어났고 정희량鄭希亮도 거기에 동조하며 거창 지방을 근거지로 하여 난을 일으켜서 상황이 매우 위급하였다. 조정에서는 급히 이형상에게 경상하도慶尙下道의 호소사號召使[11]를 제수하였고 그는 명을 받자마자 급히 관찰사의 감영에 달려가서 군사를 모집하고 역적을 토벌할 일을 의논하는데 갑자기 이형상이 적당賊黨과 내통한다는 혐의로 체포되었고 감옥에 갇혔다.

이형상의 인품을 익히 알고 있던 영조는 의아한 생각이 들어 직접 심문하였고 결국 무고誣告임이 밝혀지자 곧바로 석방하게 하였다.[12] 그러나 그동안 70여 일이 걸렸으므로 그는 70여 일 동안을 감옥에서 지내야 했다. 이때 그의 나이 76세였다.

이형상이 옥에 갇혀 있을 때 목에 쓴 칼은 무겁고 수갑은 꽉 조여서 목에 상처가 생겨 짓무르고 손목은 찢어져 피가 흘렀다. 이때는 또 음력 5월로 무더운 날씨라서 수졸守卒들까지도 마음 아프게 생각

---

10) 1728년(영조 4) 3월 이인좌가 중심이 되어 정권에서 배제된 소론과 남인의 과격파가 연합해 무력으로 정권탈취를 기도한 사건.
11) 난리가 났을 때 임금의 명령을 받고 지방에 나가서 군사를 불러 모으는 일을 맡은 임시 관리.
12) 『영조실록』 영조 4년(1728) 6월 10일.

하여 잠시라도 칼을 벗겨드리겠다고 하였으나 그는 "이는 다 나의 운명이며, 임금의 명령이다. 자신의 운명은 피할 수 없고 임금의 명령도 어길 수 없다." 하면서 거절하였다. 그런데 그가 석방되어 돌아왔을 때 보니 그의 얼굴이 전혀 변하지 않고 전과 다름이 없었다. 모두들 이상하게 여겨 그 이유를 물으니까 "몸은 비록 칼을 쓰고 수갑을 찼으나 마음은 나의 정자에 있는 것과 다름이 없었지. 고문古文을 생각하거나 전에 읽었던 경서의 뜻을 다시 궁리하면서 70일 동안 먹고 자는 것을 평소처럼 하였고 그래서 병들지 않은 것 같네" 하였다.

이형상은 이런 사건을 겪으면서 임금과 멀리 떨어져 있으니 모함도 받고 오해도 생긴다는 것을 뼈저리게 느꼈고 그래서 이후에는 임금이 있는 곳에서 멀리 있지 말아야 되겠다고 생각하고 한양과 인천을 오가며 생활하였다.

5년 후인 81세 되던 1733년에 이형상은 양강楊江(남한강의 옛 이름. 양평)으로 옮겨 가서 살 계획을 세우고 그곳을 알아보기 위해 길을 떠나 과천果川에 도착하여 여관에 묵었다. 그런데 그곳에서 갑자기

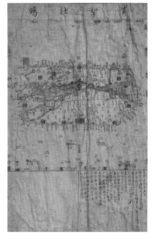

『탐라순력도』. 1702년 제주목사 이형상이 화공 김남길을 시켜 제작한 기록화첩. [ⓒ한국학중앙연구원]

『남환박물』. 1704년 조선후기문신 이형상이 제주도와 주변 도서의 자연·역사·산물·풍속·방어 등에 대해 기록한 지방지. 제주도지방지. (좌) 남환박물 중 권수면 [ⓒ한국학중앙연구원]

병이 들었고 한 달 정도 지내다가 11월 30일 여관에서 세상을 떠났다. 향년 81세였고 슬하에 4남 2녀를 두었다.

이형상은 제주목사 재임 시에 제주도와 관련된 중요한 자료집을 남겼는데 『탐라순력도(耽羅巡歷圖)』와 『남환박물(南宦博物)』이 그것이다. 『탐라순력도』는 화공 김남길金南吉을 시켜 제작한 기록화첩이며 『남환박물』은 제주도와 주변 도서의 자연·역사·산물·풍속·방어 등에 대해 기록한 지방지인데 당시 제주의 인호人戶·인구人口·전田·국마國馬·국우國牛 등 상세한 통계 자료를 담고 있어 제주도사 연구에 귀중한 자료가 되고 있다. 그리고 시조작가 172명의 작품 1,109수를 수록하여 1713년에 편찬한 시조집인 『악학습령(樂學拾零)』을 남겨 시조연구에도 중요한 자료가 되고 있다.

조엄 趙曮
국가 재정과 백성들의 부담 사이에서
고뇌하다

· 생존연대 : 1719년(숙종 45)~1777년(정조 1) 향년 59세
· 자 : 명서(明瑞)
· 호 : 영호(永湖)
· 본관 : 풍양(豊壤, 경기도 남양주)

· 아버지 : 조상경(趙商絅)
· 어머니 : 부평(富平) 이정태(李廷泰)의 딸
· 배 : 풍산(豐山) 홍현보(洪鉉輔)의 딸

1. 관직 진출 과정

조엄趙曮은 1719년(숙종 45)에 한양의 쌍리동雙里洞(현재의 쌍림동) 집에서 아우인 조정(趙晸, 1719~1775)과 쌍둥이로 태어났는데, 아버지 조상경趙商絅이 두 마리 백룡이 서까래를 휘감고 있는 꿈을 꾸고 태어났다고 한다. 조엄이 형이고 조정이 아우인데 둘의 모습이 너무나 흡사했고 말하는 것이나 행동하는 것이 열 중 아홉은 똑같아서 주변 사람들이 모두 신기해했다고 한다.

한강 동호東湖[1]에 정자를 짓고 같은 방에 쌍문을 달아놓고는 서안書案 2개와 회초리 2개를 놓고 서로 마주하고 공부해서 세상 사람들

---

1) 한강 가운데 뚝섬에서 옥수동에 이르는 곳을 일컫는데 '두뭇개'라고도 하였다.

이 '조씨 쌍호정趙氏 雙湖亭'이라 칭했다고 한다.

조엄은 20세 때인 1738년(영조 14)에 생원生員, 34세 때인 1752년(영조 28)에 문과에 급제하였고 쌍둥이 아우인 조정은 49세에 생원, 이듬해에 문과에 급제하였다.

조엄 초상. [ⓒ원주역사박물관]

2. 경상도관찰사(慶尙道觀察使)

1753년에 정언(정6품), 1754년에 영평현령永平縣令(종5품)을 거쳐 1756년(영조 32)에 충청도 어사로 파견되었다. 이듬해에 동래부사東萊府使(종3품)를 역임한 후 40세 때인 1758년(영조 34)에 경상도관찰사(종2품)로 제수되었는데 주변에서는 이례적으로 빠른 승진이라고들 하였다.

당시 경상도는 세운稅運의 적폐가 매우 심한 곳이었다. 세운이란 세금으로 거둔 곡식을 한양으로 운반하는 것으로 국가 재정을 위해 대단히 중요한 일이었다. 당시 진주와 밀양 등의 20여 읍은 세운을 하는데 있어서 모두 사선私船을 이용하였는데 이들 사선들의 횡포가 심하였다. 사선들은 수량을 초과하여 싣기도 하고 곡물의 부피나 무게를 늘리기 위해 물에 넣어 불리는 화수和水 등의 부정행위를 하기도 하였다. 또 출발하는 시기를 어기기도 하여 공물 등이 제때에 목적지에 도착하지 못하는 경우도 많았는데 그 공물이 상하여 못쓰게 되는 경우에는 그 손실된 분량을 백성들에게 다시 징수하였다. 그러다 보니 백성들의 고충이 이만저만이 아니었다. 그런데 이들 사선에는 각기 경주인京主人이 있었고 이들 경주인들은 지역의 호족들 관할 소관이었으므로 서로 결탁하여 많은 이권을 챙기고 있었다. 당시 이러한 세운의 문제점을 다들 알고 있었지만 그 누구도 개선할 엄두를 내지 못하고 있었다. 이렇게 10년간 패몰敗沒된 국가 곡식이 7만곡斛(곡은 10말)이나 되었다.

경상도 관찰사로 부임한 조엄은 세운의 문제에 주목하고 개선해야겠다고 생각하고 조정에 배를 건조할 것을 건의하였다. 봉산封山[2]의 나무를 베어 배를 만들고 특정한 일없이 떠도는 백성들을 조운선漕運船에 탑승시켜서 조운에 종사하게 하자는 것이었다. 그리고 그 배들은 평시에는 운반선으로 쓰고 전시에는 전함戰艦으로 쓰면 될 것이라 하였다. 조정에서는 그 건의를 받아들였다. 그렇게 해서 배를 만들고 떠돌던 백성들을 역졸들로 일하게 하였는데 그들에게 대우는 넉넉하게 해 주되 규율은 엄격하게 하여 운영하였더니 그동안의 세운의 폐단이 많이 없어졌다.

또한 세운의 문제를 해결하기 위해서는 조창漕倉이 꼭 필요하다고 판단하였다. 조창이란 전국 각 지방에서 조세의 명목으로 납부한 미곡을 수납하여 경창京倉으로 운송하기 위해, 연해나 하천의 포구에 설치하여 운영하였던 국영 창고의 총칭이다.

당시 조정 안팎의 뜻있는 지식인들 사이에서는 100여 년 전 반계 유형원(磻溪 柳馨遠, 1622~1673)이 저술한 『반계수록(磻溪隨錄)』을 재평가하며 깊은 관심을 가지고 있었다. 『반계수록』은 유형원이 전라도 부안扶安의 변산 기슭 우반동愚磻洞에 은거하면서 저술한 『경세제민(經世濟民)』의 정책론政策論인데 영조와 당시 세손이었던 정조도 이러한 정책들에 대해 큰 관심을 보였으며 영조는 『반계수록』을 간행하여 반포하도록 하였다.

---

2) 나라에 필요한 목재를 조성하기 위해 지정한 산으로 일반인의 벌채는 엄금하였다.

유형원은 이 책에서 물가가 내릴 때 생활필수품을 사들였다가 값이 오를 때 내어 물가를 조절하기 위하여 국가에서 설치한 창고인 상평창常平倉의 중요성을 강조하였다.

조엄 역시 유형원이 반계수록에서 제시한 상평창에 대하여 깊은 관심을 가졌고 조창을 지으면 세곡 보관 뿐 아니라 곡물가격을 조절하는 기능도 할 수 있어서 백성들의 구휼을 위해서나 국가 재정의 손실을 막는데 매우 필요하다 판단하였다.

조엄은 조창 설치를 건의하였고 그리하여 1760년(영조 36)에 창원昌原 마산포馬山浦에 마산창馬山倉(좌조창, 左漕倉)을, 진주晉州의 가산포駕山浦에 가산창駕山倉(우조창, 右漕倉)을 설치하였다.[3] 그리고 5년 후인 1765년(영조 41)에는 밀양密陽 삼랑창三浪倉(후조창, 後漕倉)이 신설되었다. 경상남도 밀양시 삼랑진읍 삼랑리에 있었다. 후조창이 자리하였던 곳에는 현재 민가가 들어서 있는데 밀양 삼랑진 후조창 유지 비석군을 통하여 후조창의 흔적을 찾을 수 있다.

이들 경상도 3조창은 경상도 남부 지역의 세곡을 수납하여 운송하는 역할을 수행하였으며 전라도에까지만 미치던 조운을 경상도

현재 마산 조창터의 옛 모습은 사라졌지만 표지석과 조형물로 그 위치를 알려주고 있다. (경상남도 창원시 마산합포구 남성동 142-3)

3) 마산창은 현 경남 창원시 마산합포구 남성동 일대이고 가산창은 경남 사천시 장암리에 있었다.

연해 지역에까지 통하게 하여 세곡 납부
에 따른 종래의 민폐를 크게 줄이고 동시
에 국고 수입을 증가하게 하였다.

　이렇게 되니 그동안 민간선박으로 이익을 취하
던 지역의 호족들과 경주인들은 당연히 반발하면서 자신들이 그 권
한을 다시 가져오려고 지속적으로 시도하였다.

　　공(조엄)이 영남 관찰사로 있을 적에 백성들을 이롭게 한 법이
　　매우 많았지마는 세미稅米를 배로 수송하는 일이 제일이었다. (중
　　략) 그러나 경선京船들이 그 이익을 잃게 된 것을 분하게 여겨 지금
　　에 와서는 서로 터무니없는 소리를 떠들어서 기필코 영남 세미의
　　직접 수송을 혁파하여 자기들의 사욕을 채우려고 하였다. - 조엄
　　(趙曮),『해사일기(海槎日記)』중 성대중의 서문

　후에 조엄이 통신사로 갔을 때 서기로 수행했던 성대중(成大中,
1732~1809)이 당시의 정황에 대해 기술한 내용이다.
　그동안 이익을 취하던 민간선박(경주인)들은 세미 수송 권한을 다
시 자신들이 가져가고자 지속적으로 시도하였는데 1805년에는 호
조판서로 있던 조엄의 아들이 그 시도를 강력하게 막기도 하였다.
그들의 저항이 얼마나 심했었나 하는 것을 알 수 있고 그것으로 볼
때 조엄이 얼마나 강력한 의지를 가지고 세운 업무를 정상화 시키
고자 했는가 하는 것을 알 수 있다.

3. 통신정사 (通信正使)

　1760년(영조 36) 12월에 관찰사 임무를 마치고 대사헌·부제학·

승지·이조참의 등을 지내고 45세 때인 1763년(영조 39) 7월 24일에 조엄은 통신사로 일본에 갔다. 그는 1763년 8월부터 이듬해 7월까지 1년여 동안 통신사로서의 업무를 수행하면서 그 과정을 기록하였는데『해사일기(海槎日記)』가 그것이다.[4]

그런데 이 중에 고구마를 들여온 과정이 소상하게 구체적으로 기록되어 있다. 사실 고구마가 조선에 전래된 과정에는 여러 시대에 걸쳐 여러 인물들의 역할이 있었는데 여기에서는 조엄의『해사일기』와 행장에 기록된 내용을 중심으로 소개하고자 한다.

> 이 섬에 먹을 수 있는 초근草根이 있는데 감저甘藷 또는 효자마孝子麻라 부르고 왜음倭音으로는 고귀위마古貴爲麻라 한다. 실로 진기가 있으며 반쯤 구운 밤 맛과도 같았다. 그것은 생으로도 먹을 수 있고 구워서도 먹을 수 있으며 또 삶아서도 먹을 수 있다. 곡식과 섞어 죽을 쑤어도 되고 썰어서 정과正果로 써도 된다. 떡을 만들거나 밥에 섞거나 되지 않는 것이 없으니 흉년을 지낼 밑천으로 좋을 듯하였다. -『해사일기』1763년 6월 18일 기사

라 하여 고구마를 소개한 다음

> 지난해(1763년) 좌수나포左須奈浦에 처음 도착했을 때 감저를 보고 두어 말을 구해서 부산진으로 보내어 종자를 삼게 하였고 지금(1764년) 또 귀로에 이것을 구해서 장차 동래東萊의 교리배校吏輩(아전들)들에게 줄 예정이다. 일행 중 다른 사람들도 그것을 얻은 자

---

4) 참고로 이때의 통신사 일행 중 서기(書記)로 조엄을 수행했던 김인겸(金仁謙, 1707~1772)은 한국 가사문학사에서 중요한 위치를 차지하고 있는 기행가사(紀行歌辭)인「일동장유가(日東壯遊歌)」를 남겼다.

가 있으니 이것들을 과연 다 살려서 우리나라에 널리 퍼뜨릴 수 있다면 문익점文益漸이 목화를 퍼뜨린 것처럼 어찌 우리 백성들에게 큰 도움이 되지 않겠는가. 또 동래에 심은 것이 만약 잘 자라 뻗어 나간다면 제주도는 물론이고 다른 섬에서 재배하는 것도 좋을 것 같다. 듣건대 제주의 풍토가 대마도와 많이 비슷하다고 하니 그 감저가 과연 잘 번성한다면 제주도민이 흉년을 당했을 때 많은 도움이 될 것이다. 다만 토질이 맞는지 아직 확실하지 못하고 토산土産이 다 다르니 과연 그 번식이 뜻대로 될지는 지금 어찌 확실히 알 수 있겠는가. – 『해사일기』1763년 6월 18일 기사

조엄의 손자인 조인영趙寅永이 기록한 『운석유고(雲石遺稿)』에 있는 조엄의 행장[5]에도 이에 대해 "제주도에서 고구마를 보고 구황작물로 좋겠다고 생각하여 제주도로 보내 길러보게 하였다. 제주도가 대마도와 풍토가 비슷하여 과연 잘 번식이 되었고 그곳 사람들이 '조고구마趙藷'라고 칭하기도 하였다고 한다"고 기록하고 있다.

조엄은 통신정사通信正使로서 일본에 다녀온 뒤, 대사간·한성부우윤, 예조·공조의 참판 및 공조판서를 차례로 역임하였다.

4. 평안도관찰사(平安道觀察使)

조엄은 1770년(영조 46) 5월에 평안도관찰사를 제수 받았다. 그의 나이 52세 때였다.

당시 평안도 감영에서는 관아에서 필요한 공적 경비를 민간에 빚을 놓아 그 이자로 충당하는 것이 관행처럼 되어 있었다. 즉 관청의

---

5) 조인영(趙寅永), 『운석유고(雲石遺稿)』 권15, 「왕고이조판서증좌찬성영호부군가장(王考吏曹判書贈左贊成永湖府君家狀)」

곡식을 민간에 꾸어주고 원금과 이자를 받는 것이었는데 현대의 개념으로 본다면 관에서 민간 백성들에게 대출을 해주고 그 이자를 받아 관청의 공금으로 사용하는 것이라고 할 수 있다. 그러한 것이 문제가 없는 것은 아니었지만 오랫동안 관행으로 내려오고 있었다.

그런데 세월이 많이 지나자 관곡을 빌려간 사람들의 행적도 모호해 지고 이미 오래 되어 유망流亡하는 자도 많아져서 관의 손실액이 매우 컸다. 특히 관곡을 빌려간 사람들 중에는 호족豪族들이 많았는데 평안도 호족들의 세력이 워낙 강성하다 보니 그동안 어느 관장도 빌려간 곡식을 갚으라고 독촉을 못하고 흐지부지 되어서 당시 고질화된 폐단이 되어 있었다.

이런 상황에서 조엄이 관찰사로 부임하였다. 조엄은 사람됨이 강직하고 자기의 하는 일이 정당한 것이라 판단되면 끝까지 고집스럽게 밀어붙이는 성격이었다. 그래서 당시 세간에서 뿐 아니라 영조도 조엄을 '조고집'이라 불렀다고 할 정도로 고집이 세고 추진력이 강하였다. 또한 조엄은 '의관을 정제하고 자리에 나아가면 모든 사람들의 이목이 쏠렸다', '호령이 한 번 떨어지면 숙연하여져 아무도 떠드는 사람이 없었다.'[6]고 한 것으로 보아 요즘의 표현으로 하자면 상당히 카리스마가 있는 성품이었던 것으로 보인다.

관찰사로 부임한 조엄은 장부를 모두 조사하게 하여 지역 호족 등이 갚지 않고 있는 부채를 원금과 이자 모두 아울러서 징수하도록 지시를 내렸다. 그러자 평안도 전체가 들끓었다. 호족들은 격렬하게 반발하였고 일반 백성들 사이에서도 원망과 한탄이 떼 지어 일어난 것은 어쩌면 당연한 일이었을 것이다. 더구나 당시 흉년이 들어 평안도의 경제상황이 좋지 않았던 데다가 원금과 이자를 모두 갚기 위해서 너도나도 곡물을 확보하려고 하다 보니 물가가 폭등하

---

6) 『해사일기(海槎日記)』 중 성대중의 서문.

였다.

조엄도 결코 그것을 결코 예상 못한 바는 아니었고 고민도 많았지만 국가 재정을 위하여서는 꼭 필요한 일이라 생각하였다. 이런 사정, 저런 사정을 모두 봐 주면서 계속 미룰 수는 없다고 생각하였고 그리고 무엇보다도 누군가는 해결해야 할 일이라고 판단하였기 때문에 조엄은 그 시책을 강력하게 밀고 나갔다.

그렇게 하여 조엄은 평안도에서 30여만 냥을 징수하였고 국고로 들어가게 하였다. 이러한 조엄의 조치에 대해 조정에서는 그 공로를 크게 인정하였다. 그래서 다음 해인 1771년에 영조가 조엄을 이조판서로 제수하고자 했을 때 당시 영의정 김치인金致仁 등이 조엄의 평안도관찰사 유임을 청하면서 '그가 국사國事를 경영한 것이 많고, 공채公債를 바친 것이 30여 만 냥에 이른다.'고 아뢰니 영조 또한 '공채를 그렇게 많이 바쳤다고 하니 그의 부지런함은 알 만하다'[7] 하며 조엄을 평안도관찰사로 유임시켰다.

그런데 평안도관찰사로 유임된 지 채 몇 달도 되지 않은 5월 13일에 사간원과 사헌부 소속의 정언 등 관료 몇 사람이 평안도에서의 조엄의 행정에 대해 상소를 올리기 시작하였다. 조엄이 유임되자 반발이 시작된 것이라 할 수 있다.

> 관서 지방에 흉년이 들었는데도 관찰사나 수령 등은 진휼할 생각은 하지 않고 오히려 40만 냥의 감영 빚을 민간에다 징수하도록 독촉을 한 까닭에 평안도의 물가가 폭등했다고 합니다. 관서 지방에서 온 사람을 만나 상세히 소식을 물었더니 전미田米(좁쌀) 한 포[包]의 값이 10여 냥이라고 하면서 쌀값은 그 갑절이나 할 것이라 합니다. 상황이 이렇다 보니 굶주리는 백성들이 많고 심지어 사람

7) 『영조실록』 영조 47년(1771) 2월 19일.

들이 인상식人相食(사람들이 서로 잡아먹었다)이란 소문까지도 있는
데 평안감사 조엄은 보고도 하지 않았으니 엄격한 법으로 중하게
다스려야 합니다. - 『영조실록』 영조 47년(1771) 5월 13일

　이러한 상소 내용을 접한 조정에서는 무엇보다도 '인상식'이란
말에 큰 충격을 받았다. 영조는 조정 회의에서 그것이 사실인가 하
고 물었다. 이에 대해 대부분의 조정 관료들은 아마도 조엄이 부채
負債를 독촉하는 과정에서 이러한 말이 나온 것 같다고 하면서 그러
나 그와 같은 지경에까지 이르지는 않았을 것이라고 하였다. 조정
의 관료들도 모두들 관직생활을 한 사람들이라 왜 그런 소문이 났
는지 짐작할 수 있었고 특히 '인상식'이라는 극단적인 표현까지 나
온 것으로 보아 다분히 고의성이 있음도 직감할 수 있었다.
　그러나 이러한 상소가 올라왔기 때문에 영조는 진상이 밝혀질 때
까지 조엄의 관직을 우선 삭탈하여 직무를 정지시킨 다음 조엄에게
'인상식' 3자의 설에 대해 함문緘問(서면질의)하도록 명하였다. 이에
조엄은 함답緘答으로 "평안도에서는 결코 그러한 소문을 들은 일이
없으며 있었다면 어찌 덮어두고서 즉시 아뢰지 않았겠습니까?" 하
며 부인하였다.[8]
　조정의 다른 관료들도 그동안 여러 경로를 통해서 조사해본 결
과 그러한 일은 실제로 일어나지 않았다고 보고하였고 또 평안도
의 태천현감泰川縣監과 전 의주부윤義州府尹 등 관련 관리들을 입시入侍
하도록 명하여 하문하였는데 모두가 이런 일이 없었다고 대답하였
다. 그럼에도 사안이 워낙 충격적이고 중차대하였으므로 조정에서
는 어사를 파견하기로 하였다. 그런데 이들 관련 내용을 전하는 기
사에는 이후 이 부분을 '세 글자'라고만 칭하고 있는데 아마도 너무

8) 『영조실록』 영조 47년(1771) 5월 14일.

도 끔찍한 표현이라서 그렇게 한 것으로 보인다.

이렇게 해서 이명빈李命彬이 평안도 암행어사로 파견되어 현지에 가서 조사하고 돌아와서는 문제가 된 '세 글자'에 대해서는 한마디도 들은 바가 없고 조엄이 부채를 독촉하는 과정에서 이러한 말이 나온 것 같다고 보고하였다. 이에 영조는 이제 마음이 조금 놓인다고 하면서 '조엄이 세상의 원망을 감수하면서도 공무를 받들어 행한 것을 내가 확인할 수 있었다.'[9]고 하였다. 즉 조엄이 주변의 비난을 감수하면서도 건전한 국가 재정을 위해서 공무를 충실하게 수행한 것에 대해 긍정적으로 평가하면서 조엄에게 직첩을 돌려주고 서용하도록 명하였다. 이렇게 하여 조엄의 문제는 일단락 된 듯이 보였다.

영조가 승하하고 1776년 3월에 정조가 즉위하였다. 조엄은 평소에 정후겸鄭厚謙, 홍인한洪麟漢 등과 교분이 있었는데 이 두 사람은 정조가 세손世孫이었던 시절에 대리청정代理聽政하는 것을 극력 반대하는 등 세손에게 적대적인 인물들이었다. 정조가 즉위한 초기에 막강한 권력을 잡고 있던 홍국영洪國榮 등은 정후겸 홍인한 등을 공격하였는데 조엄도 이들과 연루될 수밖에 없었다.

정치적으로도 복잡하였던 데다가 조엄이 평안도에 있을 때 불만을 품었던 호족들도 가세하여 조엄은 안팎으로 매우 불리한 상황에 놓였다. 조엄을 배척하고 공격하던 쪽의 관료들은 조엄이 평안도에서 진휼행정[賑政]을 제대로 하지 못했다는 문제를 거론하며 비판하였고 그리고 무엇보다도 공금을 개인적으로 횡령하였다는 '탐장죄貪贓罪'죄목까지 고발하였다.

1776년, 조엄은 체포되었고 위원군渭原郡(평안북도 북쪽 지역)에 유배되었다. 당시 '탐장죄'는 사형에 처하도록 되어 있는 중죄이었으

9) 『영조실록』 영조 47년(1771) 6월 3일.

므로 의금부에서는 조엄을 사형에 처하는 문제가 논의되고 있었다.

조엄의 아들인 조진관趙鎭寬은 당시 돈령부敦寧府 도정都正(정3품 당상)으로 있었다. 돈령부는 왕실 친척들의 친목을 위한 사무를 맡아보던 관아인데 조엄이 혜경궁 홍씨의 고모부였고 따라서 조진관은 혜경궁과 고종사촌이 되었다. 조진관은 아버지의 억울함과 원통함을 호소하기 위하여 백방으로 노력하였는데 신문고申聞鼓를 두드려 그 아버지의 원통함을 호소하는가 하면 칼로 자신의 목을 찌르며 자결을 시도하는 등 강력하게 항거하였다. 그러면서 아버지에 대한 혐의를 해명하는 상소를 올렸다.

이에 정조는 조진관이 아버지 조엄의 일에 대해서 상소한 내용을 조정 회의에서 논의하도록 했다. 정조는 조엄에게 적용된 여러 가지 혐의를 살피면서 무엇보다도 그가 평안도에서의 일에 대하여 구차스럽게 변명하지 않고 곧바로 자복하였다는 사실을 알았다. 즉시 자복하였다는 것은 조엄이 모든 책임을 지고 자신이 다 안고 가겠다는 의미라는 것을 정조는 간파하였다. 정조는 '죄는 중하지만 그의 마음은 알 수 있으니 참작해 줄 필요가 있지 않겠는가?'[10]라 하면서 사형을 유배형으로 감해 주도록 하였다. 아들 조진관의 노력과 변명하지 않고 자복한 조엄의 행동을 높게 평가한 정조의 배려로 조엄은 겨우 사형을 면하고 처음에 위원군에 유배되었던 조엄은 1776년 7월 7일 김해부金海府로 이배되었다.

조엄은 이전부터도 담벽痰癖[11]이라고 해서 고질병이 있었는데 김해로 이배된 후에는 습하고 더운 땅에서 나는 독기 때문에 더욱 병이 깊어졌다. 실의와 비통함 속에서 하루하루 버티어 가던 조엄은

---

10) 『승정원일기(承政院日記)』, 정조 즉위년(1776) 7月 7日/ 『일성록(日省錄)』, 정조 즉위년(1776) 7月 7日.

11) '수음(水飮)'이라 하여 몸 안의 물과 습기가 한쪽으로 몰려 생긴 담(痰)이 옆구리로 가서 아픈 증상.

이듬해인 1777년(정조 1) 9월에 유배지인 김해에서 세상을 떠났다. 마지막 순간에 그는 사복土服(선비 옷)으로만 염하고 관은 흰색 가마로 운구하라는 유언을 남겼다. 그리고 원주原州 경장리敬庄里 작대동爵臺洞에 묻혔다. 슬하에 2남 2녀가 있었다.

조엄의 장남인 조진관[12]은 비록 부친은 세상을 떠났지만 아버지의 억울함을 풀어드리기 위하여 백방으로 노력하였다. 그리고 여기저기 수소문한 결과 평양감영에 당시의 관련 문서가 남아있다는 것을 알게 되었다. 조진관은 지속적으로 상소를 올리며 호소하였고 정조는 재조사를 지시하였다.

이 지시에 따라 판의금부사 이문원李文源, 좌의정 김이소金履素 등이 중심이 되어 조사하여 보고하였는데 보고 내용의 핵심은 조엄이 평안도에서 원망을 받게 된 원인은 무엇보다도 관아의 빚을 받아들이는 것 때문이라는 것이었다. 그런 까닭에 조엄의 시책에 불만을 가졌던 토호 세력들이 평안도 각 지역 관장들이 이익을 남긴 것까지도 모두 싸잡아서 관찰사인 조엄이 손댔다고 모함하였다는 것이었다. 그러면서 조엄이 잘한 행정도 많이 있었다고 하면서 우선 그는 막대한 국가의 빚을 받아들여 국고에 충당하였고 또 감영을 운영하는 데 있어서도 여러 가지 필요 없는 경비를 줄이는 등의 공로도 많다고 하였다. 그리고 무엇보다도 '탐장죄'에 대해서는 상당 부분 억울한 점이 있다고 하였다.

이 보고를 받은 정조는 나라에는 분명한 법이 있으니 어사를 현지에 파견하여 조사하라고 지시함으로써 이 문제에 대하여 확실하게 결말을 짓도록 하였다. 그리고 이어 이상황李相璜을 평안감영平安監營 안사어사按查御史로 파견하였다. 이상황은 평안도에 파견되어 임

---

12) 차남 진의(鎭宜)는 일찍 사망하였음.

금의 지시대로 공정하게 조사하였고 그 결과를 보고하였다.

　　우선 관곡의 이자를 받아 관아 경비로 사용하는 것은 그것이 비록
오랜 관행이라고는 하나 불법적인 성격이 없는 것은 아니므로 조엄
에게 전혀 죄가 없다고는 할 수 없을 것입니다. 그 다음에 '탐장' 죄
목에 대해서는 감영에 남아있는 문서들을 면밀하게 살펴본 결과 당
시 곡식을 발매發賣하고 남은 돈을 관찰사 조엄이 착복했다고 단정
지을 수는 없습니다. -『정조실록』 정조 18년(1794) 6월 15일

　어사의 이러한 보고를 받은 정조는 다음날 고故 감사 조엄의 탐장
죄 기록을 관서장안關西贓案[13]에서 탕척蕩滌하도록 명하였다.[14] 이렇
게 하여 조엄은 세상을 떠난 지 21년 만에 억울한 누명을 벗게 되
었다.

　영도에는 고구마박물관이 있는데 그 안에 '조내기 고구마 역사기
념관'이 있다. 조엄이 고구마 종자를 영도로 보내 심게 하였기 때문

조엄 기념관과 안내도(조엄묘역과 신도비,
고구마 경작지 등을 볼 수 있다). [ⓒ원주시
역사박물관]

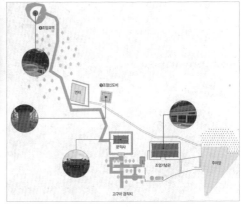

---

13) 장안(贓案)은 부정부패 죄를 범한 관리들의 장부.
14)『정조실록』 정조 18년(1794) 6월 16일.

에 시배지始培地라 하여 세운 기념관이다. 조엄의 묘는 원주시에 있다. 원주시 역사박물관 안에는 '조엄 기념관'이 있는데 조선에 고구마를 들여와 백성들의 굶주림을 해결하고자 노력하였던 조엄의 공적을 기리고자 세운 기념관이다. 그리고 원주에서는 고구마를 '조엄 고구마'라 하여 브랜드화 하였다.

고유 高裕
범죄사건 수사에 능했던 '탐정' 관장

· 생존연대 : 1722(경종 2)~1779(정조 3) 향년 58세
· 자 : 순지(順之)
· 호 : 추담(秋潭)
· 본관 : 개성

· 부 : 고규서(高奎瑞)
· 모 : 의성(義城) 김익남(金益南)의 딸
· 배 : 용궁(龍宮) 전광제(全光濟)의 딸
· 계배 : 순천(順天) 김성흠(金聖欽)의 딸

1. 관직 진출 과정

고유는 1722년(경종 2) 상주尙州 의곡리蟻谷里에서 태어났는데 어릴 때부터 식견과 도량이 영민하였다.

6살 때의 일이었다. 여종 하나가 밤에 몰래 물건을 빼돌리고 있었는데 집안사람 하나가 현장에서 그것을 발견하고 잡으려고 하자 고유는 조그마한 소리로 '만약 그렇게 하면 저 여종의 나쁜 짓이 다 드러나는 것이지요. 자기 잘못을 깨닫고 스스로 달아나게 하는 것이 더 낫지 않을까요?'라고 하였다. 또 어느 때인가는 시냇가에서 놀고 있을 때 여러 아이들이 땔나무를 한 후 등에 지지 못하고 애쓰는 것을 보고는 나뭇단을 묶게 한 다음 물에 띄우고 물결을 따라 떠

내려가기를 기다렸다가 건져가게 하였다. 이처럼 고유는 어릴 때부터 지혜가 매우 뛰어났고 또 담력도 매우 셌다.

언젠가 밤에 혼자 길을 가고 있는데 어떤 사람이 눈을 부릅뜨고 곧장 앞으로 다가왔다. 고유는 그가 자신의 담을 시험하려고 한다는 것을 알고 안색을 바꾸지 않으면서 말하기를 '나는 이미 다 알고 있는데 네가 감히 나한테 그럴 수 있을 것 같으냐.' 하고 맞받아 친 일도 있었다.

성격도 단정하고 강직해서 젊어서 공부를 하고 있을 때 밤에 어떤 아리따운 처녀가 찾아왔었는데 고유는 사람이 지켜야 할 도리를 가르치며 타일러 보낸 일도 있다고 한다.[1]

20세인 1741년(영조 17)에 생원시에 합격하였고 다음 해인 1742년(영조 18)에 성균관에서 치른 친시親試에서 장원하였다. 이 당시 영조는 숭문당崇文堂에서 친히 시험을 주관하였는데 고유가 제술[2]의 수석을 차지하였다. 그 자리에 배석했던 신료들이 모두 그를 인재라 칭찬하였고 영조 또한 그가 많은 선비 가운데서도 의표儀表와 걸음걸이가 특별히 남다름이 있는 것을 보고 명하여 앞으로 나아오도록 한 다음에 몇 가지 질문을 하기도 하였다.[3] 그리고 직부전시直赴殿試[4]를 명하였다.

이듬해인 22세인 1743년(영조 19)에 문과에 합격하여 승문원 정자(정9품)로 관직생활을 시작하였고 이듬해에는 승정원의 주서注書로 임명되었다. 주서는 사초史草를 쓰는 임무를 맡은 정7품직 관직이었는데 그 때의 일화가 있다.

---

1) 정종로(鄭宗魯),『입재집(立齋集)』권44,「승정원동부승지추담고공행장(承政院同副承旨秋潭高公行狀)」
2) 제술과는 시(詩),부(賦),송(頌),시무책(時務策) 등을 평가하던 시험이다.
3)『영조실록』영조 18년(1742) 9월 24일.
4) 곧바로 전시(殿試, 과거 3차 시험)의 응시자격을 주는 것.

어느 날 어떤 정승 한 사람이 고유에게 잠시 붓을 좀 빌려 달라고 하였다. 정승이라고 하면 고유보다 상당히 높은 관직의 관료였겠지만 고유는 '이 붓은 사관史官이 아니면 사용할 수 없습니다.'라 하면서 거절하였다. 또 언젠가는 홍봉한(洪鳳漢, 1713~1778)이 문을 막고 앉아 있어서 다른 사람들이 지나가는 것을 막고 있는 것을 보았다. 고유가 천천히 말하기를, '상공께서는 지금 길을 막고 계시는데 그것이 후진의 앞길을 막으신다는 뜻입니까.'라고 하였다. 공손한 태도였지만 약간은 뼈가 있는 발언이었다고 할 수 있는데 그 말을 들은 홍봉한은 얼른 사과하면서 문에서 비켜났다. 선배 관료에게 이렇게 말할 수 있었던 고유의 기개도 크다고 할 수 있고 또 나이 어린 후배지만 그 발언의 의미를 인정하고 사과하면서 자리를 피해 준 홍봉한의 인품도 상당히 넉넉하다 할 수 있다.

25세 때의 일이었다. 어떤 사람이 고유에게 오더니 당시 요직에 있는 사람이 그를 만나고자 한다면서 "만나면 힘이 될 것입니다."라고 하였다. 고유는 "선비가 부뚜막 귀신에게 아부하는 것이 옳은 일인가요?"라고 하면서 거절하였고 그 사람은 낯빛이 변하면서 물러갔다. '부뚜막 귀신'이란 실권자實權者를 의미하는데 임금을 일컫는 '아랫목 귀신'과 대응되는 표현으로 위衛나라의 실권자였던 왕손가王孫賈가 했다고 하는 말이다.[5]

2. 창녕현감(昌寧縣監)

1746년(영조 22) 25세 때에 에 임금의 특지로 연원도連原道[6] 찰방

---

5) 이상의 내용은 앞의 「행장」에 의거하였음.
6) 충청도 충주(忠州)의 연원역(連原驛)을 중심으로 북쪽으로 여주, 남쪽으로 문경-연풍(延豊)-음성-괴산, 동쪽으로 제천, 동남쪽으로 청풍-단양으로 이어지던 역로(驛路).

察訪(종6품)이 되었고 32세인 1753년(영조 29)에 경상도사慶尙都事가 되었다. 그는 관찰사를 보좌하며 경상도의 행정을 민첩하게 처리하여 당시 경상도관찰사였던 윤동도尹東度로부터 '어찌 그리도 신통한가' 하는 찬사를 받기도 하였다.

그는 이후 몇몇 관직을 거쳐 그의 나이 36세 때인 1757년(영조 33) 1월에 창녕현감(종6품)으로 제수되었다.

창녕에 부임하고 보니 당시 그 지방이 연이어 흉년을 겪었기 때문에 백성들이 매우 굶주리고 대단히 피폐해져 있었다. 고유는 우선 고을을 두루 둘러보며 상황을 파악하였다. 그리고 무엇을 먼저 시행해야 백성들에게 도움이 될 것인지 지역의 원로들과 유지들에게 자문하여 폐단과 병폐는 많이 없애고 정리하였으며 구휼이 필요한 부분은 인애仁愛로써 베풀고자 했다. 몇 달이 지나자 창녕 고을이 소생하듯 생기가 돌기 시작하였다.

그리고 고유는 묵혀있던 문제들을 해결하였다. 창녕 고을에는 떠돌이 백성 출신으로 승려라고 칭하는 남붕南鵬이란 자가 있었는데 권세 있는 사람들과의 친분을 사칭하면서 권모술수를 부리며 불법不法을 자행하고 있었다. 이전의 어떤 관장이 그 죄를 문제 삼아 다스리려다가 도리어 파직당하는 일이 있었기 때문에 그 이후 어떤 관장도 감히 건드리지 못하였다. 고유가 바로 그의 불법 행위를 적발한 후 옥에 가두자 권세 있는 이들이 고유에게 서신을 보내어 구명하고자 하였지만 고유는 거기에 일절 답하지 않고 끝내 사형에 처하였다.

고유는 무엇보다도 지혜와 추리력이 뛰어났다. 그래서 어떤 사건이 일어났을 때 날카로운 추리력을 발휘하여 해결하곤 하였다.

고유가 창녕에 부임하였을 때 이전부터 해결되지 못한 미제未濟 살인 사건이 있었다. 갑甲이라고 하는 어떤 백성이 있었는데 또 다른 백성인 을ㄹ의 딸을 첩으로 삼고 싶어서 금품을 주며 회유하였다. 을이 자신의 딸을 첩으로 주는 것을 허락하고 혼인을 하게 되었는데 혼인날에 보니까 갑이 늙고 너무도 못 생긴 것이었다. 그런데 을은 자기가 이미 받은 금품에 욕심이 생겨서 딸로 하여금 일단 방에 들어가게 한 다음 몰래 갑을 살해하였다. 그리고 갑인 것처럼 위장하고는 갑의 아들에게 '유람 길을 떠나니 찾지 말라' 하는 내용의 편지를 보냈다. 1년이 지나도록 아버지가 돌아오지 않자 그 아들은 아버지의 생사에 대해 의심하기 시작하였고 여기저기 아버지의 자취를 수소문하다가 찾지 못하자 마침내 관아에 아버지의 실종 사건을 해결해 달라고 탄원서를 내었다. 그래서 그동안 관아에서는 이리저리 조사해 보았으나 효과가 없었고 오랫동안 미제사건으로 남아있었던 것이다.

고유는 사건을 처음부터 재구성해 보았다. 그리고 마지막에 같이 있었던 사람이 을이었고 금품이 오간 정황도 확인하였다. 고유는 그러한 당시의 정황을 들이대며 을을 추궁하여 자백을 받아냈고 갑의 시신을 찾아 아들에게 돌려보냈다.

또 어떤 장사꾼이 주막에 묵었다가 금품을 잃어버린 사건이 일어났다. 장사꾼이 도둑의 흔적을 찾아보았지만 찾지 못하자 관아에 호소하였다.

고유는 하인들을 대동하고 현장으로 갔다. 도둑은 다른 흔적은 남기지 않았고 단지 그 주막의 대나무 울타리 중간 부분만이 잘려져 있었다. 고유는 그것을 보고 "도둑이 대나무를 밖에서 베어내고 들어왔다면 그 뾰족한 부분이 바깥쪽에 있을 것이고 만일 안에서 베었다면 그 뾰족한 부분이 안쪽에 있을 것이다."라고 하고 살펴보게 하였더니 뾰족한 부분이 안쪽에 있었다. 주막 주인이 범인임을 직감한 고유는 그를 체포하여 심문하였고 주막 주인은 금품을 훔쳐

밖으로 몰래 나가 빼돌리려 했다고 자복하였다.

이처럼 고유는 고을에 일어난 크고 작은 사건들이 발생했을 때 논리적으로 매우 합당한 추리를 하면서 현명하고 공정하게 처리하였다.

1758년(영조 34)에 창녕의 이웃 고을인 초계草溪(합천)에서 큰 사건이 일어났다.

염씨는 초계 고을에 사는 선비 조후창曹後昌의 아내였다. 어느 날 염씨가 잠든 틈에 같은 마을에 사는 윤후신尹後莘이란 자가 몰래 들어와 염씨의 의복과 염씨가 짜던 면포綿布를 훔쳐서 달아나다가 길에서 조후창과 맞닥뜨렸다. 윤후신이 들고 있는 의복이 자기 아내 것임을 안 조후창이 그것을 빼앗으려 하자 윤후신은 그 의복들은 자기가 염씨와 몰래 통정하고 받은 것이라 둘러대었고 또 그동안 염씨가 낳은 아들 딸들이 모두 자기 소생이라는 허무맹랑한 거짓말까지 했다. 염씨는 청천벽력과 같은 상황을 접하고는 한글편지를 써서 관가에 나가 고소하고 기가 막히고 원통한 마음에 스스로 칼로 배를 찔러 자결하였다.

초계군수草溪郡守는 조정에 이 사건을 보고하였고 조정에서는 충격적인 이 사건을 접하고 여러 가지 논의를 하였는데 영조는 우선 염씨가 정절을 지켰다는 점을 치하하고 즉시 홍문관 소속의 김응순金應淳을 어사로 파견하여 사건의 진상을 파악하고 해결하도록 지시하였다.[7] 어사가 어명을 받들고 파견되어 오자 초계군수는 물론이고 경상감사를 비롯하여 주변 관장들이 모두 모였다. 그런데 당시 경상감사는 어사 옆에 있다가 "그 여인이 정조 때문에 죽은 것이 아닐 수도 있습니다."라고 하면서 묘한 여운을 남기는 말을 하였다. 당

---

7) 『영조실록』 영조 34년(1758) 11월 11일.

시 여성의 정절 문제는 윤리적으로도 사회적으로도 매우 중요하면서도 민감한 문제였으므로 애써 사건을 축소하려고 그렇게 말한 것일 수도 있었다. 마침 그 자리에 고유가 있었다. 그는 정색하며 말하기를, "사람들이 제일 두려워하고 피하고자 하는 것이 죽음인데 그렇게 원통한 일이 아니라면 왜 스스로 죽음을 택하였겠습니까."라고 하였다. 감사는 이 말을 듣는 순간 자신이 잘못 생각했음을 깨달았고 어사 또한 사건의 실상實狀이 무엇인지 조사 방향을 명확하게 잡았으며 그리고 그 사건을 정확하게 파악하여 조정에 보고하였다. 조정에서는 윤후신을 처결하게 하고 염씨의 집에 정문旌門하게 한 다음에 어사로 하여금 제문祭文을 지어서 제사를 지내게 하였다.

고유의 행장을 쓴 정종로(鄭宗魯, 1738~1816)는 이 부분에 대하여 '남의 무고를 당한 염씨廉氏의 딸이 있었는데 관아에 원통함을 호소하여 소송을 하고 있었다. 담당 관리가 포졸로 하여금 데려오라 하자 포졸이 그 여인의 손을 잡아 끌어내었다. 손을 잡힌 여인은 정절을 잃었다는 수치심에 옆에 있던 칼을 들어 자결하고 말았다. 조정에서 어사를 파견하여 엄격하게 조사하게 하였다.'라고 기록하였는데 그가 이렇게 간단하게 기술한 것은 사건의 내용이 너무도 충격적인데다가 거론하기가 민망하였기 때문인 것으로 보인다.

1758년 12월에 조엄이 경상도 관찰사를 제수 받고 부임하였다. 조엄은 당시 경상도의 세운문제를 해결하기 위하여 조정에 건의하여 국영 창고라 할 수 있는 조창漕倉을 설치하였고 각 지역에서 수송해 온 세곡稅穀을 모아서 경창京倉으로 수송하였다. 그리고 수송문제도 민간 선박을 이용하는 것이 문제가 많았으므로 그에 의존하지 않고 배를 직접 건조하여 관선官船으로 수송하게 하고자 하였다.[8]

그런데 고유는 창녕과 주변 지역들의 백성들이 세곡을 조창으로

8) 이 책 [27. 조엄] 항목 참조.

운반하는 데에 고충이 매우 많다는 것을 알고 관찰사에게 세곡 대신 돈[錢]이나 포목布木으로 대신하게 해 달라는 요청을 하였다. 그러나 이 요청은 곧바로 받아들여지지 않았다.

그러나 고유는 포기하지 않고 끈질기게 여러 차례에 걸쳐 공문과 서신을 보냈다.(행장에는 16차례라고 하였다) 다음은 관찰사에게 보낸 서신 중 하나이다.

> 본현에서 마산창까지의 거리를 보면 가까운 데는 백 여리이고 먼 곳은 140-150리나 되는데다가 중간에 강도 있으니 배도 이용해야 합니다. 또 세곡 1섬에 말 한필을 이용해야 하고 왕복에 5일이나 걸리니 말 빌리는 값과 양식 등의 비용이 너무도 부담이 됩니다. (중략)
>
> 지금 백성들이 모두 같은 마음으로 무명이나 돈으로 납부하기를 바라고 있습니다. 관찰사께서 이번 기회에 좋게 변통을 발휘하여 조정에 진계해 주신다면 백성들에게 큰 기쁨이 될 것입니다. - 조엄순상에게 드림[여조순상 엄(與趙巡相 曮)][9]

이런 내용으로 서신을 썼고 창녕 뿐 아니라 이웃 고을인 현풍 백성들도 원하고 있다고도 하였다.

고유의 청이 금방 받아들여지지 않았던 정확한 이유를 확인하기는 어려우나 추정해 보면 우선 세금 납부 품목을 변경하는 것은 조정에서 논의하여 임금의 윤허를 받아야 하는 매우 중대한 사안이라는 것과 아울러 당시 조엄은 경상도관찰사로서 조창漕倉을 설치하고 한편으로 조선漕船 건조를 감독하느라 여념이 없을 때였다는 것을 고려해 볼 수 있을 것이다.

---

9) 고유(高裕), 『추담선생문집(秋潭先生文集)』 권2 서書, 「여조순상 엄(與趙巡相 曮)」

결국 관찰사 조엄은 이 문제를 조정에 보고하였으며 영조는 조정에서 이 문제를 상의하였는데 특히 경상도 관찰사 등을 역임하여 지역 상황을 잘 아는 관료신하들의 의견을 중심으로 하여 경청하였다. 그리고 밀양密陽·현풍玄風·창녕昌寧·영산靈山의 민심은 모두 무명이나 돈으로 납부하는 것을 원하고 있다는 보고를 받고는 1760년 2월 8일에 세금을 곡물 대신 돈이나 포목으로 납부하는 것을 허락하였다.[10]

고유는 창녕과 인근 고을의 백성들이 겪고 있는 고충을 심각하게 받아들였기에 구체적인 대안代案을 세워서 여러 차례 끈질기게 공문을 보내어 뜻을 관철시켰다. 이 정책은 임금의 윤허를 받은 정책이었으므로 그 후에도 지속적으로 시행되었고 세금 운송 과정에서 겪는 창녕과 인근 지역 백성들의 어려움이 많이 경감되었다. 창녕 백성들이 고유 현감의 공덕을 가슴 깊이 새기고 칭송하는 것이 이러한 이유 때문이라고도 할 수 있다.

1760년(영조 36) 가을에 병조좌랑兵曹佐郎이 되어 창녕을 떠나게 되었는데 고을 백성들이 아쉬워하며 거사비去思碑를 세워 주었다.

이후 고유는 43세 때인 1764년(영조 40)에 경기도사와 이조좌랑吏曹佐郎(정6품), 1766년(영조 42)에 사헌부의 정4품 관직인 장령掌令 등의 관직을 역임하였는데 여러 차례 관직을 제수 받았음에도 사양하고 나아가지 않은 경우가 많았다.

3. 안주목사(安州牧使)

1777년(정조 1)에 사간司諫(종3품)과 동부승지同副承旨(정3품)를 역임

---

10) 『비변사등록(備邊司謄錄)』136책, 영조 35년(1759)4월 14일 / 138책, 영조 36년(1760) 2월 8일 기사 참조.

한 후 57세 때인 1778년(정조 2) 11월에 안주목사(정3품)가 되었다.

안주는 이원익(李元翼, 1547~1634)이 1587년(선조 20)부터 1589년(선조 22) 9월까지 목사로 재임하면서 선정을 베풀었던 곳이다. 오리梧里 대감으로도 유명한 이원익은 뽕을 심어 누에를 칠 줄을 몰랐던 안주 지방 백성들에게 관전官田을 주어 뽕나무를 심고 누에를 기르도록 가르치고 권장하였고 그래서 당시 안주 지방 백성들은 뽕나무를 이공상李公桑(이원익에 의해 계발된 뽕나무)이라고 부르기도 하였다.

그런데 고유가 부임하였을 때에는 이원익이 행하였던 이러한 시책들이 많이 쇠퇴하였었다. 고유는 백성들에게 이롭다고 생각한 시책들은 다시 계승하고 당시 상황에 맞게 개선하여 백성을 이롭게 하고자 노력하였다. 그래서 그곳 백성들은 "예전에는 이공李公(이원익)이 있었고 지금은 우리 고유공이 있다."라고 하였다 한다.[11]

안주에는 병마절도사가 재임하고 있었는데 당시 병마절도사가 탐욕스러워 음식도 법도에 넘쳤고 행차할 때도 너무도 화려하게 하였다. 병마절도사가 출입할 때 횃불을 100개를 준비하게 하였는데 고유는 줄여서 몇 개만 정하여 공급하게 하는 등 기회 있을 때마다 제어하고 억제하였다. 이에 병마절도사는 화가 나서 고유에게 불손한 말을 하기도 하였다. 고유는 관직을 그만둘 생각까지 하고는 곧바로 해유문서解由文書(후임에게 인수인계하는 문서)를 정리하고 돌아가려 하였다. 그런데 절도사가 그것을 알고 허리를 굽혀 사죄하였고 고유는 계속 재임하였다.

안주 지방에는 실제로는 없으나 문서로만 있는 가구인 허호虛戶가 8천 가구나 되었다. 허호는 실제로 살고 있는 실호實戶와는 달리 실제 호역戶役을 부과할 수 없는 호[12]이다. 관찰사에게 그 사실을 보고

---

11) 앞의 「행장」
12) 과부호(寡婦戶), 과녀호(寡女戶) 및 환부호(鰥夫戶).

하여 안주 지방 전체에 부과되는 세금을 덜거나 면제해 주었고 또 고기잡이하는 백성들의 세금을 반으로 줄여 주었다.

그런데 안주에 부임한 이듬해인 1779년(정조 3) 7월에 맏아들이 세상을 떠났다는 소식이 전해졌다. 고유에게는 아들 몽린夢麟, 몽근夢根 둘이 있었는데 막내는 이미 잃었고 이번에 또 맏아들마저 잃은 것이다. 그 소식을 들은 고유는 황급히 길을 떠나 고향인 상주를 향해 가고 있었는데 크게 상심하고 애통하여 마침내 병이 생기게 되었고 문경현聞慶縣에 이르렀을 때 병이 위중해졌고 결국 그곳에서 세상을 떠났다. 고유는 원래가 여위고 허약한 체질이었다고 하는데 아들을 모두 잃어버린 상황이 되니 크게 상심하고 애통해 하다가 세상을 떠난 것이다. 향년 58세였다.

고유에 대한 기록은 맏아들 몽린의 아들, 즉 고유의 손자인 고익겸高益謙이 유사遺事를 정리하였고 또 그 아들인 고언필高彦弼로 하여금 정종로鄭宗魯에게 행장을 부탁하게 함으로서 작성되었다.

고유는 주변 사람들로부터 '기경機警(눈치가 빠르고 민첩함)함과 영발穎發(총기가 날카롭고 뛰어남)함은 하늘로부터 얻었다', '무슨 일을 만나 판단할 때면 눈 깜짝할 사이에 실 날을 분석하듯 자세하고 대나무를 쪼개듯 거침이 없었다.'[13]라는 평을 받을 정도로 추리력과 총기가 날카로워서 관장으로 재임할 때 범죄사건 수사를 잘 하였다.

이러한 고유 현감의 치적 때문인지 창녕지방을 중심으로 한 경상도 지방에는 고유현감과 관련된 '고창녕 설화高昌寧 說話'[14]가 널리 구전으로 전해지고 있고 또 문헌설화[15]에도 전해져 내려오고 있다.

이 설화는 크게 두 가지 유형을 보이고 있는데 하나는 고유가 실

---

13) 앞의 「행장」
14) '고창녕 설화'는 『한국민족문화대백과사전』(한국학중앙연구원)에도 독립된 항목으로 기술되어 있다.
15) 『기문총화(記聞叢話)』, 『동야휘집(東野彙輯)』

존인물임에도 초월적인 인물로 영웅화 된 인간형으로 형상화 된 유형과 또 하나는 고유가 해결했다고 하는 여러 송사 관련 이야기 유형들이다.

그런데 송사 관련 에피소드들은 우리나라 여러 지역에서 전승되는 이야기와도 유사한 내용들이 많아서 아마도 창녕현감 고유가 범죄사건에 대한 수사를 잘 했고 또 여러 소송사건에서도 명쾌한 판결을 내려주었기 때문에 서로 결합되어 전승된 것으로 보인다.

그런데 전승되는 설화 중에는 해당 지역에서 상당히 널리 전승되면서 창녕 지방에 세워져 있는 고유의 선정비 건립과도 관련성이 있다고 전해지는 이야기가 있다. 간단하게 소개하면 다음과 같다.

한 여성이 혼인하여 살다가 시어머니에 쫓겨나 오갈 데 없이 떠돌다가 창녕 남지읍 칠현에 오게 되었고 거기에서 재혼하여 살고 있었다. 어느 날 전남편이 수소문 끝에 이 부인을 찾아왔고 부인은 옛 정리를 생각하여 같이 사는 남편에게 양해를 구한 후 닭을 잡아 대접했다. 그런데 닭고기를 먹은 전 남편이 그 자리에서 죽는 불상사가 발생하였고 그 부인은 꼼짝없이 전 남편을 독살한 혐의를 받게 되었다.

사건현장으로 출동한 현감 고유는 한편으로는 독살할 생각은 추호도 없었다고 하는 부인의 호소에 귀를 기울이면서 또 한편으로는 현장을 살폈다. 우선 남은 닭고기를 개에게 주었더니 개도 죽어 버렸다. 현감은 날카로운 추리력으로 이 곳 저 곳을 살피다가 초가지붕을 보고 뭔가 짚이는 것이 있는 듯 마을 사람들에게 초가집 지붕을 벗기게 하였다. 그랬더니 그곳에서 큰 지네가 나왔고 고유는 지네의 독이 음식에 떨어져서 그리 된 것이라 판단하고 그 여성의 혐의를 벗겨 주었다.[16]

---

16)『한국구비문학대계』8-10, 425-427 고창녕 일화(1).이 이야기는 고유 관련문헌

현감고유청덕애민선정비. 현재 창녕군 남지읍 칠현리 입구에 세워져 있다. [ⓒ창녕군청]

　백성의 호소에 귀를 기울이고 그리고 현장을 치밀하게 살펴 한 여성의 무죄를 밝혀낸 고유현감의 명쾌한 판결에 모든 사람이 경탄하고 감사를 표했다고 하며 현감의 명 판결을 기리고자 수백 명 동리 사람들이 정성을 모아 세운 석비가 '현감고유청덕애민선정비縣監高裕淸德愛民善政碑'라는 것이다.[17)]

　고유 선정비는 창녕읍 옥천리에 또 하나가 있다고 하는데 그만큼 고유현감의 선정이 창녕지방과 인근 고을의 백성들에게 깊은 감명을 준 증거라고 할 수 있을 것이다.

에는 기록되어 있지 않은데 창녕과 인근 지방을 중심으로 널리 전해지고 있다.
17) 1762년 3월에 세웠다고 하며 창녕군 남지읍 칠현리 110-1에 있다.

홍양호 洪良浩
토목공사는 나에게 맡기시오

· 생존연대 : 1724년(경종 4)~1802년(순조 2) 향년 79세
· 자 : 한사(漢師)
· 호 : 이계(耳溪)
· 시호 : 문헌(文獻)
· 본관 : 풍산(豊山)

· 부 : 홍진보(洪鎭輔)
· 모 : 청송(靑松) 심수현(沈壽賢)의 딸
· 배 : 동래(東萊) 정석구(鄭錫耇)의 딸

1. 관직 진출 과정

홍양호는 1724년(경종 4)에 한양의 진고개(이현(泥峴), 충무로 2가)
에서 태어났다. 진고개는 이름 그대로 '땅이 진[泥] 곳'이었는데 비
록 질척거리는 땅이었지만 홍양호는 장성한 후에도 그 지역에 집을
짓고 살았다. 집을 지었을 때 지은 기문記文에는 당시 정황이 잘 묘
사되어 있다.

> 남산 아래에 진고개[이애(泥厓)]가 있다. 지대가 낮고 좁아서 물
> 이 차면 쉬 빠지지 않고 질척질척한 진창이 되었는데 다니는 사람
> 들이 매우 불편하게 여겼고 그 마을의 이름을 '질다[泥]'라고 한 것

홍양호 초상화. [ⓒ뉴욕 소더비즈]

이다. 내가 고갯마루에 집을 짓고 '이와泥窩'라고 이름 지었다. – 이와에 대한 기문〔이와기(泥窩記)〕

10세에 어머니가 세상을 떠나서 그는 외가에서 성장하였는데 특히 큰외삼촌인 심육沈錥에게서 많은 가르침을 받았다. 아버지는 윤씨(파평(坡平) 윤두천(尹斗天)의 딸)와 재혼하였는데 아버지 역시 홍양호의 나이 13세 때 세상을 떠났고 그래서 홍양호는 계모인 파평 윤씨를 평생 어머니로 모시고 살았다.

1739년(영조 15) 16세 때 동래 정씨와 혼인하였는데 생계가 어려워서 부인과 함께 계모인 윤씨를 모시고 충청도 덕산德山의 전장田庄으로 낙향하여 그곳에서 몇 년간 살다가 29세인 1752년(영조 28) 문과에 급제한 후에 한양의 진고개 옛집으로 돌아왔다.

홍양호는 문과에 급제한 후 승문원에 들어 분관分館[1]되었고 30세 때에는 예문관 검열檢閱(정9품), 대교待敎(정8품)를 역임하였다.

1753년에 홍양호의 큰외삼촌인 저촌 심육(樗村 沈錥, 1685~1753)이 세상을 떠났다. 심육은 하곡霞谷 정제두鄭齊斗의 문인으로 양명학陽明學, 그 중에서도 강화학파江華學派에 속하는 학자였다. 강화학파는 실학파[2]와도 연결되는데 홍양호는 심육에게서 수학하면서 그러한

---

1) 조선 시대에 문과에 급제한 사람을 권지(權知)라는 이름으로 승문원, 성균관, 교서관(校書館)의 삼관(三館)에 배속시켜 실무를 익히게 하는 일.

학문적 특성에 접할 수 있었던 것으로 보이는데 그것은 그가 지방 관장으로 재직할 때 시행한 시책들을 보아서 충분히 짐작할 수 있다.

2. 강동현감(江東縣監)

35세 때인 1758년(영조 34)에 평안도 강동현감(정6품)이 되었다. 강동현에는 수정 같이 맑다 해서 이름 붙여진 수정천水晶川이 강동 군의 남북으로 흐르는 서강西江으로 들어가는데 그 서강은 대동강의 상류에 해당한다.

그런데 강동은 옛날부터 홍수가 많이 나는 지역으로 알려져 있었다. 그곳 지형은 '강동의 진산鎭山인 대박산大朴山의 지세가 가파르게 솟구쳤다가 곧장 내리꽂히는데 땅은 길게 이어지지 않고 골짜기는 깊지 않다. 게다가 수정천의 물길이 그 좌우를 휘감고 있어서 대박산을 등지고 수정천을 굽어보는 강동 고을은 그 형세 상 해마다 홍수 피해를 걱정할 수밖에 없는 지형이었다'[3]라고 묘사되고 있는 것처럼 지형 상 홍수가 많이 날 수 밖에 없는 나는 지역이었다. 그래서 이전부터 큰 둑을 쌓았었는데 오랜 세월이 지나자 둑이 많이 무너졌고 그래서 비만 오면 물이 넘쳐 수해의 피해가 많았다.

이러한 상황을 접한 홍양호는 제방을 다시 쌓아야겠다고 판단하고 장정들을 모아서 둑을 다시 쌓았다. 그리고 그 상류 지점에는 버드나무를 심고 그곳 이름을 '만류제萬柳堤'라 하였다.

그로부터 17년 후인 1785년(정조 9)에 강동현감으로 부임한 서형

---

2) 실학파 가운데 홍대용(洪大容)과 박지원(朴趾源), 박제가(朴齊家) 등 이른바 북학파 혹은 이용후생파의 중심인물들은 양명학의 영향을 많이 받은 것으로 알려져 있다.

3) 서형수(徐瀅修), 『명고전집(明皋全集)』 권8, 「영금정에 대한 기문〔映金亭記〕」

수(徐瀅修, 1749~1824)는 그곳 '만류제'에 늘어진 버드나무 숲을 보았다. 또 그 옆에 서 있는 정자의 이름이 없다는 것을 알고서는 '영금정映金亭'이라는 이름을 붙여주면서[4] 그곳의 아름다운 경치를 다음과 같이 묘사하고 있다.

이렇게 제방[만류제]을 튼튼하게 쌓고 나니 지난날 범람하던 지역이 소택沼澤이 되었고 든든하게 되었다. 강동 백성들도 기뻐하면서 "만일 공(홍양호)이 아니었다면 우리는 아마 물고기 밥이 되었을 것입니다."라고 하였고 안심하고 즐겁게 살 수 있게 되었다. 홍수 걱정이 사라진 뒤 경물이 한층 아름다워졌다. 매년 봄에서 여름으로 넘어가는 즈음에 만류제를 따라 오르내리노라면, 바람이 불어 나긋한 향이 하늘거리고, 밤이 되면 달빛이 은은히 비추어 높다란 그늘이 살랑거린다. 멀리서 바라보면 푸른 안개가 덮여 실타래 같고, 가까이 다가가서 보면 부드러운 가지가 늘어져 춤을 추는 듯하다. - 영금정에 대한 기문[映金亭記]

1791년(정조 15)에 홍양호는 평안도관찰사로 부임하였고 다시 강동에 가 보았다. 33년 전에 자기가 쌓았던 '만류제'를 보니 제방은 튼튼했고 둑 위에 심은 버드나무는 많이 커서 물도 잘 막을 수 있었으며 따라서 고을의 형편도 넉넉해졌다. 또 인근 백성들이 고단한 생활 속에서도 하루 음식을 장만해 가지고 나와 버드나무가 우거진 좋은 경치를 보고 간다는 말을 듣고 그 역시 흐뭇했다.

그런데 강동의 부로들이 만류제를 쌓은 홍양호를 환대하면서 한편으로는 혹시 또 앞으로 닥칠 수도 있는 수해를 걱정하며 그에 대

---

4) 1777년(정조 1)에 구수온(具修溫)이 강동현감으로 부임하여 정자를 지었고 서형수가 1785년(정조 9)에 이 고을에 부임하여 '영금정'이란 이름을 붙였다고 한다.

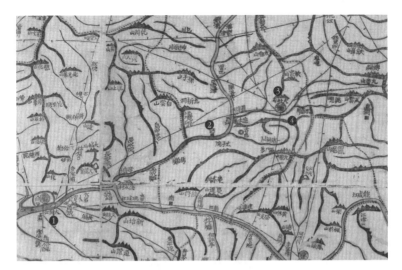

대동여지도 중 평안남도 강동 부분. ① 대동강, ② 서강, ③ 대박산, ④ 수정천. [ⓒ 한국학중앙연구원]

비하여 좀 더 튼튼하게 쌓았으면 좋겠다고 하였다. 그곳이 앞서 서형수가 지적한대로 홍수에 매우 취약한 지형이었기 때문이었다.

이 말을 들은 홍양호는 당시 강동현감이었던 이우제李遇濟와 상의하여 둑을 더 보강하여 쌓기로 하였다. 땅을 측량하여 높이를 살피고 넓이를 재서 토목공사를 다시 시작하였다. 백성들을 모아서 나무를 베고 흙을 북돋아 제방의 머리부터 시작하여 강 가운데까지 지세地勢에 따라 높이고 낮추면서 물길을 인도하여 남쪽으로 흐르게 해서 곧바로 능경凌鏡 어구로 닿게 하였다. 제방의 길이는 450보步이고 높이는 2장丈 반이며 넓이는 높이의 배이다. 일한 백성들은 날마다 수백 명이고 걸린 날 수는 20여 일이 채 안 되었다. 모두 공로를 따져 보수를 지급해 주었더니 백성들이 힘든 줄 모르고 일하였다. 그리고 새로 쌓은 제방 위에는 이전 만류제에 있는 버드나무의 가지를 잘라서 원래의 제방처럼 줄지어 심었다. 물가에서 잘 자라는 버드나무의 특성을 살려 토목공사를 했던 것이다.

이에 세 개의 제방이 나란히 우뚝 서 있고 물은 그 너머에서 흐르니 고을 사람들이 모두 둘러서서 바라보며 '이제부터는 수정천의 물이 다시 북으로 역류하지 못할 것이니 비록 산더미 같은 물결이 일어난다 해도 어찌 세 겹의 제방을 넘어서 백성들의 거주지까지 닥칠 수 있겠습니까?'라고 하며 기뻐하였다.[5]

3. 홍주목사(洪州牧使)

홍양호는 1760년(영조 36)에 승지, 1761년에 경주부윤과 의주부윤을 거쳐 1764년(영조 40)에 홍주목사(정3품)로 부임하였다. 충청남도 홍성지역이다. 그가 부임한 때는 가을이었는데 가서 들으니 그해 여름에 홍주에 있는 합덕지合德池가 붕괴되어 그 일대의 논이 모두 쓸려 내려갔다는 것이었다. 이때의 상황을 홍양호는 다음과 같이 적고 있다.

홍주에는 합덕지라는 큰 못이 있어서 인근 홍주, 덕산, 천안 이 세 군郡의 관개灌漑를 여기에 의지하고 있었는데 근래에는 오랫동안 막혀 폐기된 상태였다. 금상今上 40년(1764, 영조 40) 가을, 내가 홍주 목사가 되었을 때 고을 사람들이 아뢰기를 "지난 여름에 합호合湖의 둑이 터져 못 아래의 논밭 수천 마지기에 전부 벼가 없습니다."라고 하였다. 내가 이를 듣고 크게 놀라 직접 가서 살펴보니 과연 그러하였다. 이듬해(1765, 영조 41) 관찰사에게 이 상황을 보고하고 이웃 고을의 백성들 만여 명을 징발하여 대대적으로 제방을 축조하였더니 백성들은 물이 부족하지 않게 되고 그해의 농사도 잘 되었다. - 「연안남대지를 준설한 일에 대한 기문」[연안남대

---

5) 「만류제 외제에 대한 기문, 만류외제기(萬柳外堤記)」, 『이계집(耳溪集)』권14.

지소준기(延安南大池疏濬記)]

그는 큰외삼촌 심육의 영향을 받아 실학적인 사고방식을 기반으로 하여 산법算法과 기하幾何에 대한 수준 높은 실력이 있었던 것으로 보이며 그에 대한 해박한 지식을 바탕으로 하여 정확한 측량과 계산, 설계를 할 수 있었으며 이러한 대역사를 계획하고 지휘 감독할 수 있었던 것이다. 이러한 토목공사를 통해서 보여준 그의 실력과 공적은 주변에 널리 알려졌고 유명해졌다.

4. 황해도관찰사(黃海道觀察使)

6년 후인 1770년(영조 46) 2월에 홍양호는 황해도관찰사(종2품)로 제수되었다. 그의 나이 47세 때였다. 부임한지 한 달쯤 되었을 때 영조는 홍양호에게 특별 지시를 내렸다. '연안의 남대지南大池는 나라의 큰 저수지인데도 근래에 폐기되어 백성들이 그 이로움을 잃게 되었으니 가서 그것을 다스려 홍주의 합덕지처럼 만들라.'[6]는 것이었다.

임금의 명을 받은 그는 곧바로 토목공사에 착수하기로 하고 현장 점검에 나섰다. 우선 남대지 둘레에 있는 연안延安·배천白川·해주海州·평산平山·금천金川 다섯 군의 관장들을 불러 모아 그들과 함께 그 지역 높은 곳에 위치해 있는 정자인 주한정晝寒亭 옛터에 올라가서 남대지를 살펴보았다. 그곳에서 내려다 보니 제방은 거의 무너져 평지처럼 되었고 흙과 모래로 가득 메워져 아득히 넓은 갈대밭이 되어 소와 말을 방목하고 있었다.

이때도 역시 홍양호는 직접 측량을 하였다. 그 결과 못의 둘레는

6)「연안남대지소준기(延安南大池疏濬記)」,『이계집(耳溪集)』

총 27 리였는데 길이는 둘레와 비교하면 4분의 1이고, 너비는 길이와 비교하면 4분의 1이므로 그 넓이를 계산하여 못을 다섯 구획으로 나누고 5군에 각각 공정工程을 나누어 주었다. 7월 보름에 희생犧牲을 바쳐 못의 신령에게 제사를 지내어 공사가 시작됨을 고한 다음각 고을의 관장들에 각각 그 지역의 백성들을 거느려 진흙을 준설하고 둑을 보강하는 일을 기한을 정해 끝마치기를 독려하였다. 8월하순이 되자 여러 군郡들이 차례대로 일을 마쳤음을 알려왔다. 연안에서 일한 백성은 4,972인이고, 배천은 3,107인, 평산은 4,809인,해주는 1만 2,884인, 금천은 1,976인이었다. 가까운 곳에 사는 사람들은 사흘을 일하게 하고 멀리 사는 사람들은 하루나 이틀 동안일을 하게하며 공사를 진행하였더니 드디어 남대지의 일이 완성되었다. 그리고 제방의 양쪽에는 역시 버드나무를 심었다.

제방 수리하는 비용은 미리 십만 전錢을 출연出捐하여 곳간에 두고그 이자를 취하여 제방의 공사비용으로 충당케 하였다. 이렇게 십만전錢 이자로 비용을 충당하고 연 인원 27,748명의 백성을 동원한 대역사를 순조롭게 마친 다음 임금에게 장계狀啓를 올려 전후사정을 보고하였다.[7]

그리고 이듬해 봄 홍양호는 일을 맡았던 여러 고을의 관장은 물론 아전들, 부로父老들을 모두 불러 모아 차등 있게 상을 내려주고또 술과 음식과 음악을 마련하여 남대지南大池 군자정君子亭에서 연회를 베풀어 주었다. 이때 바야흐로 봄물이 가득 차 수위가 제방과 나란하여 강이나 바다의 물이 불어난 듯 넘실거리니 예전의 못이 아니었다. 사방의 백성 사녀士女들이 음식을 싸들고 몰려와 구경하는이들이 못 속의 부들 풀 같았다고 하였다.[8]

---

7) 『영조실록』 영조 46년(1770)7월 15일. 영조는 이계에게 공로를 칭찬하며 숙마
    (熟馬: 길이 잘든 말) 1필을 하사하였고 이계는 사은(謝恩)하는 소(疏)를 올렸다.

홍양호는 부로들에게 공사를 하는 과정에서 백성들이 겪었을 고충에 대해 물었다.

> 술이 몇 순배巡杯 돌았을 때 나는 고을의 부로들에게 나아가
> "이번 토목공사를 하는데 백성들의 노력이 많았으니 얼마나 힘들었겠는가, 원망도 많이 했을 것이다."
> 라고 하니 부로들은 답하여 말하기를,
> "여기 사는 저희 몇 만이나 되는 백성들은 대대로 농사가 항업恒業이고 물 대는 것을 목숨처럼 여기고 있습니다. 그동안 이 못이 황폐한 채로 있었는데 다행히 우리 성주聖主께서 먼 곳의 백성들을 염려해주신 데 힘입어 준설하여 옛 모습을 회복하게 해 주셨으니 이후로 백성들이 곡식을 먹게 된 것은 모두 우리 임금께서 내려주신 것입니다. 또 감사님께서 몸소 삽을 쥐고 앞장서서 일하신 것을 잘 알고 있는데 어찌 원망이 있겠습니까?" - 「연안남대지소준기」

여기서 부로들이 '감사님께서 몸소 삽을 쥐고 앞장서서 일하신 것을 잘 알고 있는데'라 한 것은 형식적인 인사말이 아니라 실제로 홍양호가 현장에서 진두지휘하였기에 할 수 있었던 발언이다.

5. 경흥부사(慶興府使)

1776년 3월 정조가 즉위하였다.

홍양호는 홍국영 등으로부터 정후겸鄭厚謙의 앞잡이라는 소척疏斥을 받았는데 정후겸은 정조의 세손世孫시절에 정조에게 적대적이었던 인물이었다. 정조 또한 홍양호가 그동안 보여준 능력을 모르는

---

8) 「연안남대지소준기(延安南大池疏濬記)」, 『이계집(耳溪集)』

바는 아니었지만 그렇다고 당시의 정치적 상황을 무시할 수도 없었다. 그래서 "그의 재질이 애석하니 끝까지 버릴 수는 없다. 변방 지역에라도 가서 일을 하게 하라"⁹⁾고 지시하였고 그래서 그는 경흥부사(종3품)로 나가게 되었다. 홍양호의 나이 54세 때였다.

홍양호의 원래 이름은 '홍양한洪良漢'이었는데 이때 즉 1777년 1월에 이름을 '양호良浩'로 바꾸었다. 그 자신 정확한 이유는 밝히고 있지 않은 채 단지 '기피하는 바가 있어서 '양한'에서 '양호'로 고친다'¹⁰⁾라고만 하였다.

경흥은 함경북도 북쪽 끝 두만강 변 지방이다. 한양에서 2천여 리 떨어져 있다 보니 아전들도 법 무서운 줄 모르고 백성들도 기질이 거셌다. 홍양호는 조정에서 배척받아 쫓겨 종2품 관찰사에서 종3품 부사로 내려앉은 처지지만 결코 자신의 임무를 소홀히 하지 않았다.

두만강 지역을 죽 둘러보면서 자신이 나라와 백성을 위해서 해야 할 바가 무엇인지 생각하였다. 이때의 상황을 홍양호는 다음과 같이 적고 있다.

'내가 경흥에 부임한 때는 1777년 10월이었으므로 두만강이 얼어 있었다. 이듬해 3월이 되어 얼음이 녹기 시작하자 편여便輿(수레)를 타고 강 상류를 순시해 보니 북에서 남으로 800여 보步였다. 근방 성의 장정 7천5백 명을 모아서 버드나무 가지 5가지씩 주어서 강둑에 나란히 서게 한 다음 1보에 4그루씩 심게 하였더니 빽빽하기가 목책木柵처럼 되었다.' - 「두만강에 버들을 심은 것에 대한 기문[두만강식류기(豆滿江植柳記)]」

9) 『정조실록』 정조 1년(1777) 10월 10일.
10) 「태사씨자서(太史氏自序)」, 『이계집(耳溪集)』 권18.

그리고 이어서 다음과 같은 대화를 소개하고 있다.

어느 객客이 내게 말하기를

"급한 일도 아닌데 백성들을 너무 고생시키는 것 아닙니까? 옛
말에 십 년을 살려면 나무를 심으라고 하였는데 지금 그대가 이
고을에 머무를 기간이 짧게는 반년이요 길어도 일 년을 넘지 않을
것인데 나무는 심어 무엇을 한단 말입니까?"

내가 대답하였다.

"지금 내가 버드나무를 심은 것에는 다섯 가지 이로운 점이 있
습니다. 첫째는 우리 강역을 가릴 수 있다는 것이고, 둘째는 말을
타고 돌격해 오는 것을 방어할 수 있다는 것이며, 셋째는 땅이 침
식되어 무너지는 것을 막을 수 있고, 넷째는 땔감에 보탤 수 있으
며, 다섯째는 바람을 막을 수 있지요."-「두만강에 버들을 심은 것
에 대한 기문[두만강식류기(豆滿江植柳記)]」

이어 덧붙이기를 '한 가지 이로운 일을 하자면 한 가지 불편한 점
은 감수해야 하는 것이 보통인데 불편하고 힘든 점 하나를 감수하
고 다섯 가지 이로움을 얻을 수 있다면 해야 하지 않겠습니까.'라 하
면서 자신이 추진하는 일의 중요성을 설파하고 있다.

이 글에서 '어느 객'이라고 표현하였지만 그것은 당시 주변의 비
판하는 사람들이 있었다는 것을 우회적으로 표현한 것이다. 이러한
나무심기에 대한 그의 관심은 계속 이어져 4년 후인 1781년 대사
간大司諫으로 조정에 있을 때도 정조正祖에게 압록강 가에 나무를 심
어 국경의 방어를 굳게 할 것을 청하기도 하였다.[11]

홍양호는 경흥부사로 재임하는 동안 지방 관장들의 지침서인 『목

11) 『정조실록』 정조 5년(1781) 12월 24일.

민대방(牧民大方)』을 저술하였다. 사실 백성들과 직접적인 관계를 지니는 존재는 아전과 관장들이다. 그는 백성들의 삶에 가장 가까이 있는 목민관들을 위하여 그들의 실무지침서에 해당하는 책을 편찬한 것이다.

그는 이 책 편제篇題에서 "대체로 정사는 작거나 크거나 구분이 없다. 나누면 군현郡縣이 되고 모으면 나라가 되니, 모두 백성을 기르는 것이다. 그러므로 고을을 다스리는 것과 나라를 다스리는 것은 그 방법이 하나이다."[12]라 하여 다스리는 규모와 관계없이 목민관의 자세는 같다고 하였다.

그는 적지 않은 기간 지방의 고을에서 목민관을 한 경험이 있거니와 이러한 토대 위에서 『목민대방』을 저술하여 백성들을 위한 개혁안을 제시하였다. 이 점에서 정약용의 『목민심서』의 정신과 그 맥을 같이 하는 가치를 지닌다.

그는 편안한 태도로 평상시와 같이 동헌의 일을 열심히 하고 무술 연마를 독려하면서 1779년(정조 3) 2월까지 경흥부사로 재직하였다. 1년 4개월 정도 근무한 것이다. 1780년 홍국영이 물러난 뒤 정조는 홍양호에게 병조참판을 제수하였고 이후 공조, 형조, 호조의 참판을 두루 역임하였다.

6. 평안도관찰사(平安道觀察使)

그는 1791년(정조 15)에는 평안도관찰사를 제수 받고 부임하였다. 평안도 서쪽에 있는 가도假島는 분명 조선의 영역인데도 물고기가 잘 잡히는 지역이다 보니 중국인들이 몰래 와서 고기를 잡고 부를 쌓고 있었다. 당시 중국인들의 수는 거의 일천 호戶에 이르고 쌓

---

12) 『목민대방(牧民大方)』, 『이계외집(耳溪外集)』 권11.

아둔 곡식이 수백 섬이나 되며 소유하고 있는 배가 백여 척이나 되었다고 하였다. 전후로 부임한 관찰사들이 모두 이를 막지 못하였고 관아에서 단속하고자 하면 중국인들은 무기까지 들고 맞서기까지 하여 조정에서도 어찌하지를 못하고 있었다.

홍양호는 이러한 상황을 보고받고 매우 우려하면서 "지금은 비록 임시방편으로 넘어간다고 해도 그들의 세력이 더 커지면 제어하기 어려울 것이다."라 하고는 그곳의 상황을 조정에 알린 다음 즉시 비장裨將[13])과 용천군수龍川郡守를 파견하여 그들에게 경고하게 하였다. 즉 두 나라 사이의 약조約條가 지극히 엄하니 끝내 어리석게 고집을 피우면서 돌이키지 않는다면 마땅히 봉성鳳城(북경)에 자문咨文[14])을 보내겠다고 효유曉諭하였다. 중국인들은 중국 조정에 알리겠다는 조선의 태도가 강경하다고 느꼈던지 두려워하면서 거처를 철거하고 흩어졌으며 다시는 동쪽으로 와서 고기를 잡지 못하였다.[15]

평양에는 '무열사武烈祠'라는 사우가 있었는데 임진왜란 때에 조선에 원병을 보내도록 적극 주창하여 실현시킨 명나라 병부상서兵部尙書 석성石星의 은덕에 대한 보답과 그 공을 기리기 위하여 조선 선조 26년(1593)에 세운 사우이다. 1792년 8월에 무열사 수리를 하게 되었는데 그 비용을 조달하기 위해 유생들에게 돈을 거두었고 그것이 문제가 되어 11월에 파직되었다. 그러나 이것은 큰 문제는 아니었던 듯 곧 이듬해 1월에 예문관藝文館의 종2품 관직인 예문관 제학提學이 되었다.

그런데 당시 평안도 철산鐵山에 환곡還穀 관련한 부정행위가 있었다는 보고가 올라왔고 정조는 유경柳畊을 어사로 파견하여 철산부

---

13) 조선시대 감사(監司)나 유수(留守), 병사(兵使), 수사(水使) 등을 따라다니며 일을 돕던 무관(武官) 관직.
14) 조선 국왕과 명·청나라의 육부(六部) 관아 사이에서 오고간 외교문서.
15) 「대제학이계홍공시장(大提學耳溪洪公諡狀)」

의 창고를 모두 조사하게 하였다. 그랬더니 장부에는 수만 석이 있는 것으로 되어 있으나 현재 남아 있는 것은 단지 1천 석 뿐이었다. 철산부의 전,현직 부사들이 짜고 곡물을 빼돌린 것이었다. 정조는 해당 부사를 엄히 다스려 유배 보내게 하고는 '해당 도에 도신道臣(관찰사)이 있었는데도 어찌 재정 상황을 이렇게 살피지 못했는가' 하면서 당시 관찰사였던 홍양호를 파직하라고 하였다.[16]

홍양호는 문장이 매우 뛰어났다. 정조도 그것을 인정하여 1794년(정조 18)에 어머니 혜경궁 홍씨(1735~1816)의 육순을 기념하기 위하여 내린 대사령大赦令의 교문敎文을 지어 올리게 하였다. 또 1782년에는 동지겸사은부사冬至兼謝恩副使로, 1794년에는 동지정사冬至正使로서 두 차례에 걸쳐 연경燕京에 다녀오면서 청나라의 석학들과 교유하며 문명文名을 날리기도 하였다.

1799년(정조 23)에 홍양호는 이조판서로 재직하고 있었는데 세초歲抄문서를 잘못 썼다. 세초문서는 해마다 관료들의 근무성적을 평가, 보고하여 승진이나 강등시키는 데 근거가 되는 중요한 자료이다. 정조도 76세 고령 때문이라고 생각해서 그랬는지 모르지만 다시는 실무를 담당하는 관직에는 서용敍用하지 말도록 하라는 지시를 내렸다.

홍양호는 만년에 한양 우이동牛耳洞에서 생활하였고 '이계耳溪'라는 호도 그 지명에서 따온 것이다. 우이동은 그의 증조부인 홍만회洪萬恢가 땅을 사서 터를 잡은 곳이었는데 홍양호도 그곳에 '겸산루兼山樓'라 이름 붙인 누각을 건축하여 별서別墅(별장)로 삼고 만년에 거처하였다.[17]

이 당시의 우이동의 모습을 홍양호와 친하게 지냈던 선배 여암

---

16) 『정조실록』 정조 17년(1793) 2월 23일.
17) 「우이묘산기(牛耳墓山記)」 『이계집(耳溪集)』 권13.

신경준(旅菴 申景濬, 1712~1781)은 다음과 같이 묘사하고 있다.

> 홍군이 이계에 있을 때에는 누각 하나가 골짜기의 우거진 수풀
> 사이에 있을 뿐 사방에 이웃이라고는 없었다. 골짜기 밖으로 나서
> 야 인가 일곱 여덟 채가 바둑돌처럼 흩어져 있으니 빈터에 밥 짓
> 는 연기도 이어지지 않을 정도였다. -「겸산루기(兼山樓記)」

1800년 1월에 대제학이 되었는데 6월에 정조가 승하하자 홍양
호는 정조의 행장과 시장諡狀 등의 찬집纂輯을 맡게 되었다. 그러나
그는 노환으로 사퇴하였고 1802년(순조 2) 1월 79세를 일기로 세상
을 떠났다. 슬하에 2남 2녀를 두었다.

조선에는 삼대지三大池가 있다고 하였다. 호서 홍주洪州(홍성)의 합
덕지合德池와 영남 함창咸昌(尙州, 상주)의 공검지恭儉池, 그리고 해서海西
연안延安의 남대지南大池이다. 홍양호는 이 세 개 저수지 중 합덕지와
남대지 두 개의 저수지를 개축하거나 다시 준설하여 지방 백성들의
생활에 큰 도움을 주었다. 또한 외직으로 나가는 곳마다 식목을 통
하여 바람과 홍수, 그리고 가뭄을 막는 데 주력하였고 이를 통해 국
토의 유실과 농민의 경지확장에도 지대한 공로를 세웠다고 할 수
있다.

서유구 徐有榘
농사의 이론과 실기를 겸비했던
농학자 관장

· 생존연대 : 1764년(영조 40)~1845년(헌종 11) 향년 82세
· 자 : 준평(準平)
· 호 : 풍석(楓石) 오비거사(五費居士), 부용자(芙蓉子), 용주자(蓉洲子)
· 시호 : 문간(文簡)

· 부 : 서호수(徐浩修)
· 모 : 한산(韓山) 이이장(李彛章)의 딸
· 양부 : 서철수(徐澈修)
· 양모 : 연안(延安) 김덕균(金德均)의 딸
· 양 계모 : 반남(潘南) 박래원(朴來源)의 딸
· 배 : 여산(礪山) 송익상(宋翼庠)의 딸

▌ 1. 관직 진출 과정

　서유구는 1764년(영조 40)에 태어났는데 아버지 서호수(徐浩修, 1736~1799)가 꿈에 목은牧隱 이색李穡선생의 화상畵像을 본 후에 태어났다고 한다. 그리고 서유구는 아버지의 사촌이며 서유구에게는 당숙이 되는 서철수(徐澈修, 1749~1829)가 아들이 없었으므로 그의 양자가 되어 후사가 되었다.

　15살 무렵에 중부仲父인 서형수(徐瀅修, 1749~1824)에게서 수학하였고 22세가 되던 1785년(정조 9)에는 당시 대제학이었던 조부 서

명응(徐命膺, 1716~1787)을 따라 용주蓉
洲(현 용산 지역)에 기거하며 조부의 문
집인『보만재총서(保晚齋叢書)』집필을
도와드렸다. 그는 후에 자신이 수십 명
손자 중 할아버지의 사랑을 가장 많이
받았다고 기억하기도 하였는데 그가
23세에 생원시에 합격한 다음 해 조부
상을 당하였다.

정조 14년(1790) 8월에 문관과 무
관에게 강받기[1]와 글짓기를 실시하고
유생들에게 전강殿講[2]을 실시하였는

서유구 초상화. [ⓒ실학박물관]

데 서유구는 이 유생 전강에서 가장 우수한 순통純通[3]을 받았고 그
래서 전시殿試에 곧바로 응시할 수 있는 자격을 부여받았다. 이때
부터 정조는 서유구를 눈 여겨 보았을 것이라 짐작된다.

1790년(정조 14)에 정조는 초계문신抄啓文臣[4]들에게 과시課試를 보
였는데 그 중 한 문제가 '농사[農]'였다. 농업에 관심이 많았던 정조
의 의중이 반영된 문제였다. 서유구 집안은 농학農學이 가학家學이었
다. 조부인 서명응은『고사신서(攷事新書)』중의「농포문(農圃門)」을
편찬하였으며(1771년) 부친인 서호수는『해동농서(海東農書)』를 편

---

1) 임금 앞에서 글을 외워 바치는 것.
2) 조선시대 경서의 강독을 장려하기 위하여 실시한 시험으로. 성적이 우수한 자는
   회시(會試, 과거 2차 시험)의 응시자격을 주었고 임금이 친히 나온 경우에는 전
   시(殿試, 과거 3차 시험)의 응시자격을 주었다.
3) 강경(講經)시험 성적을 순통(純通), 순조(純粗), 순략(純略), 불통(不通)의 네 등
   급으로 평가하는데 순통은 가장 우수한 등급이다.
4) 정조 때 인재 양성을 목적으로 37세 이하의 당하 문신(堂下文臣) 중에서 뽑아 규
   장각(奎章閣)에 소속시키고 공부하게 하던 문신. 학제에 따라 매달 강경과 제술
   로 시험을 치르게 하였다.

찬하였다.(1778년) 가학의 영향으로 농학에 관심이 많았던 서유구는 농학에 대한 해박한 지식을 바탕으로 하여 답안을 작성하면서 몇 가지 방안을 제시하였다. 그 중에서도 가장 강조한 것은 '곡식은 농사가 아니면 자라게 할 수 없고 농사는 수리水利가 아니면 번성하게 할 수 없다'라 하면서 수리를 진흥시켜야 하고 그를 위해서는 필히 기계를 활용해야 한다는 것이었다. 그와 아울러 농서를 편찬하자는 제안도 하였다.[5] 농사에 대한 이러한 그의 생각은 평생 이어졌다.

이후 서유구는 1792년(정조 16)에 홍문관 정자正字와 예문관藝文館 검열檢閱, 규장각奎章閣 대교待敎 등을 역임하였다. 정자(정9품), 검열(정9품), 대교(정8품) 등의 직책은 직급으로서는 그리 높지 않다고 할 수 있으나 이들 직책들은 임금의 언행 등을 비롯한 모든 정사에 관련된 모든 것을 기록하여 사초史草로 정리하는 임무를 담당하였기 때문에 임금이 정사政事를 수행하는 모든 자리에 참석하였다. 즉 서유구는 정조의 지근거리에서 임무를 수행하며 보필하였고 이는 정조의 깊은 신임에 기인한 것이라 할 수 있다. 31세 때인 1794년(정조 18)겨울에 그는 부교리副校理가 되었는데 부교리는 홍문관의 종5품 관직으로 교리와 함께 왕의 측근에서 왕의 교서를 제찬, 검토하고 학문을 강론하고 역사를 기술하는 직책이었다.

2. 순창군수(淳昌郡守)

34세 때인 1797년(정조 21)에 서유구는 순창군수로 부임하였다. 그동안 내직으로만 있다가 처음 외직으로 나간 것인데 자신이 가학으로서 공부했던 농업을 실제 농업 현장에서 시도해 볼 수 있는 기

---

5) 서유구(徐有榘), 「농대(農對)」, 〈초계응제(抄啓應製)〉 『금화지비집(金華知非集)』, 『풍석전집』 권10.

회였다.

이듬해인 1798년 봄에 심한 가뭄으로 전국적으로 모내기할 시기를 놓쳤다. 6월 초가 되어 비가 내리자 정조는 쌀 대신 메밀을 대파代播하라고 화성부華城府에 하유下諭하였다.[6] 서유구 또한 순창에서 곳곳의 논을 다니며 농민들에게 메밀 파종을 권유하였다. 그러나 얼마 후 비가 많이 오자 메밀 농사는 제대로 되지 못했다. 실패한 것이다. 그는 그 이유를 품종선택의 문제라 생각하였는데 그는 이 당시의 상황을 40년이 지나 대사헌으로 있던 1838년(헌종 4)에 다음과 같이 술회하고 있다.

> 옛날 정조 무오년에 볏모를 심는 시기가 지나자, 조정에서 대신 메밀을 심도록 하였습니다. 신이 그 당시 순창 군수로 있으면서 그 일을 권장하여 도와주었는데, 얼마 안 되어 여러 날 장마가 져서 남쪽 지방 사람들은 흉년이 들었음을 고하였으니, (중략) 메밀을 대신 파종한 것은 진실로 옳은 일이었으나 그 심은 종자가 적당하지 않았던 것입니다. 우리나라에서 심는 곡식 종자가 많지만 늦게 파종해서 먹을 수 있는 것은 오직 메밀과 녹두 두 종류가 있습니다. 그런데 이 둘은 모두 건조한 것을 좋아하고 습한 것은 싫어하기 때문에 척박한 땅에는 맞지만 비옥한 땅은 싫어합니다. 그래서 이 종자들을 기름지고 습한 땅에 심게 되면 가뭄이 심하다가 비가 많이 오게 되면 애만 쓰고 공들인 보람이 없게 되는 것입니다. - 『헌종실록』 헌종 4년(1838) 6월 10일

이어서 '중국에는 초가을에 파종하여 초겨울에 수확하는 60일 벼와 같이 속성으로 재배하여 수확하는 여러 품종의 종자가 있다고 하

---

6) 『정조실록』, 정조 22년(1798) 6월 5일.

는데 이런 품종들은 늦게 모종해도 먹을 수 있는 것들이니 사신이 갈 때 마다 구해오게 하는 것이 어떤가' 하는 제안을 하기도 하였다.

농사는 당시 국가 경영에 있어서 가장 중요한 문제인데 현실적으로 여러 가지 어려움에 부딪치게 되자 정조는 여러 관료들에게 농업을 발전시킬 수 있는 방안에 대해 물었다.[7]

서유구도 그동안 자신이 생각하고 있었던 농사에 대한 여러 방안을 정리하여 '순창군수응지소淳昌郡守應旨疏'라는 제목의 글을 올렸다. 여기에서 그는 밭을 논으로 바꾸어서 생기는 폐해를 없애야 한다는 것, 환곡의 폐단 시정 등에 대해서 적었지만 이러한 문제들은 당시 상황으로 보았을 때 교과서적인 답안이었고 무엇보다도 그가 더욱 강조한 것은 앞서 농대 에서도 강조한 것처럼 수리시설 축조와 농서의 편찬이었다.

서유구가 36세 되던 1799년(정조 23)에 친아버지 서호수가 세상을 떠났으며 이어 서유구의 부인인 송씨가 아들 하나와 딸 하나를 두고 세상을 떠났다. 당시 아들 우보(宇輔, 1795~1827)는 5살이었는데 서유구는 이후 재혼을 하지 않았다.

1800년 6월, 그의 능력과 뜻을 알아주던 정조가 갑자기 승하하고 순조가 즉위하였다. 그 후 정치적인 상황은 매우 복잡하게 전개되었는데 1806년(순조 6) 벽파僻派계열인 우의정 김달순金達淳 등이 정치적으로 몰락하여 사사되었고 어릴 때부터 서유구에게 학문을 가르쳤던 중부 서형수도 김달순의 옥사에 연루되어 흥양현興陽縣(현 전라남도 고흥지역)으로 유배되었다. 이런 상황에서 당시 정3품직인 홍문관 부제학으로 있었던 서유구 역시 관직에 그대로 있을 수 없다는 것을 잘 알았기에 사직을 청하는 상소를 올리고 체직되었다.

정계에서 물러난 그는 추향楸鄕(선산(先山)이 있는 곳)인 장단長湍으

---

7) 『정조실록』, 정조 22년(1798) 11월 30일.

로 낙향하였는데 그는 이 시기를 스스로 재야로 내쳐졌다는 뜻의 '방폐기放廢期'라 명명하였다. 그런데 이 당시 그가 처했던 상황은 개인의 문제가 아니라 정치적인 지형이 바뀌는 그런 상황이었기 때문에 그 자신만 내쳐진 것이 아니었고 가문 전체가 몰락한 상황이었다. 그렇다 보니 집안 전체가 경제적으로 매우 어려웠고 그는 생계를 위하여 농사에 뛰어들 수밖에 없었다. 이 시기에 그는 장단 일대의 두호豆湖, 대호帶湖, 난호蘭湖[8] 등을 옮겨 다니며 손에 못이 박히도록 일하면서 어머니를 봉양하고 가족을 거두어야 했다. 당시 상황을 그는 다음과 같이 기록하고 있다.

> 날마다 밭을 경작하고 채소밭에 물주며 길러서 어머니께 아침 저녁 식사를 올려 드렸다. 어머니께서 웃으시며 여기 차린 음식이 모두 자네의 열 손가락에서 나온 것이구면. 요즘 자네 손에 못이 박힌 것을 보니 농사가 얼마나 힘든지 잘 알겠네. - 「서본생선비정부인한산이씨유사(書本生先妣貞夫人韓山李氏遺事)」

이처럼 열심히 농사를 지었지만 '새벽에 일어나면 소름이 돋을 정도로 추웠다'고 막내아우에게 써 보낼 정도로 그는 가난에 시달렸다.[9] 경제적으로도 어려웠거니와 정치적으로도 한 치 앞을 내다볼 수 없을 정도로 불안한 나날이 계속되었다. 이때 그는 '죽고 싶었다.'고까지 하였다. '병인년에 밖으로 재야로 내쳐지면서 갑자기 떠돌이가 되자 하루에도 여러 번 죽고 싶은 마음이 들었는데 이십 년이 지나도 그치지 않았다.'[10]

---

8) 모두 현재의 파주시 장단면 일대의 지명.
9) 〈여숙제붕래서(與叔弟朋來書)〉, 『금화지비집(金華知非集)』 권2.
10) '망아묘지명(亡兒墓誌銘)', 앞의 책, 권7.

삼강오륜에서 효는 매우 중요한 것이었고 우리 신체는 부모님이 주신 것으로 온전히 간수해야 한다는 것이 효의 근본이라는 것은 당시 상식적인 것이다. 그러한 것을 모를 리 없는 서유구였는데 이런 발언을 한 것은 조선시대 인사로서는 상당히 이례적인 발언이다. 당시 그의 상황이 그만큼 힘들고 고통스러웠다는 뜻일 것이다. 그러한 고통 속에서도 밤이면 그는 아들 우보와 함께 농사현장에서 경험한 여러 가지 문제들을 검토하고 또 기존 자료들을 모아 정리하였다. 그는 농업이야말로 자신이 추구해야 할 분야라고 확신하고 있었던 것이다.

나만 유독 농가의 설에 푹 빠져 늙어서 기운이 다하도록 그치지 않았으니 이게 정말 무엇 때문이었는가. 나는 예전에 경예학經藝學을 공부했었다. 그런데 말할 만한 것은 옛 사람들이 이미 모두 말해 버렸으니 내가 거기다 두 번 세 번 말해봐야 무슨 보탬이 되겠는가. 나는 예전에 또 경세학經世學을 공부했었다. 그런데 처사들이 이리저리 생각하여 한 말은 '흙국[土羹, 토갱]'이었고 '종이떡[紙餅, 지병]'같은 것이었다. 그런 노력이 또한 무슨 보탬이 되겠는가 - 「행포지서(杏蒲志序)」『금화지비집(金華知非集)』권3

이 글을 통해서 볼 때 서유구는 실용과 효용 측면에서 농사가 으뜸이라고 판단한 것이라는 것을 알 수 있다.

3. 회양부사(淮陽府使)

서유구의 나이 61세 때인 1824년(순조 24)에 그는 드디어 조정의 부름을 받았다. 17년 만이었다. 그리고 강원도 북부 지방인 회양부사(종3품)[11]를 제수 받았다. 서유구는 회양에 부임하여 회양의 토질을 살피는 등 오랜 농사경험을 바탕으로 한 농정을 펼쳤다. 그는 밭갈이를 할 때 소가 꼭 필요하다는 것을 잘 알고 있었는데 당시 회양에는 소가 많지 않았다. 그는 조정에 공명첩空名帖[12] 400장을 요청하여 받아서 이를 판 자금으로 당시 상황으로 보아서는 상당히 많은 암소 117마리를 구입하였다. 그리고 그 소들을 각 마을에 빌려주어 농민들로 하여금 소를 이용하여 밭갈이를 하게 하였고 관에서는 삼백 여 냥 정도의 사용료를 받아서 밀린 세금을 충당할 수 있었다. 민民과 관官 모두에게 유익한 일이었다.[13]

서유구의 이 소에 대한 시책은 백성들에게 매우 유익하다 하여 널리 알려졌고 서유구의 묘지墓誌를 쓴 이유원(李裕元, 1814~1888)도 이에 대해 거론하면서 당시 이것이 주변에 유명해졌었다고 기술하고 있다. 이때 중부 서형수가 세상을 떠났다. 처음에 흥양으로 유배되었던 서형수는 추자도楸子島로 옮겨졌다가 다시 또 임피臨陂(군산지역)로 이배되었는데 결국 거기에서 76세를 일기로 세상을 떠난 것이다.

이후 그는 1826년 양주목사楊州牧使(정3품)를 거쳐 1827년 3월에 강화부유수江華府留守(정2품)가 되는 등 순조롭게 관직생활을 하고 있었는데 1827년 6월에 그의 외아들이면서 학문적 동반자였던 우보가 33살의 나이로 세상을 떠났다.

5살 때 어머니를 여읜 가엾은 아들이었다. 그나마 서유구의 서조모였던 박씨가 친자식인 양 정성껏 길러 준 것이 다행이라면 다행이

---

11) 회양은 1820년 강상(綱常)을 어긴 죄가 발생하여 '현'으로 강등되었다가 1829년 '부'로 다시 승격되었다. 그래서 회양현감, 회양부사 호칭이 모두 가능하다.

12) 조선시대 관직을 제수하거나 면역(免役), 면천(免賤) 등을 허가한다는 내용의 문서로서 국가 재정이 부족하거나 진휼(賑恤)이 필요할 때 발행하였다. 수취자의 이름을 기재하지 않았으므로 '공명(空名)'이라 하였다.

13) 『승정원일기』 2207책 (탈초본 112책) 순조 26년(1826) 9월 3일. 서유구의 다음 다음 현감인 홍희조(洪羲祖)도 이에 대해 거론하고 있다.

었다. 장성해서는 아버지를 도와 낮에는 함께 농사를 지었고 밤이면 마주 앉아 농서農書 정리를 도와주는 등 든든한 동반자가 되어 주었었는데 가슴 아프게도 일찍 세상을 떠난 것이다. 우보의 아내는 윤대동尹大東의 딸이었는데 딸 셋을 낳았지만 어려서 모두 잃었다.

이후 그가 저서 저술에 더욱 몰두한 것도 이러한 괴로움을 조금이나마 잊으려 했던 것인지도 모른다. 그는 자신의 삶을 되돌아보며 쓴 글에서 이 당시의 상황에 대해 '세상을 등지고 다른 사람들과의 교유를 끊고 살던 이 시기에 나는 많은 근심에 짓눌리면서도 그 근심을 잊고자 자료들을 널리 모으고 채집해서 임원경제지를 편찬했다.'[14]고 술회하기도 하였다.

4. 전라도관찰사(全羅南道觀察使)

1828년부터 공조판서와 형조판서, 예조판서 등 역임하였고 70세 되던 1833년(순조 33) 3월에 서유구는 전라도관찰사를 제수 받았다.

그는 전라도에 부임하는 과정에서부터 관찰사로서의 임무를 끝내기 직전인 1834년(순조 34) 12월 30일까지 시행하는 모든 행정적인 업무등 모든 것을 기록하였다. 학문적인 분위기에서 성장하고 또 오랜 동안 저술 작업을 하면서 그 누구보다도 기록의 중요성을 인식하였기 때문이었을 것이다. 행정일지 또는 공무일지의 성격을 띠고 있는 이 기록을 묶어서 『완영일록(完營日錄)』이라 하였다.

이 기록은 1833년(순조 33) 4월 10일에 전라도관찰사로 임명 받아 그날로 출발하여 15일에 여산礪山에서 전임 관찰사인 이규현李奎鉉과 신구新舊 관찰사의 교대 절차를 시행하는 것으로 시작된다. 이후 관찰사로서의 임무를 수행하면서 임금께 올리는 장계狀啓와 그

14) 「오비거사생광자표(伍費居士生壙自表)」

와 관련하여 답변으로 내려온 전교傳敎, 다른 도道와 주변의 군현과 주고받은 관문關門, 관할 향촌에 포고한 감결甘結과 각종 전령傳令 등의 문서들을 모두 기록하였다. 이러한 기록들을 통하여 당시 전라도 전역의 모든 행정적인 상황 즉 조세 징수와 국고 상납 등의 재정 업무는 물론 진휼 정책, 또 농업 관련하여 권농 정책이라든가 농사 관리 등을 상세하게 파악할 수 있으며 또한 국가 재정 정책과 이념을 지방에서 실현하고자 하는 서유구의 지방관으로서의 면모도 관찰할 수 있다.

그가 부임하여 가장 먼저 관할 고을에 하달한 지시는 '우주송牛酒松' 세 가지를 금한다는 것과 '권농勸農'이었다.[15]

소는 논밭을 경작하는데 필수적인 것이므로 소를 증식시키는 것이 중요한 만큼 도살을 금지한다는 것이고 술은 양조하는데 곡물을 축낼 뿐 아니라 항간의 잦은 싸움의 원인이 되기 때문에, 또 소나무는 봉산封山[16]의 보호 차원을 넘어 무분별한 벌목이 제언堤堰을 무너뜨려 농경지를 훼손하기 때문에 금한다고 하였다. 그리고 권농에 있어서 그는 지력地力을 회복하고 수리水利를 일으킬 것을 강조하였다.[17]

그가 전라도에 부임한 해에 전라도 지방의 목화 농사는 흉년이었다. 당시 대동법 시행으로 백성들은 세금으로 면포綿布를 납부하도록 되어 있었는데 목화가 흉년이어서 서유구는 전라도 지방 중 산읍山邑(산간지방)의 세금은 면포 대신 돈으로 바치게 할 것을 청하였고 순조는 이 청을 받아들여 윤허를 하였다. 순조는 또 호서와 영남 지방도 면화가 흉년을 당했다는 것을 알고 호남만 돈으로 바치게

---

15) 『완영일록』, 1833년 4월 22일.
16) 벌목을 금하던 산으로 주로 선박 건조나 궁중 사용 목재를 확보하는 데 목적이 있었다.
17) 『완영일록』, 1833년 8월 3일.

한다면 공평하지 않으니 두 도의 백성들도 모두 돈으로 대신 바치게 하라고 명하였다.[18] 서유구의 상소로 인해 호서와 영남 지방도 혜택을 본 셈이다. 이듬해 그는 전라도 지방의 농업현장을 두루 돌아보았다.

갑오년(1834)에 나는 호남을 시찰하다가 노령 남북 지역에 있는 평야의 넓은 밭 곳곳에서 끝없이 이어진 황무지를 보았다. 그 지역 사람들에게 물어보니 옛날 기사년(1809)과 갑술년(1814)에 기근이 들어 농민들이 모두 떠나고 흙에 농기구를 들이지 않은지 오래되었다고 하였다. 아, 하늘이 때를 주고 땅이 산물을 준 것은 모두 사람을 기르기 위함인데 다만 사람의 기술이 미치지 못하여 하늘이 준 때를 활용하지 못하고 땅이 준 산물을 받지 못하는 것이다. 공간적으로 토지를 헤아려 볼 때 잃어버린 땅이 몇 천 몇 만 몇 억이 될지 모르고 또 시간적으로 햇수를 헤아려 보면 정교한 역산가라도 어떻게 그 수를 다 헤아리겠는가. -「종저보서(種藷譜序)」

이처럼 많은 땅이 활용되지 못하고 묵혀있는 것을 보고 매우 안타깝게 생각하던 중 당시 태인, 강진, 해남 등지에서만 고구마를 재배할 뿐 그 이외 지역에서는 고구마가 무엇인지도 모르는 상황이라는 것도 알게 되었다. 그는 무엇보다도 고구마를 보급하는 것이 매우 시급한 일이라고 생각하여 급히 여러 자료를 모아서 「종저보(種藷譜)」를 편찬하여 활자로 간행하여 전라도 53개 읍과 법성진에 하달 배포하였다.[19]
「종저보」에는 고구마의 유래, 심는 시기와 수확하는 법 등의 재배

18) 『순조실록』 순조 33년(1833) 12월 16일.
19) 『완영일록』, 순조 34년 11월 13일.

법, 그리고 고구마를 활용하는 법 등을 소개하였는데 특히 고구마의 장점, 즉 고구마는 흙의 비옥도나 지역을 가리지 않고 재배할 수 있을 뿐만 아니라 가뭄이나 해충의 피해를 보지 않아서 구황작물로 흉년에 백성을 구제할 수 있다는 점을 강조하였다.

이유원(李裕元, 1814~1888)은 처음에 서유구로부터 고구마를 얻어 맛보았다고 하면서 다음과 같이 기록하고 있다.

> 고구마는 채과菜果 중에서 가장 뒤에 나온 것이다. 이는 기근을 구제할 수 있고 생명을 연장할 수 있으며, 또 황충蝗蟲을 막고 가뭄을 줄일 수 있다. (중략) 우리나라는 근래에 와서 일본에서 종자를 구입하여 연해의 몇몇 고을에서 서로 전하여 심게 되었을 뿐, 산간의 백성들은 고구마가 무슨 물건인지 알지 못하였다. 순조 갑오년 (1834, 순조34)에 서풍석徐楓石(서유구)이 호남에 관찰사로 나가 급히 고구마 종자를 찾게 하여 모든 고을에 보내 심게 하고, 또 명나라 서현호徐玄扈의 『감저소(甘藷疏)』와 우리나라의 강필리姜必履와 김장순金長淳이 지은 『감저보(甘藷譜)』, 『감저신보(甘藷新譜)』를 취하여 종류별로 편집하고 간행한 다음 널리 배포하여, 심고 가꾸는 방법을 알게 하였다. 내가 서공에게서 찐 고구마를 얻어서 먹어 보니 떡 같은 것이 매우 맛이 좋았으므로 이후 계속해서 그렇게 쪄서 먹었다. - 「감저(甘藷)」

서유구는 전라도에서 여러 가지 정책을 시행하였다.

농사를 짓는데 소는 대단히 중요했기 때문에 서유구는 부임 초부터 소의 보호를 위해서 소 도살을 엄금한다고 하였었는데도 관련 기록이 여러 차례 나오는 것으로 보아[20] 어기는 사람들이 상당수

---

20) 『완영일록』, 순조 34년(1834) 3월 14일, 9월 26일, 11월 7일.

있었던 것으로 보인다. 그런 경우 밀도살한 자에게서 속전贖錢을 받았고 그 돈으로 암소를 사들여서 소가 없는 백성들에게 빌려 주어 경작하게 하였다. 벌금을 받아서 그것을 공적자금으로 사용한 것이라고 할 수 있다.

또 소의 전염병에도 관심을 기울여 특히 우역牛疫이 근처에 들어왔을 때에는 병들지 않은 소에게 (사람의) 소변을 하루에 3~4차례 먹이면 전염이 되지 않는다는 등의 처방법을 알려주는 약방문藥方文을 베껴 관하 53개 고을과 법성진法聖鎭, 고군산진古羣山鎭에 감결甘結[21]하기도 하였다.[22] 이러한 처방 법에 대한 과학적 근거를 확인하기는 어려우나 오랫동안 실제로 농사를 지었고 농업에 대한 해박한 지식이 있었기에 처방을 제시할 수 있었다는 것은 분명하다.

그는 경기 호서 등 타 지역의 상고商賈들이 전라도의 장시場市에 와서 곡물을 매점하거나 때로는 곡물이 익기도 전에 경작지 채로 사들이는 소위 말하는 '밭떼기'를 하는 것을 보고 매우 우려하였다. 농민들은 당장의 수입을 생각하여 상인들에게 밭 채로 넘기는데 이러한 것이 결국은 폐농廢農이나 농민들의 이산離散으로 연결된다는 것을 알기 때문이었다. 또 관찰사는 비상시에 사용할 곡물을 비축해 놓아야 하는 책임이 있는데 전라도의 곡식이 이처럼 타도로 유출되면 안 되겠다고 생각하여 그는 곡식을 다른 지역으로 반출하지 못하게 하는 방곡防穀을 명하였다.[23]

그러나 이 지점이 지방의 행정 방침과 중앙정부의 시책이 서로 상충되는 지점이다. 서유구는 전라도의 비축 곡물을 확보하려는 취지에서 타도로 유출되지 못하게 하고자 하였지만 중앙 정부 입장에서

---

21) 상급 관서에서 하급 관서로 내리는 문서양식으로 관찰사가 소관 내의 고을에 내리는 것이 대부분이다.
22) 『완영일록』, 순조 34년(1834), 1월 17일.
23) 앞의 책, 순조 34년(1834) 9월 2일.

는 국가재정 지출이 모두 현물로 이루어지기 때문에 현물확보가 무엇보다 중요하였고 따라서 서유구에게 방곡령 철회를 지시하였다. 그 또한 중앙 정부의 취지를 잘 알기에 결국 방곡령을 철회하였다.[24]

서유구는 그동안 직접 농사를 지었기 때문에 날씨가 가물 때의 농민들의 고충이 매우 심하다는 것을 잘 알았고 그래서 수차를 보급하는 문제를 매우 강조하여 거론하였다.

당시 조선에는 『기기도설(奇器圖說)』이라는 책이 들어와 지식인들 그 중에서도 특히 실학자들의 관심을 많이 받았다. 이 책은 1627년 예수회 선교사 테렌즈가 16세기까지의 서양기술을 최초로 중국에 소개한 과학서로서 작은 힘으로 무거운 것을 들어 올리거나 운반하고, 또 낮은 곳에서 높은 곳까지 물을 길어 올리는 장치 등이 50여 개의 그림과 함께 설명되어 있었다. 당시 여러 학자들이 이 책에 관심을 갖고 필사하여 보았고 정약용은 1789년(정조 13) 한강에 배다리를 놓을 때와 1792년 수원에 성을 쌓을 때 이 『기기도설』을 참고하여 거중기를 만들었다고 한다. 서유구도 이것을 보고 실용화를 생각하였다.

서유구는 농사에 관심이 많았기 때문에 이 중에서도 수차에 대해 많은 관심을 기울였는데 이에 대해 이유원은 다음과 같이 기록하였다.

[수차(水車)]
풍석楓石 서유구가 용미차기龍尾車記에서 말하기를, '서양에서 물을 푸는 방법에 세 가지가 있는데, 통을 위아래로 끌어서 물을 푸는 것을 옥형玉衡이라 하고, 통을 기둥으로 오르내리며 물을 푸는 것을 항승恒升이라 하며, 담을 에워싸고 바퀴를 굴려서 물을 푸는

---

24) 『완영일록』, 1834년 10월 23일, 10월 24일.

것을 용미龍尾라고 한다. 용미는 강물을 푸는 데 이용하는 것이 마땅하고, 옥형과 항승은 우물을 푸는 데 이용하는 것이 마땅하다. 그러므로 효능이 광범위하기로는 용미가 최고다. 이 세 가지는 모두 서양의 물 푸는 방법으로 명나라 태부太傅 서문정徐文定이 전한 것이다. 기계 제작의 정교함에 대한 설명이 『주례(周禮)』 고공기考工記에 버금간다.' 하였다. 또한 이덕무李德懋(호는 형암炯菴)도 말하기를, '내가 『기기도설(奇器圖說)』을 읽을 때는 뒤얽혀 있어서 더러 이해하기가 어려웠으나, 풍석의 이 책만큼 손금을 들여다보는 것처럼 분명하게 기록한 것이 없었다.' - 「옥경고승기(玉磬觚賸記)」, 『가오고략(嘉梧藁略)』 권14.[25]

그런데 당시 이 수차가 실제로 농사현장에서 얼마나 활용되었는지는 확인하기 어렵다. 그는 전라도관찰사로 2년을 근무하고 다시 내직으로 들어와 좌참찬, 대사헌, 병조판서 등을 역임한 후 1836년에 수원부유수(정2품)를 제수 받았다.

그는 수원부유수로 재직할 때에도 전라도에서처럼 행정일지를 기록하여 『화영일록(華營日錄)』[26]을 남겼다. 그 기록은 1836년(헌종 2) 정월 초 1일부터 시작하는데 수원에 가서 화령전華寧殿[27]과 건릉健陵[28], 그리고 현륭원顯隆園[29]을 봉심奉審(왕실의 능을 살피는 것) 했음을 기록하였고 이듬해 1837년(헌종 3) 12월 12일에 수원을 떠날 때까지 행했던 여러 행정 시책들을 기록하였다. 수원에서도 그는 역시

---

25) 『화동옥삼편(華東玉糝編)』 수차(水車) 『임하필기(林下筆記)』 권34.에도 같은 기사가 있다.
26) 헌종 2년(1836) 1월 1일~헌종 3년(1837)12월 12일.
27) 정조의 영정을 모신 사당. 영전(靈殿).
28) 정조와 그의 비 효의왕후가 안장된 왕릉.
29) 사도세자와 경의왕후(敬懿王后, 혜경궁 홍씨)의 묘.

농업에 각별한 관심을 기울였는데 제언堤堰이나 보洑 등의 수리시설과 농구를 미리 유의하고 농기를 놓치지 않을 것, 지력을 다할 것을 강조하는 '권농勸農' 등을 강조하였다.

1839년(헌종 5) 8월, 76세가 된 서유구는 임금께 치사致仕를 청하여 허락받고 은퇴하였다. 79세 되던 1842년(헌종 8)에 그는 자신의 생애를 되돌아보며 「오비거사생광자표(五費居士生壙自表)」를 지었다. '오비五費'는 인생에서 다섯 가지를 허비했다는 뜻이고 '생광生壙'은 죽기 전에 미리 마련해 놓는 무덤을 말한다. 그는 자신의 생애를 다섯 시기로 구분하여 술회하고 있는데 각 시기마다 후회되는 부분이 있다고 하면서 그래서 '다섯 가지를 허비'했다고 한 것이다.

그는 자신의 생애를 다섯 시기로 나누었는데 ① 학문을 수련하던 시기 ② 27세에 관직에 들어가서 43세에 정계에서 물러날 때까지 정조의 지우知遇를 받으며 활동하던 시기 ③ 초야에 묻혀 수예樹藝(작물을 심고 가꾸는 것)를 연구하던 시기 ④ 61세에 정계에 복귀하여 관직을 수행하던 시기 ⑤ 그리고 마지막으로 76세에 정계에서 물러나 그동안 작업했던 『임원경제지(林園經濟志)』를 정리하던 시기 등이다.

그런데 그가 인생에서 '허비'했다고 하는 내용은 바로 이 다섯 시기의 일과 관련시키면서 각 시기마다 자기가 했던 삶의 행적들을 '허비'했다고 술회한 것이다.

이 다섯 시기와 결부시켜서 ① 학문을 한다고 했지만 요체를 제대로 공부하지 못한 것 ② 출사해서 규장각 각신으로 관직생활을 한다고 했지만 잘 하지 못한 것 ③ 향촌에서 농사와 농학에 몰두했지만 제대로 이루지 못한 것 ④ 조정에 다시 불려가 벼슬하였지만 군은君恩에 제대로 보답하지 못한 것 ⑤ 많은 어려움 속에서도 임원경제지를 저술하였으나 목판으로 새기자니 재력이 없고 간장독이나 덮을 것을 생각하니 그 또한 허비한 것이라고 하였다.

그가 말한 '허비했다'라고 하는 것은 제대로 하지 못해 후회된다고 하는 의미라 생각할 수 있고 그것은 자신의 삶을 겸손한 마음으로 깊이 성찰하면서 나온 발언이라고 할 수 있다.

서유구는 은퇴한 후 번계樊溪(현재 서울 번동의 북한산 끝자락)에 집을 지어 몇 년 살다가 두릉斗陵(현재의 경기도 남양주시)으로 옮겨 살았다. 두릉은 주변에도 경치가 매우 좋은 곳으로 알려졌던 곳으로 보이는데 후에 박지원朴趾源의 손자이며 대제학을 역임하기도 했던 환재 박규수(瓛齋 朴珪壽, 1807~1877)는 자신이 존경하며 따랐던 서유구가 만년을 보냈던 두릉 집을 구입하였다고 하면서 '저는 열수洌水(한강) 두릉 아름다운 곳에 집 한 채를 마련하였습니다. 그곳은 풍석 선생이 만년에 머무시던 집인데 강산의 승경勝景이 제법 넉넉하고 책상에 앉아 구름과 안개와 물고기와 새들을 아침저녁으로 대할 수 있는 곳'이라고 자랑하면서 노년을 그곳에서 보낼 계획을 세웠음을 말하고 있다.[30]

서유구는 거문고 애호가였다. 그의 거문고 연주 실력은 출중했을 뿐 아니라 당시 명금으로 인정받던 '구소환패九霄環珮'라는 이름난 거문고를 한때 소유하기도 했었다. 구소환패는 고려 시대부터 내려오는 거문고인데 소리가 매우 맑고 뛰어나 실제로 학이 푸른 하늘에서 우는 듯 하다는 거문고였다.

서유구의 나이 82세, 그는 생의 마지막이 다가왔음을 느끼고 시중드는 사람으로 하여금 옆에서 거문고를 타도록 부탁하였다. 이

---

30) '용수 만청려에게 보내는 편지[여만용수청려(與萬庸叟青藜)]' 『환재집(瓛齋集)』 권10, 「서독(書牘)」 만청려(萬青藜, 호는 용수(庸叟))는 박규수가 연행(燕行) 때 교유를 맺었던 청나라 학자라고 한다.

당시의 상황을 이유원은 다음과 같이 기록하였다.

풍석태사楓石太史(서유구)가 82세에 병이 위독해졌는데, 시중드
는 자에게 곁에서 거문고를 타게 하고는 곡이 끝나자 죽었다. 이는
지인至人(덕이 높은 사람)이 형체를 잊어버리고 혼백만 빠져나간다
는 것과 같은 것이다. 내가 공의 가장家狀을 열람하면서 이 사실을
접할 때마다 망연히 탄식하지 않은 적이 없었다. 대개 부귀영화를
누리거나 가난하게 살거나 세상을 떠날 때에는 똑같은 것이다. 공
은 평소 축적한 가산을 죽기 전에 다 나누어 주고 거문고를 들으
면서 평온하게 잠들었고 조금도 슬퍼하는 기색이 없었으니, 보통
사람은 본받아 행할 수 있는 것이 아니다. - '거문고를 들으며 죽
은 일[청금대귀(聽琴大歸)]'

아내도 일찍이 떠나보냈고 학문적인 동반자이기도 했던 외아들
도 먼저 갔다. 서유구는 그야말로 모든 것을 내려놓고 거문고 소리
를 들으며 홀홀히 세상을 떠났다. 이광응李光膺에게 시집간 딸 하나
가 있었으며 족자族子인 치보治輔의 아들 태순太淳을 후사로 삼았다.

서유구는 가정적으로 또 개인적으로 많은 어려움을 겪었지만 가
학인 농학을 이어받아서 당시까지 전해지던 많은 국내 농서와 중국
농서를 참고로 하여 방대한 『임원경제지』(필사본, 113권 52책)를 완성
하는 업적을 이루었다. 이 책은 현재 임원경제연구소에서 국역작업
을 진행하고 있으며 풍석문화재단에서 출간하고 있다.

[참고문헌 및 출처]

1. 공물을 조달하기 위해 직접 차를 재배하다 …… 김종직
- 『삼국사기』 제10권 「신라본기」 제10 흥덕왕(興德王) 조
- 『세종실록지리지』 경상도 진주목(晉州牧) 함양군(咸陽郡)
- 『성종실록』
- 김종직, 『점필재집(佔畢齋集)』 부록 「연보(年譜)」
- 홍귀달(洪貴達), 『허백정집(虛白亭集)』 권3, 「형조판서겸동지성균관사시문간김공신도비명(刑曹判書兼同知成均館事諡文簡金公神道碑銘)」
- 권상하(權尙夏), 『한수재(寒水齋)』 권26, 「점필재김선생묘갈(佔畢齋金先生墓碣)」
- 『해동잡록(海東雜錄)』

2. 백성들이 쉽게 볼 수 있는 의서를 편찬하다 …… 김정국
- 『중종실록』
- 김안국(金安國), 『모재집(慕齋集)』 권14, 「제가선대부예조참판김공묘지명(弟嘉善大夫禮曹參判金公墓誌銘)」
- 박세채(朴世采), 『남계집(南溪集)』 권72, 「예조참판사재김공신도비명(禮曹參判思齋金公神道碑銘)」
- 신방(申昉), 『둔암집(屯菴集)』 권6, 「예조참판증이조판서사재김선생시장(禮曹參判贈吏曹判書思齋金先生諡狀)」
- 이익(李瀷), 『성호사설(星湖僿說)』 제10 인사문(人事門), 「사재미담(思齋美談)」
- 이긍익(李肯翊), 『연려실기술(燃藜室記述)』 별집(別集) 제13권, 「정교전고(政敎典故)」 「형옥(刑獄)」

3. '걸인청'을 설치하여 굶주린 백성들을 구제하다 …… 이지함
- 『선조실록』
- 이지함, 『토정유고(土亭遺稿)』 부록
- 이관명(李觀命), 「아산현감이공시장(牙山縣監李公諡狀)」
- 『토정유고』 권상 「리아산시진폐상소(莅牙山時陳弊上疏)」
- 이산해(李山海), 『아계유고鵝溪遺橐)』 권6, 「숙부묘갈명(叔父墓碣銘)」
- 홍직필(洪直弼), 『매산집梅山集』 제13권, 서(書) 심영수에게 답함 무자년 동짓달[답심영수(答沈英叟) 戊子至月]
- 이이(李珥) 『석담일기』 하권(石潭日記卷之下) 1578년(선조 11)
- 정홍명(鄭弘溟), 『기옹만필(畸翁漫筆)』
- 이긍익(李肯翊), 『연려실기술(燃藜室記述)』 제18권, 「선조조 고사본말(宣祖朝故事本末)」 선조조의 유현(儒賢)
- 『명신록』
- 정약용 『목민심서』 공전(工典) 6조 제2조 천택(川澤)/ 진황(賑荒) 6조 제3조 규모(規模)

4. 성도 이름도 묻지 않고 삼년 치 양식을 내어 주다 …… 이준민
   · 『명종실록』
   · 『선조실록』
   · 조복양(趙復陽), 『송곡집(松谷集)』「의정부좌참찬이공행장(議政府左參贊李公行狀)」
   · 남구만(南九萬), 『약천집(藥泉集)』「좌참찬효익이공신도비명(左參贊孝翼李公神道碑銘)」

5. 영남지방의 미결수 팔백여 명을 판결해 주다 …… 홍성민
   · 『선조실록』
   · 이민서(李敏敍), 『서하집(西河集)』 제15권, 「선고영의정부군가장(先考領議政府君家狀)」
   · 신익성(申翊聖), 『낙전당집(樂全堂集)』 제14권, 「익성군홍공행장(益城君洪公行狀)」
   · 송시열(宋時烈), 『송자대전(宋子大全)』 207권, 「중봉조선생행장(重峯趙先生行狀)」 – 조헌(趙憲)
   · 이이(李珥), 『석담일기(石潭日記)』 하권

6. 생명 존중의 마음을 가지고 송사에 임하다 …… 정곤수
   · 정곤수(鄭崑壽), 『백곡집(栢谷集)』 권4, 「부록」, 「행장」, 「연보」
   · 정구(鄭逑), 『한강문집(寒岡文集)』 권14, 「서천부원군정공행장(西川府院君鄭公行狀)」 / 권4 서(書)「답이경발천배(答李景發天培)」 [이경발(李景發)] – 천배(天培)에게 답함 임인년
   · 이긍익, 『연려실기술』 별집 제13권, 「정교전고(政敎典故)」 「형옥(刑獄)」

7. 재정 상황을 한 눈에 볼 수 있는 경위표를 구상하다 …… 유운룡
   · 유운룡(柳雲龍), 『겸암선생연보(謙菴先生年譜)』 권2, 부록 「행장」 [김홍미(金弘微) 지음] 유성룡(柳成龍), 『서애집西厓集』 권20, 「통정대부행원주목사유공묘지(通政大夫行原州牧使柳公墓誌)」 이식(李植), 『택당선생별집(澤堂先生別集)』 권7, 「증이조참판원주목사유공묘갈명(贈吏曹參判原州牧使柳公墓碣銘)」 김도화(金道和), 『척암집(拓菴集)』, 「척암선생문집속권拓菴先生文集續卷」, 권8, 碑 「겸암유선생신도비명 병서(謙菴柳先生神道碑銘 幷序)」
   · 정약용, 『목민심서』, 호전(戶典) 6조, 제3조 곡부(穀簿) 하, / 형전(刑典) 6조, 제5조 금포(禁暴) / 형전(刑典) 6조, 제6조 제해(除害)

8. 젊었을 때의 논란을 거울삼아 관장으로서 더욱 노력하다 …… 김상준
   · 『선조실록』
   · 『광해군일기』
   · 『인조실록』
   · 김상헌(金尙憲), 『청음집(淸陰集)』「당형형조참판김공행장(堂兄刑曹參判金公行狀)」 「당형형조참판휴암선생묘지명(堂兄刑曹參判休菴先生墓誌銘)」
   · 이명한(李明漢), 『백주집(白洲集)』 권8, 「형조참판휴암금공신도비명(刑曹參判休菴金公神道碑銘)」

9. 세금을 낮춰주어 민가 지붕을 기와로 바꾸게 하다 …… 이명준
   · 『광해군일기[중초본]』

- 『인조실록』
- 이명준(李命俊), 『잠와유고(潛窩遺稿)』 권4, 부록 「잠와유고연보(潛窩遺稿年)」 「병조참판잠와이공행장(兵曹參判潛窩李公行狀)」 [신익성(申翊聖)] / 「행사간원대사간이공신도비명(行司諫院大司諫李公神道碑銘)」 [김상헌(金尚憲)] / 「병조참판이공묘지명(兵曹參判李公墓誌銘)」 [장유(張維)]
- 『목민심서』 애민(愛民) 6조 / 제6조 구재(救災)

10. 정치적인 이유로 유배 온 이들을 돌보아 주다 …… 성하종
- 『광해군일기』
- 『인조실록』
- 『승정원일기』
- 송시열, 『송자대전』 권170, 「창흥군성공신도비명(昌興君成公神道碑銘)」
- 정온(鄭蘊), 『동계집(桐溪集)』 부록 권1, 「동계선생 행장(桐溪先生行狀)」 「문간공동계선생연보(文簡公桐溪先生年譜)」

11. 유산문제로 다투는 형제를 화해시키다 …… 윤전
- 『광해군일기』
- 『인조실록』
- 『효종실록』
- 『현종실록』
- 『숙종실록』
- 윤증(尹拯), 『명재선생유고(明齋先生遺稿)』 권43, 「숙조필선부군가장(叔祖弼善府君家狀)」
- 조익(趙翼), 『포저선생집(浦渚先生集)』 권33, 「필선윤공묘지명(弼善尹公墓誌銘)」
- 박세당(朴世堂), 『서계선생집(西溪先生集)』 권15, 「필선증리조판서윤공시장(弼善贈吏曹判書尹公諡狀)」
- 황경원(黃景源), 『강한집(江漢集)』 권28, 「명배신전(明陪臣傳)」 [二, 윤전(尹烇)]
- 정약용, 『목민심서』 예전(禮典) 6조

12. 백성들에게 자신의 경작지 규모를 자진 신고하게 하다 …… 정언황
- 『인조실록』
- 『효종실록』
- 『현종실록』
- 홍우원(洪宇遠), 『남파선생문집(南坡先生文集)』 권9, 「통정대부수강원도관찰사정공행장(通政大夫守江原道觀察使丁公行狀)」
- 정시한(丁時翰), 『우담선생문집(愚潭先生文集)』 권9, 「선고통정대부강원도관찰사부군묘비(先考通政大夫江原道觀察使府君墓碑)」
- 정약용, 『목민심서 호전(戶典) 6조 / 제5조 평부(平賦) 하

13. 뛰어난 농사기술을 바탕으로 농업행정을 펼치다 …… 이만
- 『인조실록』
- 『효종실록』
- 『현종실록』
- 허목(許穆), 『기언별집(記言別集)』 권18, 「대사헌완원군이공묘지명(大司憲完原君

    李公墓誌銘)」
- 정약용, 『목민심서』 병전(兵典) 6조 제3조 수병(修兵)

14. 인삼채취 기간을 정해주어 중국국경을 넘지 않게 하다 …… 강유후
- 『효종실록』
- 『현종실록』
- 강석규(姜錫圭), 『오아재집(聱齖齋集)』 권10, 「가선대부황해도관찰사강공행장(嘉善
  大夫黃海道觀察使姜公行狀)」
- 송시열, 『송자대전』 권168, 「황해감사강공신도비명(黃海監司姜公神道碑銘)」
- 정약용, 『목민심서』 형전(刑典) 6조 제6조 제해(除害) / 공전(工典) 6조 제1조 산림
  (山林)

15. 수학 전문 서적을 펴낸 수학자 관장 …… 임준
- 『인조실록』
- 『효종실록』
- 『승정원일기』 효종조
- 『승정원일기』 현종조
- 박세채(朴世采), 『남계선생집(南溪先生集)』 권77, 「영천군수임공묘지명(榮川郡守任
  公墓誌銘)」
- 허목(許穆) 『기언별집(記言別集)』 제8권, 서(序), 「송임백심부여부임서(送任伯深扶
  餘赴任序)」-부여현감(扶餘縣監)으로 부임하는 임백심(任伯深)을 전송하는 서 정유
  년(1657, 효종 8)
- 『신편산학계몽주해(新編算學啓蒙註解)』

16. 지방 재정을 축내는 서원 문제를 공론화하다 …… 서필원
- 『인조실록』
- 『효종실록』
- 『현종실록』
- 서필원(徐必遠), 『육곡선생유고(六谷先生遺稿)』 권6, 부록 「신도비명(神道碑銘)」
  [정원용(鄭元容)] / 권6, 「묘지명(墓誌銘)」 [조휘림(趙徽林)]
- 성근묵(成近默), 『과재선생집(果齋先生集)』 권8, 「병조판서육곡서공행상(兵曹判書
  六谷徐公行狀)」
- 이유원(李裕元), 『가오고략(嘉梧藁略)』 권16, 「병조판서정의서공묘갈명(兵曹判書貞
  毅徐公墓碣銘)」
- 조현명(趙顯命), 『귀록집(歸鹿集)』 권17, 「판서서공시장(判書徐公諡狀)」

17. 화폐 사용의 편리함을 역설하다 …… 오정위
- 『현종실록』
- 『숙종실록』
- 이관징(李觀徵) 『국조인물고』 오정위의 「묘지명(墓誌銘)」
- 이옥(李沃) 『박천선생문집보유(博泉先生文集補遺)』 권1, 「행예조판서동사오공묘
  지명(行禮曹判書東沙吳公墓誌銘)」-[李沃의 동생인 이협(李浹)의 부인이 오정위의
  딸-사돈관계]
- 이관명(李觀命), 『병산집(屛山集)』 권9, 「숙종대왕행장(肅宗大王行狀)」

18. 직접 판삽을 들고 논을 개간하다……구일
- 『현종실록』
- 『숙종실록』
- 박세당, 『서계선생집』 권14, 「한성판윤구공묘표(漢城判尹具公墓表)」
- 이단하(李端夏), 『외재집(畏齋集)』 「횡성현감구후일(橫城縣監具侯鎰) 관민전비명
  (灌民田碑銘)」

19. '진충보국' 네 글자를 등에 문신으로 새기다……유병연
- 『현종실록』
- 『숙종실록』
- 『정조실록』
- 송시열, 『송자대전』 권170, 「남병사증판서유공신도비명(南兵使贈判書柳公神道碑
  銘)」
- 이상(李翔), 『타우선생유고(打愚先生遺稿)』 권5, 「부총관증판서유공행장(副摠管贈
  判書柳公行狀)」

20. 벼랑길을 다니며 작은 군막과 보루를 두루 순시하다……민정중
- 『효종실록』
- 『현종실록』
- 『숙종실록』
- 민정중(閔鼎重), 『노봉선생문집(老峯先生文集)』 권12, 부록 하 「묘표음기(墓表陰
  記)」[김창흡金昌翕]/「유사(遺事)」 17조 「종자진원(從子鎭遠)」
- 이재(李縡), 『도암집(陶菴集)』 권28, 「좌의정노봉민공신도비(左議政老峰閔公神道)」
  / 권41, 「좌의정노봉민공묘지(左議政老峰閔公墓誌)」

21. 공정한 재판을 위해 '판례집'을 만들다……서문중
- 『숙종실록』
- 『국조보감(國朝寶鑑)』
- 조현명(趙顯命), 『귀록집(歸鹿集)』 권16, 「영의정서공신도비명(領議政徐公神道
  碑銘)」
- 이진망(李眞望)
- 이익(李瀷) 외 1인, 『수교집록(受敎輯錄)』
- 『국조인물고(國朝人物考)』 서문중의 「시장(諡狀)」

22. 치수를 잘하여 수해를 미리 예방하다……김필진
- 『현종실록』
- 『숙종실록』
- 김주신(金柱臣), 『수곡집(壽谷集)』 권5, 「숙부통훈대부행성천도호부사금공묘지(叔
  父通訓大夫行成川都護府使金公墓誌)」/ 권7, 「숙부통훈대부행성천도호부사풍애김
  공행장(叔父通訓大夫行成川都護府使楓崖金公行狀)」
- 박세당, 『서계선생집』 권13, 「성천부사김군묘갈(成川府使金君墓碣)」
- 정약용, 『목민심서』 예전(禮典) 교민(敎民)/ 공전(工典) 천택(川澤)/ 진황(賑荒) 비자
  (備資)

- 『영조실록』
- 고유(高裕), 『추담선생문집(秋潭先生文集)』권4, 附錄「행장(行狀)」[정종로(鄭宗魯)]/ 권4, 附錄「묘갈명병서(墓碣銘幷序)」[정범조(丁範祖)]
- 정종로(鄭宗魯), 『입재집(立齋集)』권44, 「승정원동부승지추담고공행장(承政院同副承旨秋潭高公行狀)」
- 『한국구비문학대계』8-4 한국정신문화연구원

29. 토목공사는 나에게 맡기시오 …… 홍양호
- 『정조실록』
- 『순조실록』
- 홍양호(洪良浩), 『이계집(耳溪集)』권13, 「이(니)와기(泥窩記)」「겸산루기(兼山樓記)」「우이묘산기(牛耳墓山記)」/ 권14, 「만류외제기(萬柳外堤記)」「두만강식류기(豆滿江植柳記)」「연안남대지소준기(延安南大池疏濬記)」
- 이만수(李晩秀), 『극원유고(屐園遺稿)』권10, 「대제학이계홍공시장(大提學耳溪洪公諡狀)」
- 정원용(鄭元容), 『경산집(經山集)』권17, 「판중추부사겸이조판서홍공양호묘지명(判中樞府事兼吏曹判書洪公良浩墓誌銘)」
- 신경준(申景濬), 『여암유고(旅菴遺稿)』권4, 「겸산루기(兼山樓記)」

30. 농사의 이론과 실기를 겸비했던 농학자 관장 …… 서유구
- 『정조실록』
- 『순조실록』
- 『헌종실록』
- 서유구(徐有榘), 『풍석전집(楓石全集)』『금화지비집(金華知非集)』권1, 상소(上疏)「순창군수응지소(淳昌郡守應旨疏)」/ 권2, 「여숙제붕래서(與叔弟朋來書)」/ 권3, 「행포지서(杏蒲志序)」, 「종저보서(種藷譜序)」/ 권6, 「오비거사생광자표(伍費居士生壙自)」/ 권7, 「망아묘지명(亡兒墓誌銘)」/ 권8, 「유사(遺事)」, 「서본생선비정부인한산이씨유사(書本生先妣貞夫人韓山李氏遺事)」/ 권10, 「농대(農對)」, 「초계응제(抄啓應製)」
- 이유원(李裕元), 『가오고략(嘉梧藁略)』권18, 「이조판서치사봉조하문간서공묘지(吏曹判書致仕奉朝賀文簡徐公墓誌)」
- 이유원, 『임하필기(林下筆記)』권30, 「춘명일사(春明逸史)」「명금이제(名琴異制)」/ 권31, 「순일편(旬一編)」「청금대귀(聽琴大歸)」/ 권32, 「순일편(旬一編)」「감저(甘藷)」
- 박규수(朴珪壽)『환재집(瓛齋集)』권10, 「여만용수청려(與萬庸叟靑藜)」